湛庐CHEERS

与最聪明的人共同进化

HERE COMES EVERYBODY

服务型领导力的实践智慧

Servant Leadership In Action

[美]肯·布兰佳/雷妮·布罗德韦尔
Ken Blanchard/Renee Broadwell 主编
徐中/朱彩虹 译

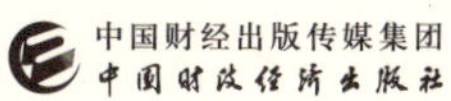

公仆才是领导力的本质

杨斌
清华大学经济管理学院教授
领导力研究中心主任

作为校长或者教师，特别在当代，有责任回答 1969 年时罗伯特·格林利夫（Robert Greenleaf）对教育所提出的诘问：你们所培养出的学生，为什么不愿意首先成为他人与社会的仆人？

这个“公仆之问”，之所以发生在 20 世纪 60 年代后期到 70 年代初期，与当时的经济社会大背景有关——格林利夫所看到的是精英学校培养出的精英分子，满足于对自身私利的追逐，智力与技能获得提升的同时却没有显露出为他人服务、为天下担当的动机，组织中充满着一心想要利用和剥削他人的领导者，变异成一种恶性力量，给世界带来更多的苦难。

格林利夫认为，这个问题若要解决，“教育过程是关键，但事实上，教育毫不关心个人在社会上能不能成为领导者，只重视智力的发展，遑论其他，这是大错特错”。而尽管他“花了很多的时间与精力去试着说服教育机构和教育家们，但是，他们却漠视这种义务，而且也无意把握这种机会”。

于是，格林利夫面对他用“贫瘠”来形容的公众领导力的状况和不满、求变的青年人产生的强烈的“反领导者”思潮，第一次提出了“公仆领导”（今天更多地被称为“服务型领导力”，本书正文中正是采用这种译法）这个概念，用他自己的话来说，他想“为学生中普遍存在的无望提供某种疗愈”，重拾大众心中对“这个世界会好吗？”之犹疑的信心。

格林利夫在自己的文章《因公仆而领导》（*The Servant as Leader*）中坦陈自己是受到赫尔曼·黑塞（Hermann Hesse）《东方之旅》（*Die Morgenlandfahrt*）中仆人身份的里欧的启发，是基于信念而非由逻辑推演断定：领导者首先是个仆人，是心灵深处的仆人本质造就他成为一个伟大的领导者。但这里所指的仆人，不是满足某种个体需求的仆从，而是有着更强的使命与信仰色彩的人，服务的是公与众。

引一段《晏子春秋》中的故事来辨析。

> 晏子侍于景公，朝寒，公曰：“请进暖食。”晏子对曰：“婴非君奉馈之臣也，敢辞。”公曰：“请进服裘。”对曰：“婴非君茵席之臣也，敢辞。”公曰：“然夫子之于寡人何为者也？”对曰：“婴，社稷之臣也。”

晏子这里称自己为“社稷之臣”，而非“奉馈”“茵席”之臣，可以帮助我们思考，格林利夫所谓的“仆人”并非家仆或是日常生活中常见的为他人提供便利与服务的职业角色，而是社会之仆、公益之仆、进步之仆。

因此，“公仆”一词较之于“仆人”或“服务”，也许能够更为准确地反映“Servant Leadership”中“Servant”的这一意蕴。而当你以很多具象的服务角色，特别是交易性的行为来体会“服务型领导力”时，可能就会陷入对格林利夫 50 多年前所提出的这个概念的深深误解中。因为格林利夫强调，公仆是自觉自愿的。自始至终，公仆的服务不是姿态，不是工具，不是阶段，不是妥协。作为公仆而服务他人，不是不得已，而是欢喜甘愿，尽得其乐。

格林利夫笔下的“公仆领导”，并非这两个概念的自然组合，而是有先后之别，他特别强调，须先公仆而后领导。为什么呢？他认为，如果你在成为仆人之前先当领导，你就会利用你的优势去推动人们实现你设定的目标，而不在意人们是否收获幸福。你会把他人看作车轮上的齿轮等工具，在你认为必要的时候转动和使用。如果你先当自己是一个仆人，你就会把自己的优势（包括天赋）看作一份恩赐，用来造福他人。你就会把自己看作为更高的要求、更崇高的使命、比自己的利益更伟大的目标服务的人。

因此，因公仆而领导，以公仆为领导，唯公仆是领导，才是格林利夫的本意。以服务的手段而达成领导的目的，或者，领导者以服务的方式取得他人的信任而获得他人的追随，都是常见的对于“服务型领导力”的庸俗理解，并走向了格林利夫的反面。

怎么才能检验是否称得上是“公仆领导”？格林利夫从一开始就给出了非常明确的标准：

> *要看那些被服务的对象是否像个“人”一样得到了成长，当他们被服务的时候，是否变得更健康、更聪明、更自由、更自主、更有可能成为公仆领导？这对社会上的弱势群体有什么影响，他们会从中受益吗，或者至少不会变得更加边缘化？*

这里，得到服务的人，应在公仆的优先级最高处。服务的目的，是这些人的福祉改善，是这些人因此更可能成为公仆。这对整体社会的福祉如何——要以社会中弱者的境遇是否得到改善来看，也就是“罗尔斯改善”[①]。这个检验标准，凸显出公仆领导是一种道德立场极其明确的领导力。更进一步地，格林利夫明确提出，只有公仆领导才值得追随，只有公仆才能作为领导者发挥领导力，简而言之：公仆才是领导力的本质。倘若没有公仆内涵，领导力就是虚伪的或难以为继的。

我们需要认识到这是个非常强（结论对条件的要求更为苛刻）的结论，格林利夫自己也意识到这一点。但“趋势不是如此的话，其他将都是空谈”。

这部《服务型领导力的实践智慧》集结了布兰佳领导力朋友圈中的几十位活跃名家，展示了近些年服务型领导力前沿的思考与实践，对我们拓宽视野颇有启发，但有些遗憾的是所聚焦的话题比较偏向于企业组织，这并不意外，也真实地反映出领导力培训咨询主要的购买力所在，但却留了些许遗憾——要知道服务型领导力理论的发端，却着实源自作者对教育在领导力培养方面重要缺陷的观察与分析，这就是“公仆之问”。

“我们今天是桃李芬芳，明天是社会的栋梁；我们今天弦歌在一堂，明天要掀起民族自救的巨浪。”[②]战争年代中的年轻人更深切地意识到服务社会、服务他人是首要的使命，而和平时期中的教育者一样需要回答好公仆之问。新冠肺炎疫情期间，我们看到了很多发达国家中的顶尖名校受到社会公众的质疑，认为他们丧失了“为公”的担当与贡献，与其长期形成的声誉不配，与社会大众对于这些名校的期待不符。

① 约翰·罗尔斯（John Rawls）是20世纪英语世界最著名的政治哲学家之一。他认为，一种正义的制度应该通过各种社会安排来改善"最不利者"的处境，增加他们的希望，保护他们的利益，缩小他们与其他人之间的分配差距。——编者注

② 出自由田汉作词、聂耳作曲的《毕业歌》，激励着即将毕业的学生奋发图强，抗日救国，报效祖国和人民。——编者注

如果让我用格林利夫的语言来翻译一下，我们的教育需要严肃面对、认真思考并以实际行动回答的是这样的一个“公仆之问”：

> 教育者是否使受教育者像个“人”一样获得了成长，当他们接受教育的时候，是否变得更健康、更聪明、更自由、更自主、更有可能成为公仆领导？这样的教育对社会上的弱势群体有什么影响，他们会从中受益吗，或者至少不会变得更加边缘化？

这样的教育称得上是“公仆教育”（Servant Education），并不是只发生在学校当中，同时也更多地发生在家庭、社区、机构、公司当中。如果你为人父母，需要回答它；如果你是公司负责人，需要思考你的公司的管理与文化、运营与发展，是否让组织成员像人一样获得了成长，更自然地成为公仆领导，并造福着弱势群体福祉的提升？如果答案是肯定的，那么你们是一个“公仆组织”（Servant Organization）。

尽管总有的人是为了结果而领导，但公仆领导却应是自然的、应当的。菩萨畏因，凡人畏果。而我认为，教育者，则要畏因如果，因为教育的“果”常常要百年后才看得见，种子却由此刻的教育者手中播撒。栽培德性、作育公仆，是要畏因如果的。

“天职”，这个字眼，跟使命一样，都是公仆领导心目中和行动上的“服务”之于自身的意义，基于服务，定义自我。公仆领导，是一种理想。公仆领导，并不意味着要和蔼可亲、鞠躬遵奉。很多时候，公仆领导反而意味着因为做正确的事、服膺守善恪守义务而与众人当下的喝彩与期待并不一致，这种“服务”是深沉的、坚韧的、长期的、无我的。

清华校歌里有一句“服膺守善心无违”，接下来的一句便是“海能卑下众水归”。[①] 唱到此处时，总是涌起对“得天下英才而应以公仆教育之”的更强烈一些的信心。

公仆领导，不可不弘毅，任重而道远。

① “服膺守善心无违”中的“服膺”出自《礼记·中庸》：“得一善，则拳拳服膺而弗失之矣。”意在告诫清华学子将善良铭记于心而不违背。“海能卑下众水归”出自曹植《当欲游南山行》：“东海广且深，由卑下百川。”意在勉励清华学子谦虚治学，像大海一样有广阔的胸怀。——编者注

卓越的领导者总把他人放在首位

约翰·麦克斯维尔（John Maxwell）
领导力问题解决专家
《领导力 21 法则》作者

当肯·布兰佳请我为这本关于服务型领导力的精彩文集写推荐序时，我激动不已，主要有两个原因。

令我感到激动的一个原因是，布兰佳和我算得上是领导力领域的“知音”。多年来，我们一直在做关于领导力的研究和教学工作，并撰写了许多有关领导力的文章。在这个过程中，我们得出了同样的结论：服务型领导力是创造良好的人际关系和工作成果的唯一途径。服务型领导力主张领导者应把他人放在首位。

我听到有人说“高处不胜寒”，如果你在高处感到孤独，那就意味着没有人在追随你。如果的确如此，那你最好离开高处，去团队所在的地方，然后把团队带到高处。

布兰佳曾经笑着和我说，那些首先考虑自己的人必然十分不成熟。首先考虑自己是一种自私自利的做法。当你还是一个小孩子的时候，这样做当然无可厚非；然而，如果你已经 35 岁、45 岁或 55 岁了，这样做就不合适了，因为你还没有意识到这不仅仅是你个人的事。我们一再强调，当你成为一名领导者时，就已经放弃了首先考虑自己的权利。服务型领导力意味着总把他人放在首位。

除了我对布兰佳的钦佩之外，让我为作序感到激动不已的另一个原因与本书中一篇篇文章的作者有关。在领导力这个领域里，布兰佳说服了几乎所有让我钦佩的人参与撰写本书。虽然这些人有不同的看法，但他们讨论了一些共同的主题，真正凸显了服务型领导力的实践智慧，而不仅仅是说明服务型领导力的含义。有一些文章深深地打动了我，让我久久无法忘怀。我相信一定也会有一些文章引起你的共鸣。

我想你会喜欢本书的结构安排，本书分为六个部分，从服务型领导力的内涵和要领开始讲起，每一篇文章的作者都以第一人称视角叙述了如何聪明地施展服务型领导力，使之发挥积极的作用，以及服务型领导力如何使组织发生了巨大的变化，使组织变得更好。

我很高兴你选择阅读这本书。请你好好地阅读它，研究它，然后应用书中激发他人力量的伟大智慧，帮助他人获得成功。

世界需要“把他人放在首位”的服务型领导

在创新驱动经济持续增长，员工日益独立自主，环境更加充满不确定性甚至动荡的新时代，未来的领导范式应该是怎样的？无论你是领导者，还是追随者，都需要关心这个问题。尤其是在商业领域，西方企业的领导力演化给我们带来了深刻的启示。

2022 年初，一则关于美国上市公司 CEO 与员工之间薪酬差距再次拉大的消息引起了广泛关注。这份由经济政策研究所（Economic Policy Institute，EPI）公布的报告显示，自 1978 年以来，350 家美国最大上市公司的 CEO 平均薪酬飙升了 1322%，远远超过了同等时期普通员工年度薪酬 18% 的缓慢增长。如今 CEO 们的薪资平均数达到了 2400 万美元。1965 年 CEO 与员工的薪酬比率为 21：1，1978 年为 31.4：1，2020 年该比率达到 351：1。

关于员工的工作状态，全球最大调研机构盖洛普的最新调研表明，全球职场的总体现状是：只有15%的员工在工作中是敬业的，也就是说他们在工作中表现很棒，受到富有意义的组织使命和目标的激发。剩下的85%的职场人士说，他们要么对工作不投入，只是敷衍了事，要么更糟，他们讨厌自己的工作、经理和公司。在许多方面，他们没有感受到工作的成就感和意义感。

贫富差距的持续拉大和员工敬业度的低迷，让人怀疑世界是不是会变得越来越好！2017年，麦肯锡公司时任董事长兼全球总裁鲍达民（Dominic Barton）等出版了一本书《反思资本主义》（*Re-Imagine Capitalism*），指出了资本主义发展未必带来财富的增加和幸福感的提升，反而带来为了短期利益牺牲长期的价值创造、贫富差距越来越大、自然环境越来越受到威胁等一系列问题。作者提出了要"从季度性资本主义向长期资本主义转变"的主张，要关注公司的长期发展目标，改革激励机制，致力于建立使命驱动的长期性的组织；兼顾员工、顾客、社区等各方面利益相关者的利益；用主人翁的态度加强公司治理，等等。

无独有偶，企业界的认识也在发生重大改变。2019年8月19日，由美国200多位著名公司CEO组成的商会组织——商业圆桌会议发布了一份《公司宗旨宣言书》（*Statement on the Purpose of a Corporation*），宣称：股东利益不再是一个公司最重要的目标，公司的首要任务是创造一个更美好的社会。该组织将自1997年以来公司坚持了22年的首要目标"为股东赚钱"改为"为客户创造价值"，并将第二目标确定为"投资于我们的员工"，"为股东创造长期价值"这一目标则排到了最后一位，即第五位。亚马逊CEO杰夫·贝佐斯、苹果公司CEO蒂姆·库克等人都签署了这个宣言。

从"股东第一"到"客户第一，员工第二，股东第五"，这是一个重大的转变，意味着企业领导者的领导哲学、工作职责、思维模式和行为模式将要发生根本性的转变！但这些看起来美好的商业新思想和新使命要真正落到实处，最终创建一个可持续的美好组织，需要一种新的领导范式——服务型领导，需要领导者“把他人放在首位”，信奉“服务第一，领导第二”。

企业是人的组织，首先是为人服务的，对外服务客户，对内服务员工，最终受益的自然是股东。过去一百多年来，从管理到领导，从把人当成工具到“视人为人”，商业界对于企业的使命、目的和手段的认识一直在博弈中曲折前进。被誉为“企业文化理论之父”的埃德加·沙因（Edgar Schein）教授[①]在《谦逊领导力》（*Humble Leadership*）一书中提出了一种从关系看待领导力的视角，把领导力看作在动态的人际和团队互动中，通过学习、分享以及指导，与团队共同创造新的、更好的事情的过程，真正成功的领导力需要在高度开放、信任的团队环境中发展出来。这是让今天以知识型员工为主体的创新组织生发活力和创造力的源泉。沙因教授从文化角度定义了关系的4个层级。

- -1级关系：完全没有人情味的支配与强迫；
- 1级关系：交易型角色和基于规则的管理、服务以及各种形式的帮助关系；
- 2级关系：个人化、合作性、信任的关系，就像朋友和高效团队中的同事关系；
- 3级关系：情感亲密的、相互承诺的关系。

未来的领导力是基于“2级关系”的“谦逊领导力”，抛弃了“个人竞争”和“英雄决定成败”的旧模式。

① 埃德加·沙因是“企业文化理论之父”，组织心理学的开创者和奠基人，美国麻省理工学院斯隆商学院终身荣誉教授，世界百位最具影响力的管理大师之一。他的著作《沙因文化变革领导力》（*The Corporate Culture Survival Guide*）是对企业文化顶层设计、落地实践到文化变革领导力的系统性指南，本书简体中文版已由湛庐策划出版。——编者注

在奴隶社会和工业化早期，上下级关系就由“-1 级关系”占据主导，工业化中后期，“1 级关系”占据主导，到了今天的知识经济和创意经济时代，“2 级关系”必须占据主导，否则就无法吸引和激发有独立思想的人才。从某种意义讲，谦逊领导力是“服务型领导、变革型领导或包容性领导”模式得以实现所需要具备的一个过程，一种底色。服务是目的，变革、创新和包容是手段。

在西方，服务型领导力（也译为“公仆领导”）最早提出是在 1970 年，美国电话电报公司（AT&T）的退休高管罗伯特·格林利夫认为：全世界的领导者都将成为“服务第一，领导第二”的人。服务型领导者将服务放在第一位，他们想要自觉自愿地服务他人，帮助他人变得更健康、更聪明、更自由、更自主、更有可能成为服务型领导者。

如今，领导力大师肯·布兰佳主编的这本《服务型领导力的实践智慧》是当今西方组织前沿探索的集大成，作者包括中国读者比较熟悉的肯·布兰佳、詹姆斯·库泽斯（James Kouzes）、巴里·波斯纳（Barry Posner）、马歇尔·戈德史密斯（Marshall Goldsmith）、布琳·布朗（Brené Brown）、西蒙·斯涅克（Simon Sinek）[①] 等。他们的思想和实践有助于我们认识服务型领导力的内涵、要领和方法，扩宽我们的眼界和认识。过去十多年，我有幸多次在美国人才发展大会（The Association for Talent Development，ATD）见到布兰佳，聆听他就“服务型领导力”发表演讲，我很赞同他在本书开篇指出的，当今世界迫切需要一种不同的领导力模式。我们在社会各个领域都看到了自私自利的领导者所带来的负面影响。这是为什么呢？因为这些领导者习惯于只从权力和控制的角度来考虑领导工作。未来领导者的使命是关注更大的善（the greater good），这就需要一种新的领导范式：服务型领导力。

---

① 西蒙·斯涅克是国际知名演说家，荣登 2019 年全球 50 大管理思想家（Thinkers50）之列，著有《如何启动黄金圈思维》（*Find Your Why*）、《无限的游戏》（*The Infinite Game*）。这两本书的简体中文版已由湛庐策划出版。——编者注

自私自利的领导者将成为历史。

现实中，服务型领导力已经成为优秀领导者们的广泛实践。2018 年，在斯坦福大学前校长约翰·汉尼斯（John Hennessy）出版的《要领》（*Leading Matters*）[①]第 3 章“服务型领导力，理解谁为谁工作”中，他写道：“不要因为你喜欢这个头衔或者随之而来的职务之便而接受这份工作，而是要因为你想服务于你的教师同事和全体学生才做出选择。因为这才是这份工作全部的意义……领导之位越高，服务之责越大……如果你不能接受并满足于你作为服务型领导者的角色，你将无法出色地领导自己所在的组织。你会过分关注个人得失而忽视你所领导的社区或组织的诉求。”

在中国，我们对“服务”并不陌生，很多人都读过毛泽东 1944 年 9 月 8 日在为张思德举行的追悼大会上所作演讲《为人民服务》的文稿。1985 年 5 月 19 日，邓小平同志在全国教育工作会议上的讲话中，对热衷于发指示、说空话而不为群众干实事的领导作风进行了严肃的批评，他强调指出：“什么叫领导？领导就是服务。”中国共产党的宗旨就是“为人民服务”，做人民的公仆。

“服务型领导力”不是一个静态的概念，而是一个需要与时俱进的领导范式，需要结合国情和实践进行不断的探索、改进和普及。今天，很多组织的领导者无论是在认知上，还是在实践上，普遍存在几类严重的问题：功利主义、本位主义、短期主义、经验主义、绩效导向、重事轻人、缺乏耐心、无从下手。希望本书的相关研究和实践给中国企业家和经理人带来更多的前瞻性、科学性、系统性、实践性指引，增强服务的眼力、魄力、能力、毅力和魅力！

---

①《要领》是汉尼斯校长给“要成为领导者”之新生代的领导力讲义，以自己“在事上磨”的真实案例来现身说法，总结自己“满脸污泥、汗水和血迹”地在竞技场中拼搏的习得，凝结成十条归真求是的“领导要义”。本书简体中文版已由湛庐策划出版。——编者注

最后，要特别感谢清华大学经济管理学院领导力研究中心主任杨斌教授对服务型领导力研究的高度重视和对本书翻译的指导，并在百忙之中抽出宝贵时间仔细阅读了翻译稿，又认真找到了格林利夫于1970年发表的《因公仆而领导》原文，精心撰写了推荐序，大大丰富了服务型领导力（“公仆领导”）的内涵，拓宽了服务型领导力的认知。感谢湛庐编辑团队的信任和精心编辑，克服疫情等多方面困难，推动本书成功出版。

本人徐中翻译了领导力问题解决专家约翰·麦克斯维尔的推荐序和本书引言及第1～25章，朱彩虹老师翻译了第26～42章及结语。如有翻译错漏，敬请读者批评指正！

引 言

开启服务型领导力的智慧探索之旅

我们所生活的世界迫切需要一种与众不同的领导力行为模式。我们在社会各个领域都看到了自私自利的领导者所带来的负面影响。这是为什么呢？因为这些领导者习惯于只从权力和控制的角度来考虑领导力。我们认为领导者有一个更好的选择，即在更高的层次上进行领导。当领导者处于更高的领导力层次时，他们会让世界变得更加美好，因为他们不仅关注结果，还会关注更崇高的愿景。世界需要这类领导者——服务型领导者。

我们希望培养出能够改变世界的服务型领导者，这一愿望驱使我们出版了这本精心策划的文集。本书中每一篇文章的作者都分享了他们对服务型领导力的热情支持，他们是肯·布兰佳特别喜欢的人，他们不仅是杰出的服务型领导力实践者，而且是这个领域的作家。除了这篇引言和他自己的文章之外，布兰佳对本书的每一篇文章都进行了简短的个人点评。

罗伯特·格林利夫在他的文章《因公仆而领导》中创造了“服务型领导力”一词[1]。在接下来的20年里，他发表了很多关于这个概念的文章[2]。“服务型领导力”虽是新词，但其实是一个古老的概念。印度圣雄甘地、马丁·路德·金、纳尔逊·曼德拉都是现代知名的领袖人物，他们都诠释了这一领导哲学。

本书由六个部分组成。第一部分是“把握服务型领导力的内涵”，包括描述服务型领导力的基础含义的文章。第二部分是“抓住服务型领导力的要领”，重点介绍了有关服务型领导者的各种不同观点。第三部分是“领会服务型领导力的启示”，重点讲述人们从观察服务型领导力的实践中学到了什么。第四部分是“学习服务型领导者的典范”，介绍了典型的服务型领导者。第五部分是“揭示服务型领导力的实践智慧”，描述了领导者如何使服务型领导力在组织中发挥作用。第六部分是“发挥服务型领导力的影响力”，阐述了服务型领导力如何显著地影响组织中的结果和人的满意度。

注意一件重要的事：在本书第四部分“学习服务型领导者的典范”的第一篇文章中，布兰佳和菲尔·霍奇斯（Phil Hodges）将耶稣描述为服务型领导者的伟大典范。请放心，我们的目的不是试图改变任何人的宗教信仰。事实上，本书的主要目的是证明，无论对于世俗领域的领导者还是精神领域的领导者，服务型领导力都适用，它适用的组织包括企业、政府机构、教育机构和宗教机构。

本书虽然由六个部分组成，描述了服务型领导力的各个方面，但我们不希望让你为此而产生负担感。当你读这本书的时候，我们希望你能找到四五篇真正能表达你心声的文章，并真诚地激励自己说：“作为一个领导者，我希望为他人提供服务而不是被服务。”

本书适合各类读者阅读。它适用于处于各层级领导岗位的人，从一线主管到公司的首席执行官。事实上，世俗领域或精神领域的每一位领导者，都可以从阅读和实践本书的领导力理念中获益。

我们的梦想是，有一天，在这个世界的任何地方，每个人都会受到服务型领导者的影响。自私自利的领导者将成为历史。用格林利夫的话来说，全世界的领导者都将成为“服务第一，领导第二”的人。我们写这本书就是为了实现这个梦想。我们希望甚至渴望的是，阅读《服务型领导力的实践智慧》这本书，既能帮助你明确自己正在做什么，也能帮助你开启个人领导力之旅中激动人心的新篇章。如果你对如何在生活和工作中真正实践服务型领导力感兴趣，我们希望本书能成为你的参考，帮助你超越理论和哲学的层面，在日常行动中运用服务型领导力。我们相信，你也可以成为服务型领导者，为世界带来积极的改变。

欢迎加入我们的探索之旅！

你对服务型领导力了解多少

扫码鉴别正版图书
获取您的专属福利

扫码获取全部测试题及答案，看一看你是否真的了解服务型领导力

- “领导者应把他人放在首位”，这是服务型领导力的主张吗？

  A. 是

  B. 否

- 甘地、马丁·路德·金、纳尔逊·曼德拉等领袖人物都是服务型领导力的践行者吗？

  A. 是

  B. 否

- 如果领导者能让员工敢于释放脆弱信号，他将更容易获得员工的忠诚，这是对的吗？

  A. 对

  B. 错

扫描左侧二维码查看本书更多测试题

目 录

第二部分 抓住服务型领导力的要领

第三部分 领会服务型领导力的启示

第四部分 学习服务型领导者的典范

第五部分 揭示服务型领导力的实践智慧

第六部分　发挥服务型领导力的影响力

SERVANT LEADERSHIP IN ACTION

How You Can Achieve Great Relationships and Results

第一部分

把握服务型领导力的内涵

第 1 章

始于愿景，终于执行

肯·布兰佳

主编寄语

现在开始讨论正式的主题，正如朱莉·安德鲁斯（Julie Andrews）在《音乐之声》（*The Sound of Music*）中唱的那样：“让我们从头开始……”服务型领导力是什么？在这篇文章中，我将分享我的思考。

一些人在听到“服务型领导力”这个词时，常常感到困惑。他们以为服务型领导力意味着领导者应该为员工工作，员工决定做什么、什么时候做、在哪里做以及如何做。如果这就是服务型领导力，那么这听起来根本不像是领导力，更像是任由“囚犯”在管理“监狱”，或者是领导者在试图取悦员工。这些人并不理解什么是领导力，更不用说服务型领导力了[1]。他们认为领导者不能兼顾领导和服务两个角色。如果你明白服务型领导力包括以下两个部分，就能更完整地理解其含义了。

- 制定愿景、方向的战略性角色，即服务型领导者在领导力方面的角色；
- 执行或运营的角色，即服务型领导者在服务方面的角色。

有些人说，领导者承担的是制定愿景和方向的角色，负责领导组织做正确的事情；而管理者承担的是执行角色，负责领导组织正确地做事情。而我认为，与其陷入领导者与管理者的争论，不如把这两者都看作领导角色。

在本章中，我们把领导力视为一个影响过程，在这个过程中，领导者试图帮助员工实现使命。正如杰西·斯托纳（Jesse Stoner）和我在《全速前进》（*Full Steam Ahead*）[2]一书中解释的那样，所有卓越的领导力都始于愿景！这不仅包括设定目标，还包括构建一个令人想要追求的愿景。这个愿景会告诉你：你是谁（你的使命）、你要去哪里（你的未来图景）以及什么将引导你的“旅程”（你的价值观）。换句话说，领导力始于“方向感”。

我喜欢这样一句话：“没有河岸的河流只是一大摊水。”[3]河岸为河流指明流动的方向。领导者就是要带领组织朝某个方向不断前进，而不是漫无目的地游荡。如果领导者没有明确的服务愿景，那么他们唯一服务的人就是自己。

沃尔特·迪士尼（Walt Disney）以明确的使命创办了迪士尼主题公园。他说：“我们经营快乐。”迪士尼与一般的主题公园非常不同。在迪士尼，“从事经营快乐的事业”这一使命有助于演员，也就是员工了解他们在其中扮演什么角色。

说到使命陈述，很多组织都有使命，但却把它弄得太复杂。我永远不会忘记与一家大银行的重要管理人员交谈的经历。在交谈之前，我请他们把银行的使命陈述发给我。他们确实发给了我，当我站在他们面前时，我对他们表示了感谢：“自从我收到这份使命陈述，我睡得好多了。为什么？因为我把它放在我的床边，如果晚上睡不着我就会读一读它。”他们的使命陈述既单调乏味又啰唆。我说：“如果我和你们一起工作，我希望你们直截了当地告诉我，自己的财务状况很好，如果客户把钱交给你们管理，你们会好好管理它，并且让它增值。”每个人都笑了，因为他们知道这才是他们所有人都能轻松分享和共同探讨的组织使命。

一旦你有了明确的使命，认清了自己是谁，你就需要描绘出一幅未来的图景，这样每个人都知道你要去的方向。沃尔特·迪士尼对未来的展望体现在他对每位演员的嘱咐上："要让人们在离开公园时脸上保持和刚进入公园时一样的微笑。"他并不在乎游客在公园里待了 2 个小时还是 10 个小时，他只是想让他们只要在公园内就情不自禁地微笑。毕竟，迪士尼从事的是经营快乐的事业。组织对未来的描绘应该重点体现最终的结果。

一个明确的愿景还会涉及价值观，它将引导你的"旅程"。价值观在你追求使命和展望未来时为你应该如何前进提供了指导。价值观会回答"我生活的原则和理念是什么"和"我怎样靠它们生活"这些问题。你需要清晰地描述组织的价值观，这样才能确切地知道哪些行为与组织的价值观是一致的。

迪士尼有 4 个依照重要程度排序的价值观：安全、礼貌、表演和效率。为什么将安全排在第一位？因为沃尔特·迪士尼知道，如果一位游客被担架抬出迪士尼，那么这个人在离开公园时脸上的笑容绝不会和他刚进入公园时一样。

排在第二位的是礼貌，也就是你在迪士尼期望看到的友好态度。为什么将礼貌排在第二位呢？假设迪士尼的一个演员正在友好、礼貌地回答游客的问题，此时，他听到了一声尖叫，但这不是坐过山车的游客发出的尖叫声。如果演员按照公园价值观的重要程度排序行事，他会尽可能快地、礼貌地请求游客原谅，并奔向传出尖叫声的地方去处理突发问题。为什么？因为第一个需要遵循的价值观就是安全。如果价值观不是按这样的重要程度排序，那么演员在很享受与游客互动的情况下，他可能只会安抚游客说"他们总是在公园里大喊大叫"，而不是奔向传出尖叫声的地方处理危机。如果事后有人走到那个演员面前说："你是离尖叫声源最近的人，你为什么不行动？"演员可能回答："我在这个过程中要优先践行礼貌的价值观。"

人生会面临一系列的价值观冲突，有时候不能同时按照两种价值观采取行动。我想这就是沃尔特·迪士尼把效率，即经营一项盈利业务排在第四位的原因。沃尔特·迪士尼想明确表示，迪士尼不会为了省钱做出任何让游客陷入危险的事情，也不会大幅缩小公园的规模，以免对迪士尼追求"礼貌"的价值观产生负面影响。

一旦组织有了令人想要追求的愿景，它就可以设定目标，并定义战略措施，即建议人们现在应该关注什么。这是服务型领导力的第一个方面。有了明确的愿景，这些目标和战略措施就有了更重要的意义，就不会被视为艰难的挑战，而是被视为更广阔蓝图的一部分。

传统的等级金字塔（见图 1-1）在帮助领导者承担愿景 / 领导力角色方面卓有成效。孩子听从父母的要求，球员听从教练的指导，而员工则遵从组织领导者指引的愿景和方向。虽然这些领导者应该让有经验的人参与确定组织的发展方向，但最终的责任还是由他们自己承担，不能委托给其他人。

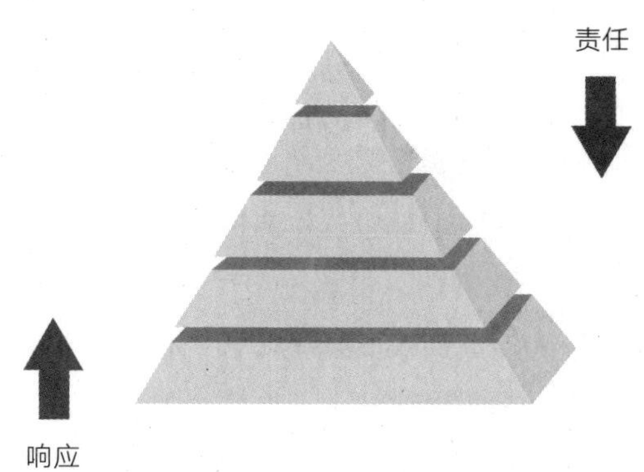

图 1-1　愿景 / 领导力角色

一旦明确了方向，领导者的心态就会转变为执行任务的服务心态，这是服务型领导力的第二个方面。现在的问题是：我们如何按照愿景生活，并实现既定的目标？服务型领导力的服务方面在执行中发挥了作用。

大多数组织和领导者在领导力的执行过程中都会遇到麻烦。在自私自利的领导者的领导下，传统的等级金字塔被完整地保存下来。在这种情况下，员工认为自己在为老板工作。当员工认为自己是为老板工作时，那他们就会以老板的需求为先，而自己的工作就是对老板及其想法或愿望做出响应。现在"一切向老板看"在组织中已经成为一种常见的现象，员工凭借"向上层汇报"这种技能获得职位晋升。因此，组织中所有人的精力都转向高层，远离了顾客和采取行动的一线员工。当顾客的需求和老板的需求之间发生冲突时，员工会优先满足老板的需求。有的员工会在不履行顾客要求时辩解道："这是我们的政策""我只是在这里执行政策""你想让我把我的上司叫来吗？"。但是，服务型领导者知道在执行过程中，如何通过领导力哲学将传统的等级金字塔颠倒过来，以纠正这种情况（见图 1–2）。

图 1–2　执行 / 服务角色

当传统的等级金字塔颠倒过来时，谁在组织的顶端？是那些直接服务顾客的一线员工。谁站在顶端的顶端？是顾客。现在谁在底部？高层管理者。那么，在执行过程中，谁在为谁工作？领导者在为员工工作。这一变化虽然看起来微不足道，却在组织中产生了重大的影响。

当把组织传统的等级金字塔颠倒过来时，员工不再对老板的需求做出响应，而是要承担责任，对顾客的需求做出积极的响应；而老板的工作就是对员工的需求做出响应。这为工作任务的执行创建了一个非常特别的组织环境。如果像服务型领导者一样为员工工作，那么领导者的使命是什么呢？是帮助员工成为雄鹰，帮助他们从人群中脱颖而出，完成目标，解决问题，向着愿景前进。

顾客总是可以一眼分辨出哪些组织是由自私自利的领导者管理的。顾客是怎么做到的？如果是这样的组织，当顾客遇到问题去找客服解决时，就会感觉像是在和机器说话。客服会说："这是我们的政策，规则不是我定的，你想和我的上司谈谈吗？"

几年前，我的一个朋友在百货公司购物的经历很好地说明了这一点。购物时，他需要和妻子沟通一下，但把手机落在家里了，于是他问男装部的售货员是否可以借用一下电话。"不可以。"售货员说。我的朋友说："你在开玩笑吧！在诺德斯特姆百货公司我就可以随时借用他们的电话。"售货员回答说："听着，朋友，公司不让我在这里用电话，我为什么要让你用呢？"

现在来看另一种情形。我的一个同事有一天去诺德斯特姆百货公司给他的妻子买香水，售货员说："先生对不起，我们店里不卖那种香水，但是我知道在哪个商店可以买到。请问您在我们店里大概停留多久？""大约 30 分钟。"我的同事说。售货员继续答道："好，我去帮您买，包装好后把它带回来，在您离开的时候为您准备好。"之后售货员离开了诺德斯特姆百货公司，去了另一家商店，买到了我同事想要的香水，然后回到诺德斯特姆百货公司，并把它包装成礼物。你知道售货员收了我同事多少钱吗？和她在另一家商店买香水时付的钱一样多。诺德斯特姆百货公司在这笔交易中并没有赚到钱，那它赚到了什么？一位狂热的粉丝顾客。

我认为，服务型领导力是保证领导者获得良好的关系和结果的唯一途径。当我意识到我曾提出的在全球享有盛名的两种领导方式，即一分钟经理人和情境领导Ⅱ都是服务型领导力的实例时，我更加确信了这一点。

一分钟经理人的第一个秘诀是什么？一分钟目标。所有良好的表现都始于明确的目标，这显然对应服务型领导力的愿景 / 领导力角色。一旦明确了目标，卓有成效的一分钟经理人就会四处走动，试图发现员工在做正确的事情，这样他就能给予一分钟的表扬，这是第二个秘诀。如果这个员工做错了什么，或者表现得没有大家认为的那么好，那么一分钟经理人提出纠正就是恰当的，这是第三个秘诀。当卓有成效的一分钟经理人用一分钟给予表扬或者提出纠正建议时，他们就扮演了服务型领导力的执行 / 服务角色。他们为员工工作，帮助员工实现目标[4]。

情境领导Ⅱ[5]也可以在 3 个方面产生良好的关系和结果：目标设定、诊断和匹配。一旦设定了明确的目标，卓有成效的情境领导者就会与直接下属一起判断这位下属对每个具体目标的执行能力，包括专业水平和忠诚度。然后，他们一起确定合适的领导风格，这将与这位下属对每个具体目标的执行能力相匹配，这样领导者就可以帮助他实现目标。在服务型领导力的服务方面，关键是领导者要记住必须对不同的员工采用不同的领导方法，对相同的员工在不同情境下也要使用不同的方法，具体方法取决于目标和员工的个人能力水平。

为什么一分钟经理人和情境领导Ⅱ的概念在全世界得到如此广泛的应用？我认为是因为它们都体现了服务型领导力的理念。这两个概念都认同领导者应明确组织的愿景和方向，即服务型领导力的领导力方面。而服务型领导力的服务方面把传统的等级制度颠倒过来，帮助组织中的每个员工之间建立良好的关系，获得良好的结果，并最终赢得顾客。这就是服务型领导力的核心内涵。

第2章

强调开放与说服，而非压力与控制

拉里·斯皮尔斯

主编寄语

20世纪60年代末，罗伯特·格林利夫从美国电话电报公司退休后不久就开始撰写服务型领导力的相关文章。我有幸曾与他几次共度周末，当时我在俄亥俄州立大学任教。几年后，我认识了拉里·斯皮尔斯（Larry Spears），他担任格林利夫服务型领导力中心主任，是格林利夫著作的最早一批读者。当你读完斯皮尔斯这篇关于服务型领导者的10个特质的文章时，就会明白为什么他的参与对于本书来说是很重要的。

人们通常认为“服务”和“领导”这两个词是对立的。1970年，美国电话电报公司退休高管格林利夫以一种富有深意的方式将这两个词结合在一起，由此产生了“服务型领导力”这个看起来自相矛盾的术语。在这个过程中，他引发了一场悄无声息的变革，改变了我们看待和实践领导力的方式。自那以后的几十年里，许多如今富有成就的管理者和顶尖思想领袖都在谈论服务型领导力，撰写关于服务型领导力的文章，本书就是一个例证。

什么是服务型领导力？我们来看看格林利夫给出的定义：

> 对于服务型领导者而言，服务第一，这始于一个人想要服务他人的自觉与自愿。对服务型领导者最好的检验标准是：那些被服务的对象是否获得了成长，当他们被服务的时候，是否变得更健康、更聪明、更自由、更自主、更有可能成为服务型领导者？这对社会上的弱势群体有什么影响，他们会从中受益吗，或者至少不会变得更加边缘化？[1]

服务型领导者的 10 个特质

早在 1992 年，我就从格林利夫的著作中提炼出了服务型领导者的 10 个特质，我认为这些特质对服务型领导者的发展至关重要。在那之后的几十年里，我在服务型领导力领域的工作之一就是帮助大家加深对服务型领导者的特质的理解，了解这些特质如何在服务型领导者的实践中发挥作用。这 10 个特质如下。

善于倾听

传统上，领导者因其沟通和决策能力而获得权威感。虽然沟通与决策能力对服务型领导者来说也很重要，但他们还需要通过专注地倾听他人的意愿来进一步强化这些技能。服务型领导者要努力识别出某个群体的意愿，并帮助该群体阐明这种意愿。服务型领导者不仅乐于倾听他人说了什么，而且知道他人没说出口的是什么。倾听也包括倾听自己内心的声音。倾听，再加上一定的反思，对服务型领导者的成长至关重要。

富有同理心

服务型领导者努力理解他人，富有同理心。一个人与众不同的特质应该被接受和认可。如果一个人相信他的合伙人和同事做事的出发点是好的，那么即使这个人被迫接受合伙人和同事的某些行为，也能够体谅他们。最成功的服务型领导者是那些有能力，同时也有同理心的人。

拥有疗愈力

服务型领导者拥有帮助组织成员疗愈伤痛的能力。这种疗愈力能为组织带来强大的力量。服务型领导者最大的优点之一是疗愈自我以及自己与他人的关系。许多人都曾意志消沉，或受到过情感上的伤害。服务型领导者认识到自己有机会帮助这些与他们接触的人在精神上变得更加完整。格林利夫在其广为流传的文章《服务型领导力》中写道："如果服务型领导者和被领导者的契约中暗含着对人的精神完整性的共同追求，那么他们之间就会产生一些微妙的连接感。"[2]

拥有觉察力

觉察力，尤其是自我觉察力，能够增强服务型领导者的能力。觉察力有助于服务型领导者理解关于道德、权力和价值观的问题，让他们能够从一个更加综合、全面的角度来看待大多数情况。正如格林利夫所说："觉察力并不能带给我们慰藉，恰恰相反，它对我们的认知是一种干扰，也是一种唤醒。有能力的领导者通常非常清醒，当然也会受到一些干扰。不过他们不必向外界寻求安慰，他们拥有内心的平静。"[3]

极具说服力

服务型领导者的另一个特质是依靠说服力，而非地位和权威在组织内做出决策。在遇到分歧意见时服务型领导者会试图说服他人，而不是强迫他人服从。这一特质是传统的等级模式与服务型领导力模式最明显的区别之一。服务型领导者善于在团队中建立共识。这种强调说服而非强迫的做法，根源于贵格会（Quakers）的信仰，贵格会是格林利夫所属的宗教团体。

具备逻辑思维

服务型领导者努力培养自己实现伟大梦想的能力。要拥有从抽象或逻辑层面看待问题或组织的能力，领导者必须超越日常现实来思考。对于很多领导者来说，这是一种需要刻意训练和实践的能力。传统的领导者常常被短期运营目标所束缚。领导者如果想要成为一名服务型领导者，就必须扩展思维，拥有更强的逻辑思维。在组织中，从全局出发做出逻辑性思考本质上是董事会的重要工作。然而，董事会有时会参与日常运营之中，这不值得鼓励，因为这样董事会就不能为组织提供有远见的全局建议。董事会的工作主要是确定战略方向，员工主要从运营实施的角度考虑问题，而卓有成效的领导者需要从上述两个视角考虑问题。服务型领导者则要在对全局的逻辑思考和日常运营之间寻求微妙的平衡。

富有远见

远见与逻辑思维密切相关，这种“预测一种情况可能产生的结果”的能力很容易识别，但很难定义。只有当一个人拥有很多经历时，才能产生远见。富有远见很重要，它让服务型领导者理解过去的经历带来的教训、现在的实际情况以及未来决策的可能后果。它也深深扎根于直觉思维之中。在领导力研究中，远见仍然是一个很值得探索的领域，也是最值得我们认真关注的领域。

擅长管理工作

《管理工作》（*Stewardship*）和《赋能授权型经理》（*The Empowered Manager*）的作者彼得·布洛克（Peter Block）将管理工作定义为“为他人保管某件东西”[4]。格林利夫对所有组织的看法是，首席执行官、员工和董事会都是为社会创造更大利益的组织的看管人，在这个过程中，管理工作发挥着重要作用。服务型领导者既要承担管理工作，也要承担为他人服务的义务。服务型领导力还强调开放与说服，而非控制。

致力于推动员工的成长

服务型领导者认为，每个人都有某种超越他们做出的有形贡献的内在价值。因此，服务型领导者致力于推动组织中每个员工的成长。服务型领导者认识到，在其职权范围内尽一切努力帮助员工实现个人成长和职业发展，是一种巨大的责任。在实践中，这包括为员工的个人成长和职业发展提供资金，关注每个员工的想法和建议，鼓励员工参与决策，积极帮助失业员工找到工作等具体行动。

积极建立社群

服务型领导者意识到，近代历史上人类生活的主要塑造者已从物理意义上的社区转变为职能性的组织。这种意识促使服务型领导者想方设法为在企业和其他组织工作的人建立能真正实现交流的社群。格林利夫说："要把参与社群塑造成大家习以为常的生活方式，不需要大动干戈地发起群体性运动，只需要足够多的服务型领导者负起责任，起到引领作用。"[5]

这 10 个特质并不足以完整地概括服务型领导者的特质。然而，它们确实有助于向那些愿意了解服务型领导力的人传达这种领导方式的力量。

许多企业和非营利组织正在快速转变，从传统的独裁式的、建立在等级制度之上的领导模式向服务型领导力模式转变，并将其作为与他人交往的一种方式。人们对服务型领导力的兴趣不断增长。目前市场上已经出版和发表了许多关于这个主题的图书和文章。关于服务型领导力的工作坊、培训课程和学科现在也层出不穷。在《财富》杂志公布的"100 家最佳职场"榜单中，许多公司都推崇服务型领导力，并将其融入企业文化。在过去的 25 年里，我因为在服务型领导力方面的工作，直接或间接地接触了数以百万计的推崇服务型领导力的人，他们现在正在努力创建各种各样的服务型领导力组织。

许多人的身上都会经常自然地展现出服务型领导者的特质，而这些特质也可以通过学习和实践得到增强。服务型领导力为领导者在未来创造更好、更有爱心的组织带来了巨大的希望。

本文出自谁手

拉里·斯皮尔斯　Larry Spears

拉里·斯皮尔斯是服务型领导力领域的知名作家和演讲者，是斯皮尔斯服务型领导力中心主任，也是贡萨加大学的服务型领导力学者。他撰写了十几本关于服务型领导力的图书，其中包括《领导力洞察》(*Insights on Leadership*)，同时也是格林利夫 5 本著作的编者。

第3章

为每一个利益相关者创造价值

拉吉·西索迪亚

主编寄语

几年前，当我与拉吉·西索迪亚（Raj Sisodia）同台交流时，我惊讶于他对自觉资本主义[①]的思考与我对服务型领导力的看法非常互补。说到底，公司为员工创造激励人心的环境，员工就会好好对待顾客，从而就能为公司创造利润。接下来，请你阅读这篇文章，看看自觉资本主义与服务型领导力的信念是否相符。

200多年来，在自由市场制度下实行的商业制度，一直是推动全人类繁荣并达到空前高度的主要动力。然而，这些物质繁荣是有代价的。人们正遭受着极度的压力、抑郁和其他慢性疾病的困扰。

这种情况是如何产生的呢？我们比以往任何时候都更聪明、受教育程度更高、见识更广、与他人联系更紧密、更关爱他人、更少使用和遭受暴力、

① 企业中的自觉资本主义是指将受公司决策影响的每个人的长远利益纳入企业思考，充分尊重个人的独立性，强调经济社会的共同创造与合作，这反映了人性的更高境界。——编者注

更有思想。然而，工作仍然是让大多数人感到痛苦的根源。在很大程度上，我们可以把责任归咎于糟糕的领导力。

领导者是体制的产物。现有制度把某些人提拔到领导者岗位，但他们缺乏作为领导者所需的素质。这些人尽其所能地完成数字目标，但不考虑人力成本或组织长期的健康。

企业文化深受企业领导者行事风格的影响。如果一个领导者的意识根植于对资源匮乏与生存危机的恐惧之中，那么他就会创建一个围绕这些恐惧运转的组织。现在有一种与以往截然不同的运作模式，这种企业运作模式不再以利润为中心，而是以为所有利益相关者创造价值为使命。但事实上，这并不是什么新鲜事，企业已经以这种模式运作了一个多世纪。这些自觉资本主义企业有 4 个明确的特点。

1. 它们的存在不是为了追求利润最大化。
2. 它们追求为每一个利益相关者创造价值，而不仅仅是为股东创造价值。
3. 领导者的动机是为公司的使命和员工服务，而不是为权力或个人财富服务。
4. 它们努力建立充满信任、开放和关怀，而不是充满恐惧和压力的企业文化。

我们的研究表明，从长期来看，这些公司创造的金融财富远远超过传统的以利润为中心的公司所创造的财富。在过去 15 年里，它们的绩效比标准普尔 500 指数高出 14 倍，比吉姆·柯林斯（Jim Collins）在《从优秀到卓越》（*Good to Great*）一书中提到的公司所创造的绩效高出 6 倍[1]。自觉资本主义企业明白，其商业活动可能会产生一系列积极的影响。如果确实如此，那么其他企业为什么不像它们那样做呢？

如果没有自觉型领导者，就不可能有自觉的企业，如果不是一个自觉的人，也不可能成为一个自觉型领导者。服务型领导者的品质与自觉型领导者的品质有很多相似之处。在本章中，当我们探讨服务型领导者 / 自觉型领导者的特点以及如何拥有这些特点时，请注意，这两个术语是互通的。

自觉型领导者是无私的

> 在组织中，只有3件事是自然发生的：摩擦、困惑和低绩效。其他每一件事情都需要领导力。
>
> ——彼得·德鲁克（Peter Drucker）

成为一个自觉型领导者的基本要素可以用一个词来概括，它是一个缩写词：SELFLESS，即大公无私，将他人的利益置于自己的利益之上。真正的领导者会超越自我。一个只关注自身利益的领导者，自然会把他人视为获得自身利益的手段。如果领导者以这种意识运作企业，那他就不可能成为一个真正的领导者。请注意，无私并不意味着消除自我，这几乎是不可能的，它是指以恰当的方式驾驭自我。

SELFLESS 指自觉型领导者拥有的品质：力量（Strength）、热情（Enthusiasm）、爱（Love）、灵活性（Flexibility）、长期导向（Long-term Orientation）、情商（Emotional Intelligence）、系统商（Systems Intelligence）和灵商（Spiritual Intelligence）。服务型领导者是一个完整的人，而不是一个分裂的个体。SELFLESS 体现了成熟男性气质和成熟女性气质的和谐融合。如今，太多的领导者只表现出不成熟的超男性特质，如独断专行、攻击性、过度竞争、不惜一切代价赢得胜利等。他们从战争的角度来看待每一次的领导力挑战，秉持“不是赢就是输”的心态，但结果通常是“输一输”。接下来我们讨论 SELFLESS 的每个字母代表什么。

力量

自觉型领导者是强大、果断和坚韧的。他们必须有良好的道德品行、自信和坚定信念的勇气。面对怀疑或阻挠，他们毫不动摇。他们自信却不自大。关键是，他们的力量是为崇高的使命服务的，那就是要让他们领导和接触的所有人的生活都变得富足。这种力量来自他们自身，也来自外部。

自觉型领导者在不耗尽团队力量的情况下充分发掘团队的力量。他们利用道德的力量。任何行事公正的人都可以获得这种力量。马丁·路德·金（Martin Luther King）有句名言："道德宇宙的弧线很长，但它会向正义弯曲。"试图将这条弧线转向其他方向的领导者，最终会受到阻碍。而那些采取正确行动、追求崇高使命的人，可以获得无限的正义力量，他们追求的领导力是与他人共事的力量，而不是凌驾于他人之上的权力。领导者要变得强大，但追随者也不觉得自己"屈居人下"。

热情

自觉型领导者致力于实现更高的使命，坚持走正义之路。这种力量给了他们巨大的动力和热情，但这并不意味着他们必须是合群的外向者。许多研究发现，内向者更可能成为杰出的领导者。当一个人充满了使命感时，他就会情不自禁地充满热情，如果没有使命感，那热情是很难伪装的。

爱

领导力的一种基本素质是爱和关怀的能力。纵观人类历史，那些让社会变得更美好的伟大领导者，如阿育王（Emperor Ashoka）、亚伯拉罕·林肯（Abraham Lincoln）、莫罕达斯·甘地（Mohandas Gandhi）、纳尔逊·曼德拉（Nelson Mandela）和马丁·路德·金，他们都拥有巨大的力量和深切关怀他人的能力。他们关怀越来越多的人，通常还包括他们的敌人。他们真切地、深切地关怀着人类，有明确的是非观念。真正伟大的领导者是那些能够把世界变得更美好的人。他们表达的爱建立在关怀的基础上。当领导者来自一个真正充满关怀的地方，并拥有强大的力量时，他们就会成为和平的战士，能够为正义而战。

爱的反面是恐惧。一个充满恐惧氛围的组织天生缺乏真正的创造力和创新能力。组织成员被迫过着紧张、沮丧、不健康或家庭功能失调的日常生活。自觉型领导者试图驱除组织中的恐惧感。正如西蒙·斯涅克所言，自觉型领导者创造了一个“安全圈”，在这个圈子里，组织中的每个人都能成长[2]。

灵活性

灵活性是指领导者根据情况或环境变化的需要，无缝切换领导模式的能力，以及能屈能伸的适应能力。自觉型领导者就像拥有全套球杆的高尔夫球手，他们知道在每种情况下如何做出恰当的选择和找到正确的执行方法。这些领导者可以屈服，但不会被打垮，他们有原则地适应环境，不会牺牲自己的核心价值观。

自觉型领导者大智若愚、爱得深沉，这句话表达了灵活性的核心要义。这样的领导者身上同时体现着智慧和顽皮、力量和温柔。他们培养了一种灵敏的声呐，能够判断出在不同的时刻需要采用什么样的领导力方法。

长期导向

自觉型领导者带来的影响超越了他们作为领导者的任期，也超越了他们的一生。美国的开国元勋们把目光投向了永恒，寻求即使无法延续数千年也能够延续数个世纪的理念和原则。组织有生生不息的潜力，它们能否基业长青，将取决于领导者的行动。

衡量一个领导者成功与否，最好的方法是看他去世后发生了什么。组织是否继续坚守明确的原则和道德准则？吉姆 · 柯林斯和杰里 · 波勒斯（Jerry Porras）在他们的著作《基业长青》（*Built to Last*）[3] 中写到，领导者是“造钟人”，而不是“报时者”。造钟人创建的组织将在他们离开后继续存在，因为没有人依赖他们来报时。自觉型领导者确保使企业与众不同的基本要素成为组织 DNA 的一部分。他们通过为企业创建类似于美国《独立宣言》（*The Declaration of Independence*）和《美国宪法》（*Constitution of the United States*）这样的文件来明确企业的立场与独特性：前者说明我们是谁，我们代表什么；后者说明我们如何做事。

情商

对于领导者来说，高智商是不可或缺的。过去，大多数企业只重视这一点。而在今天，其他形式的智商甚至更为重要，尤其是情商、灵商和系统商。虽然我们的智商在出生时就确定了，而且只会下降，但其他类型的智商可以后天培养和提高。

情商结合了自我觉察和同理心。自我觉察意味着理解自己，同理心意味着感受和理解他人的感受。由于社会充满复杂性和各利益相关者之间必须进行有效沟通，高情商在组织中被认为越来越重要。然而，研究表明，从大数据来看，在组织中职位越高的人，情商水平越低，首席执行官的情商通常处于组织中的最低水平[4]。

增强自我觉察是一个持续一生的过程，整个宇宙就在我们体内，等待着被发现。我们通过觉察到自己的情绪并理解为什么我们会产生这些情绪来了解自己。每一种情绪都是一扇窗，通常是在潜意识的层面上，让我们了解自己是谁、我们关注什么。正如卡尔 · 荣格（Carl Jung）所说：“除非你意识到你的潜意识，否则潜意识将主导你的人生，而你却称之为命运。”

系统商

系统商是一种许多社会尚未认识、理解或培养的智商。然而，在 21 世纪，随着组织变得更加复杂，人们变得越来越相互依赖，怎么夸赞这种智商的价值都不过分。

系统思维关注的是系统的各个组成部分相互关联的方式，以及系统如何随着时间的推移在更大的背景中工作。系统思维与症状思维（Symptomatic Thinking）形成了鲜明的对比，症状思维导致我们不断地对表面症状做出反应，而不是理解导致这些症状产生的潜在过程。

自觉型领导者努力理解问题产生的根源，以及问题与组织设计和文化之间的关系，然后他们设计根本的解决方案，而不是根据症状采取快速补救措施。正如温斯顿·丘吉尔（Winston Churchill）所说："我们塑造了建筑，而建筑反过来也影响了我们。"系统也是如此。

灵商

根据达娜·佐哈尔（Danah Zohar）和伊恩·马歇尔（Ian Marshall）的观点："灵商是一种让我们获知事物的本质、价值、存在目的和更高动机的智商。它是我们的道德智商，赋予我们一种与生俱来的辨别是非的能力。它是我们在生活中运用善、真、美和同理心的智慧"[5]。灵商帮助我们在工作和生活中发现更高的使命。具有高灵商的领导者有一种卓越的能力，能使他们的组织拥有更高的使命。当事情开始偏离轨道时，他们具有不可思议的洞察力。

今天，服务型领导力比以往任何时候都更重要。人类的种子从未像现在这样强大，充满希望。但即使是最好的种子，要想茁壮成长，也需要合适的土壤——能够帮助人类开发出非凡潜力的条件。在组织背景下，这意味着要有正确的领导方式，从而形成一种让人们可以茁壮成长的文化。但是，如果组织中只有一心想利用和剥削他人的领导者，最好的种子也可能会枯萎，或者更糟，甚至会变异成一种恶性力量，给世界带来更多的苦难。我们今天共同的伟大使命是给世界带来更多的欢乐，这需要拥有美丽心灵和巨大勇气的领导者，他们只寻求服务他人，描绘出更美好的未来，并设计出可以共同实现它的方案。

本文出自谁手

拉吉・西索迪亚　Raj Sisodia

自觉资本主义运动的全球思想领袖拉吉・西索迪亚是美国巴布森学院富兰克林・奥林全球杰出商业教授，也是聚焦于自觉资本主义的全食超市市场研究学者。他是自觉资本主义公司的联合创始人和联合主席，拥有孟买巴贾吉管理研究所的 MBA 学位和哥伦比亚大学的市场营销学博士学位。他是《自觉资本主义：解放商业的英雄气概》（*Conscious Capitalism: Liberating the Heroic Spirit of Business*）一书的合著者。

第 4 章

信任是一切的起点

史蒂芬 · M. R. 柯维

主编寄语

1976 年，我认识了史蒂芬 · R. 柯维（Stephen R. Covey）博士。后来，我们在许多会议上共同发言，并成为彼此工作的坚定支持者。几年前，他离开了我们，我很难过我们的领域失去了这样一位重要的研究者。那时我并不知道，他的儿子史蒂芬 · M. R. 柯维（Stephen M. R. Covey）已经高举父亲的旗帜，甚至超越了自己的父亲。从那以后，我曾多次与史蒂芬 · M. R. 柯维在同一个平台交流分享。读完这篇关于信任在成为卓有成效的服务型领导者中发挥的作用的精彩文章，你就会明白我在说什么了。

很长时间以来我都有一种直觉。作为罗伯特 · 格林利夫的服务型领导力原则的学习者，当我撰写《信任的速度》（*The Speed of Trust*）[1] 一书时，我感到这种直觉在增强。当格雷格 · 林克（Greg Link）和我共同撰写《信任经济学》（*Smart Trust*）[2] 一书时，这种直觉变得越来越强烈，我越来越相信服务型领导力的实践和信任密不可分。今天，我发现人们在谈论服务时很难不谈信任，反之亦然。

无论是服务型领导力，还是基于信任的领导力，都与传统的职位型领导力形成了对立。传统的职位型领导力充斥着控制性的语言：“你必须按照我说的去做，因为我是老板。”另外，服务型领导力和以信任为基础的领导力都强调服务第一，信任第一。领导力是服务的副产品，而职位权威最多只是最后一个纳入考虑的可以借助的力量。服务型领导力和信任，哪个更重要？其中一个是由另一个驱动的吗？对于一个想要带领企业走向成功的领导者来说，应该如何平衡这两个原则？以下是我针对这些问题分享的 5 个关键洞见。

服务型领导者的决定性成果是信任

怎么判断一个领导者是不是服务型领导者？答案是看他与下属之间是否存在信任。信任是试金石。信任之于服务型领导力，就像利润之于企业一样。信任是结果，是核心指标，是记分板。

作为一个领导者，你现在就可以进行简单的评估。想一想你领导的人，他们信任你吗？如果你是一个真正的服务型领导者，你就能获得他们极大的信任。但是，如果你周围的人对你的信任度很低，那么你就可以得出这样的结论：你的服务型取向在某种程度上受到了损害或削弱。如果你像服务者一样去领导，你就会知道这一点，因为你将被高信任度的组织关系所围绕，此时你的公司也将从高信任度的组织关系中获益匪浅，就是这么简单。

服务型领导者的明确目的是为他人服务

服务型领导力是以服务他人为目的的。目的是你的动机，你的行动可能是无形的，但不要认为你的目的是隐蔽的，人们能够从你的一言一行中感受到你的目的。

想一想职位型领导者。那些完全通过在组织层级中的地位来推动变革的领导者的目的是什么？最重要的就是产生业务成果。如果他们能做到这一点，同时也让其他人获得了成功，这当然是不错的回报。但当他们被迫做出选择时，他们会直奔结果而去，即使这意味着在这个过程中其他人会受伤。我和很多这样的领导者共事过。说到底，职位型领导者是自私自利的。

服务型领导者则不同。他们纯粹是为了服务他人，包括同事、客户、合作伙伴、社区等。服务型领导者的动机是关怀他人，他们追求的是互利共赢："我想赢，但对我来说，你赢了更重要。"我也和很多这样的领导者合作过。如果他们的目的是纯粹的，我就能感知到。我从来没有必要对他们的行动或动机进行事后猜测，而且，作为回报，我会贡献出高质量的工作和个人忠诚度。他们激励我做得更好，激发出了我最好的一面。

不要等他人来推断你的目的，你可以通过表明目的来加速彼此建立信任的过程。十几年前，受人爱戴的全食超市首席执行官约翰·麦基（John Mackey）以一种特别的方式做到了这一点。当时，他给公司所有员工写了一封信。以下是这封如今已成为传奇的公司内部信件的一段摘录：

> 全食超市的巨大成功给予我远远超出我曾梦想获得的收益，也给予我远远超出我获得经济保障和个人幸福生活所必需的金钱……我现在53岁了，有了一种新的生活状态，我不想再为金钱工作，只是为了享受工作本身的乐趣，我要更好地响应服务的召唤，我自己内心的感受是如此清晰。从2007年1月1日起，我的工资将减少到1美元，我也将不再接受任何其他现金报酬……董事会会让全食超市将我未来所有股票期权捐赠给公司基金会。

你认为这段话对企业文化的影响是什么？如果你是全食超市的一名员工，这会激发你更好地履行公司的使命吗？在麦基领导全食超市这个快速发展的组织的过程中，麦基的领导力是否提高了其他人对他的信任度？是的，这两点都实现了。

此外，还有更多切实的结果。随着时间的推移，服务型领导者的真实目标将在其行为规范中，以及系统和组织结构中体现。如今，麦基的目标在全食超市的服务型领导力文化中得到了体现。领导者的目的会塑造组织，并变成现实。

服务型领导者视行为高于结果

行为是服务型领导者的落脚点。通过行为，信念能变成现实；目的能成为推动价值创造的强大力量。领导者需要有意识地采取行动，以在组织中建立起服务型领导力文化。

对服务型领导者来说，行为不只是做什么，还包括如何做。这一原则体现在许多服务型领导力文化的规范中。宝洁公司前董事长兼首席执行官麦睿博（Bob McDonald）这样说："我们实现业绩增长的过程，与业绩结果同样重要。"同样，万豪酒店的领导者也说："我们如何开展业务与我们的业务本身同样重要。"换一种表达方式就是：对服务型领导者来说，行为高于结果。

这与职位型领导者形成了对比，对职位型领导者来说，结果比过程更重要，做什么比怎样做更重要，要用结果证明手段是否正确。在极端情况下，职位型领导者可能做出不道德或非法的行为。但我认识的大多数职位型领导者看起来并没有那么穷凶极恶，事实上，他们的行为表面上可能是为了建立信任。如果他们并不想成为服务型领导者，你仔细观察就会发现他们的行为中含有一种微妙的伪装。

在《信任的速度》一书中，我指出了能够在人与人之间有效地建立信任的行为。在这些行为中，每一种行为都有相伴随的对立面，或许更重要的是，每一种行为都有伴随而来的伪装，它反映了一个处于领导者地位的人更典型的行为方式。例如，其中一种建立信任的行为就是表现出尊重。一个职位型领导者可能会假装尊重某些人，比如那些能为他做些什么的人，而他不尊重其他人，是因为这些人不会为他做事。还有一种建立信任的行为是直言不讳。讲假话者表现得直言不讳，而实际上却隐瞒或歪曲了某些信息。

你可以看到吸引一些领导者采取伪装行为的原因。我发现，很多领导者在没有自我反省的情况下，竟然认为自己的伪装行为是真诚的。但这经不起推敲。这些行为可能会在一段时间内产生效果，但它们是不可持续的，更糟的是，它们会减少员工对领导者的信任。总有一天，员工会发现这些领导者的真实目的。

服务型领导者倾向于信任他人

对他人的信任不一定是盲目的轻信。这是一种有意向的行为，我称之为明智的信任。它始于信任他人的意愿，我称之为一个人的信任倾向。一个人有了信任倾向，就会分析延伸信任的利害关系和风险，其中包括对被信任者的可信性的评估。显而易见的倾向就是从信任开始的。这个起点开启了无限的可能性。

职位型领导者寻求控制，而服务型领导者通过信任他人来使他人释放才能和创造力。为什么？因为服务型领导者深信他人以及他们的潜力。

不过我真的很理解这些职位型领导者！因为信任他人有风险。我认识的许多领导者都是通过将风险最小化而在职业生涯中获得成功的。他们说："我想把事情做好，所以我自己做。"有些人甚至因这种做事方式而闻名。但是，这样做会令人精疲力竭并且不可持续，也无法带来无穷无尽的创新、活力和敬业度，这些只有由信任推动的组织才能做到。

穆罕默德·尤努斯（Muhammed Yunus）信任他周围的民众，这使他获得了诺贝尔和平奖。尤努斯是孟加拉国的一位大学教授，他对自己周围贫穷的恶性循环感到痛心。他相信，只要这些社区民众能够获得资金，他们就有能力通过创业摆脱贫困。一个人不需要很多钱，大概只需 25 美元，就可以经营一辆自动售货车并赚取不错的收益。出于这种需要，最终也是出于对数百万人的信任，尤努斯发起了全球小额信贷运动。

在向个人提供小额贷款的早期过程中，尤努斯遇到了一个挑战。“人们说他们无法提供抵押品，”尤努斯回应说，“我说过我会为他们提供担保。”于是，格莱珉银行诞生了。

听一听尤努斯在发起小额信贷运动时的声明：“我们将发挥自身的作用，帮助人们摆脱贫困。我们将给予信任，民众将基于此过上富足的生活。”尤努斯明白一个基本但强有力的信任原则，那就是人们希望被信任。这是人类最强有力的内在动机。格莱珉银行证明了这一原则：小额信贷运动确实帮助数千万人摆脱了贫困。格莱珉银行超过 98% 的贷款还款率表明，当一个服务型领导者给予他人信任时，可以带来改变世界的结果。相比之下，传统的小企业贷款只有 88% 的还款率！

服务型领导者的使命是贡献

职位型领导者服务于职位本身要求的工作内容，或者服务于自我。服务型领导者服务于更伟大的事业，不仅能激发人们对领导者的信任，还能潜在地激发整个社会的信任。

佩德罗·梅迪纳（Pedro Medina）是哥伦比亚共和国的一名商人，1999 年，哥伦比亚的第一家麦当劳餐厅就是在他的帮助下开业的。他痛苦地意识到，他生活和经商的环境变化无常，他的国家和社会动荡不安，绑架和恐怖主义行为占据了每天的新闻头条。

在当地一所大学教书时，梅迪纳问那些年轻又有才华的学生，有多少人打算毕业后离开哥伦比亚，结果大多数人都举手了。这令他心痛不已。“你们为什么要离开？”他问道。学生对他说：“我们对国家失去了希望。你能告诉我们为什么要留下来吗？”

这个问题萦绕着梅迪纳。因此，他成立了一个名为 Yo Creo en Colombia（我相信哥伦比亚）的组织。从最初到现在，这个组织的主要使命依然是，首先在国内，然后在国外，增强人们对哥伦比亚的信任和信心。这个组织向哥伦比亚人宣传国家取得的成就、拥有的潜力和资源，并利用这些“建设一个公平、竞争和包容的国家”。自成立以来，这一组织已经惠及来自 157 个城市和 26 个国家的数十万哥伦比亚人。

梅迪纳发起了一场声势浩大的社会运动，但他并没有依靠自己的地位去获得影响力，而是努力在基层民众中建立影响力，而且凭此在国家层面引发了体制和结构的变革。今天虽然仍有大量工作要做，但哥伦比亚在重建安全、投资和社会凝聚力方面已取得巨大进展。梅迪纳只是一个普通的商人，但他有服务型领导者之心，有比自身更重要的远大的愿景和使命，并有勇气采取行动。这足以让他改变他的国家。

信任和服务型领导力虽然密切相关，但并不是同义词。不过它们也有一些重要的共同点，比如两者都在选择中找到了自己的根源，都诞生于领导者的使命。信任和服务型领导力看似是简单的准则，但要做到并不容易，事实上，很难做到。无论是信任还是服务型领导力，都需要领导者全身心投入，并有勇气将服务自我的追求放在一边，为他人和更高的使命服务。

实际上，你可以选择现在，此时此刻，开始你的信任和服务型领导力的实践。这始于自我反思和承诺，先问问你自己：

- 我与人际网络中的人、团队成员和利益相关者之间的信任程度如何？
- 我的使命是什么？是为他人服务，还是为自己服务？
- 我有哪些机会可以向他人表明我的使命？
- 我有哪些方式通过我的行为来有意识地展示我服务他人的使命？

当你把自己的利益放在一边，把信任延伸到你周围的人时，的确会有风险，这是真的，但我认为，拒绝信任他人带来的风险更大。通过激励和延伸信任，你能创造出一种强大的服务型领导力文化，让你所领导的员工为共同的最高愿望而努力。我相信，在阅读这篇文章之后，你将有机会通过建立信任的行为来展示你的服务型领导力。你准备好迎接这个机会了吗？

本文出自谁手

史蒂芬 · M. R. 柯维　Stephen M. R. Covey

史蒂芬 · M. R. 柯维是 CoveyLink 和 FranklinCovey Global Speed of Trust Practice 的联合创始人，也是畅销书《信任的速度》的作者、《信任经济学》的合著者，同时也是一位广受欢迎的演讲家和领导力及销售方面的顾问。

第5章

为组织创造生命力、能量和动力

马克·米勒

主编寄语

几年前，我去亚特兰大和福来鸡公司（Chick-fli-A）的所有经理人员交谈时，遇到了马克·米勒（Mark Miller）。我当时就被他对服务型领导力的创造性思考所震撼。后来，他成了我最欣赏的合著者之一，我们合作完成了《秘密：卓越领导者的五项修炼》（*The Secret: What Great Leaders Know and Do*）和《卓越领导力养成》（*Great Leaders Grow*）。当你读完这篇文章后，你会明白我为何那么欣赏他。

大约20年前，我们的团队在福来鸡公司着手开展一个项目，以加快领导力在组织中的发展。我们得出的第一个结论是：我们需要对领导力下一个定义。如果没有清晰的图景，那么任何试图帮助领导者成长的努力，即便不是徒劳，结果也会令人沮丧。

经过大量的研究、讨论和辩论，我们商量出了一个值得追求的目标。然而，在围绕这个目标制订出一个计划后，我们感到信心不足。我清楚地记得其中一个成员说："如果这样做不对怎么办？"尽管我们阅读了几百本关于领导力的书，但我们本是专业研究美食的，对领导力和企业文化的了解远远达不到专业的程度。我们即将定义自己对领导力的理解，这件事关系重大，正确地理解领导力的内涵，能帮助我们塑造出好的企业文化，甚至能吸引来丰厚的投资，而最重要的是，这个定义将塑造未来几十年福来鸡公司的领导者的行为。这时，有人说："我有个主意，也许我们还可以寻求一些外部的意见。"正好我原计划第二天和肯·布兰佳见面，于是我主动提出与他分享我们的大纲，团队对此也完全同意。

我永远不会忘记和布兰佳的那次碰面。我递给他一张纸，上面写着我们的计划，我快速解释了我们想如何加快领导力在组织中的发展。然后我说："你认为我们的计划是完备的吗？我们遗漏了什么吗？它经得起时间的考验吗？"布兰佳很快给予我们积极的反馈，他说："你们的领导力智慧可以写成一本书！"那次谈话之后，我们合著了第一本书《秘密：卓越领导者的五项修炼》[1]。我们写了一个简单的提纲，然后把它变成了一部经典之作，如今这部经典之作以 25 种语言在世界各地流传。

为什么这本书如此成功？除了布兰佳强大的全球影响力之外，我认为这本书触动了世界各地领导者的心灵，促使他们思考，因为书中包含了领导力的真理。秘密泄露了！以下是伟大的领导者的 5 种战略性服务原则。

原则 1，预见并塑造未来

领导力始于对未来的展望。那些无法描绘出令人信服的未来图景的领导者，有可能丧失其领导地位。因为员工想要知道：我们要去哪里？我们要达成的目标是什么？我们会成为什么样的人？为什么这很重要？领导者不要因为无法回答这些关键问题而减损自己的影响力。如果领导者不知道答案，那就开始想办法，思路会在行动中渐渐变得清晰。如果领导者感到困惑，那就行动起来。谁愿意追随一个不知道要去往哪里的领导者呢？当愿景清晰而富有吸引力时，它将为组织创造生命力、能量和动力。

原则 2，积极地培养他人

我和布兰佳在“敬业度”（Engagement）这个概念还没有流行的时候就开始撰写这方面的文章，毫无疑问，敬业度很重要，它为人们的成长创造环境。美国员工的年度敬业度调查，年复一年地描绘出惨淡的图景：敬业度低得惊人。这不是对员工的控诉，需要做出改变的是领导者。这里之所以提到培养员工，是因为它至关重要。培养员工是提高其敬业度的一种策略，然而很多领导者忽视了这一点。我们认为，如果领导者没有积极地培养员工，那么他就在其应该扮演的角色中缺失了一个重要角色。

原则 3，自我重塑

伟大的领导者的基本特质之一是有伟大的想法。大多数领导者都听说过这样一句话：“如果你不思进取，就只能原地踏步。”为了进步，为了向前发展，为了完成更伟大、更好的事情，有些事情必须改变！为了帮助领导者将改变分解为可管理的部分，我们讨论了 3 个领域，每个领域都需要领导者做出自我诊断。

- 自身：你是如何重塑自己的？
- 系统：要产生更好的结果，哪些工作流程需要改变？
- 结构：为了更好地实现目标，组织结构上能做出哪些改变？

除此之外，还有很多问题，这些问题通常可以引发人们的深度思考。

原则 4，重视结果和关系

这是让许多领导者感到最焦虑的一个原则。在全球各学校教授领导力这门课程近 20 年之后，我毫不怀疑这是我们的模型中最具挑战性的元素。你同意吗？几乎每个领导者都天生带有一种偏见。我们的大脑回路决定了我们会对事物产生倾向性。这并不一定是坏事，但如果领导者不认真对待和管理这种倾向性，它会严重降低我们的工作效率。只有成功地管理自己的偏见，领导者才能协调好组织中的关系。优秀的领导者同时重视结果和关系这两方面！这里有一个原则在起作用：紧张局势中蕴藏着巨大力量，领导者面临的挑战是要控制紧张局势，只有这样，才能卓有成效地调动它蕴藏的巨大力量。

原则 5，言出必行，坚决践行价值观

员工总是关注领导者，不管领导者是否希望他们这样做！员工经常在寻找线索，想要了解对领导者来说什么是重要的。他们还试图确定领导者是否值得信任。那么，践行价值观和信任之间有什么联系呢？如果领导者说某件事很重要，那么员工就会期望领导者真的把它当作重要的事情来对待。如果领导者言行不一，后果可能是致命的。员工通常不会追随他们不信任的领导者。更糟糕的是，如果员工不信任领导者，却继续在组织中工作，拿着薪水，那么组织表面上在正常运转，实际上却根本没有人拥护组织文化和领导者，这样组织相当于有了一个对手。所以，领导者必须竭尽全力做到言出必行！你准备好成为一位服务型领导者了吗？我希望如此！

作为领导者，如果你正在想方设法迫使员工听从你下达的命令，那么服务型领导力不适合你，这也不是你成功的策略或捷径。然而，如果你愿意开启帮助他人提升价值的漫漫旅程，把他人的利益置于你自己的利益之上，帮

助他人赢得胜利，并掌握我们刚刚讨论的5个基本原则，你就有可能获得新的成功、满足感和影响力。

伟大的领导者服务他人！

本文出自谁手

马克·米勒　Mark Miller

在福来鸡公司工作的30多年里，马克·米勒在许多领导岗位上工作过，包括餐厅运营、质检、售后服务以及企业沟通。他四处游历，且教授多种课程，包括团队、服务型领导力，还提供培训。他著有《转变：从跳棋思维到象棋思维》(*Chess Not Checkers*)、《团队的秘密》(*The Secret of Teams*)、《领导力核心》(*The Heart of Leadership*)，以及《领导力管道：打造基业长青的领导力文化》(*Leaders Made Here: Building a Leadership Culture*)。他还与肯·布兰佳合著了《卓越领导力养成》和国际畅销书《秘密：卓越领导者的五项修炼》。

第 6 章

每个人都是潜在的服务型领导者

马克·弗洛伊德

主编寄语

自从我与马克·弗洛伊德（Mark Floyd）一起参加了旨在传播服务型领导力理念的会议之后，我越来越敬佩他。他不仅是一位成功的企业家，也是一位杰出的思想家，他对如何成为一名服务型领导者有着深刻的思考。弗洛伊德和我都相信，每个人都是潜在的服务型领导者。正如他在这篇文章中强调的，无论我们在组织中是否有正式的职务，我们都是潜在的服务型领导者，因为我们每天都在与他人互动。

服务型领导力意味着领导者要帮助他人在职业领域和个人生活领域取得成功，意味着领导者要服务于客户和下属。

耶稣是伟大的服务型领导者。他在他的时代证明了这一点，并在今天继续诠释着这一点。他将服务视为天职。我们认为，通过努力成为服务型领导者当然并非不可能。但事实上，让我感到惊讶的是，我越努力想要成为服务型领导者，就越难实现这一目标，但当我真诚地在心里为之祈求，让“服务他人”进入我的内心时，我很容易就实现了服务型领导力，并且做得越来越好。

谁是潜在的服务型领导者？我们都是。无论你是首席执行官、个体经营者、股票交易员、服务员、家庭主妇，还是某人的好友，无论你做什么，你都时不时地要扮演领导者的角色。你每天所做的每件事情都反映了你的品格、你的信仰、你的生活。而我在这篇文章中谈论的就是无处不在的领导力。我希望我的想法能对你有所帮助。

不要让他人为你设定领导力风格

我大学毕业后就职于一家《财富》500 强公司，这也是我的第一份工作。我非常尊重这里的领导和同事。这家公司的创始人创建了伟大的企业文化，并且这种企业文化延续至今。在刚入职的前几周里，我从公司的一些内部文化中感受到了这里的管理风格和价值观。但是，不久之后，一位新上任的首席执行官带来了一种不同的领导力风格，说实话我并不是特别喜欢他的领导力风格。当时我还是一个天真的年轻小伙儿，但我注意到整个公司正在发生变化。领导层正在改变自己的领导力风格来适应新的首席执行官。这位首席执行官个性生硬，爱贬低他人，要求很苛刻。在我看来，他不是一个很好的领导者，他的品质与服务型领导者的品质正好相反。随着时间的推移，我发现公司里的大多数人都在模仿他的领导力风格。我告诉自己不能学习他，那不是我的领导力风格。后来，那位首席执行官离开了公司，直到一位新的首席执行官上任后，才扭转了局面。今天，那家公司已经是一家非常成功的公司了。所以，要坚持你的领导力风格，不要让环境改变你，你应该改变环境。

服务型领导力在任何组织中都卓有成效

企业应该是职能化的。如果你看过公司的组织结构图，请在其中找到你的名字。如果在你之下至少有一个人与你有关联，那么你就是领导者。

现在，请注意组织结构图底部的所有人，包括销售人员、会计人员、接待员等，没有任何人向他们汇报工作，但他们是负责直接和客户沟通的人。我认为，领导者需要把组织结构图颠倒过来。这样，首席执行官和领导者团队将服务于为客户服务的员工。布兰佳说得对："当员工都在为首席执行官服务时，他们又怎么能为客户提供卓越的服务呢？"凡要为首，必须做众人之尾，做众人的公仆。这就是服务型领导力的核心。

组织文化决定行业位置

有些公司以伟大的产品、伟大的设计和它们对待员工的方式而闻名。例如，美国西南航空公司就是一家很棒的公司。美国西南航空公司的创始人兼前任总裁赫布·凯莱赫（Herb Kelleher）曾与北卡罗来纳州的一位绅士就公司名字的使用发生过争执。面临诉讼的威胁，他们需要找到解决争执的办法。最后，凯莱赫说："听着，我要飞到你那里去，和你来一场摔跤比赛。"他确实这么做了，但结果他输了，于是，他放弃了使用那个公司名字。我觉得他这样做很有谦谦君子之风。

我的妻子喜欢诺德斯特姆百货公司。我想是因为诺德斯特姆百货公司的鞋店比大多数百货公司大 5 倍。不管怎样，诺德斯特姆百货公司做了很多很棒的事情。我的妻子告诉我，如果我在诺德斯特姆百货公司买了什么不喜欢的东西，都可以把它拿回去退掉，店员会把钱退给我。你去看一看那些伟大的公司的名录，比如苹果、谷歌和全食超市，你会发现它们所看重的和赖以生存的企业文化，都是由从管理团队到一线员工的所有人共同定义的。你的企业文化会决定你的公司所处的行业位置。一家公司最重要的不是产品本身，而是负责销售、客户服务、产品管理以及做所有其他附加工作的人，这些才是吸引客户再次购买产品的原因。

接下来我告诉你一个与伟大的公司有关的反面案例。一天晚上，我下班回到家，打开电视，没有信号，电视屏幕一片空白。我给有线电视公司打电话，在我和这家公司的工作人员实际进行沟通之前，我在电话里和 5 台不同的自助答话机沟通过。当我最终得以与实际的工作人员对话时，我和那个员工谈了几分钟，最后她决定派一个修理工前来处理我的问题。4 天后，有一个人来我家修电缆。我问他问题出在哪里，他说："我们在你家隔壁安装设备，工作人员不小心切断了你家的电缆。"

后来当我收到账单的时候，我天真地以为我在这 4 天没有享受到电视服务，有线电视公司的人一定会把这部分钱从账单中扣除，但他们没有。我原本以为不需要支付那么多钱，不需要担心。后来我决定让这些人明白，他们这样做是不对的。所以，我给他们打了电话，在留了几段录音之后，最终我找到了这家公司的一名售后服务人员，但这个人却拒绝帮助我。我想过联系有线电视公司的首席执行官，但我看了一下这家上市公司的股票，发现这家公司的股票在行业中排名最后。我想，这位首席执行官可能有更重要的事情要做——比如拯救他的公司，顾不上听我说多付了 4 天账单这种小事，所以，我放弃了。

牢牢把握公司的横向动力

当你组建一个团队时，有两种不同的动力在起作用：纵向动力和横向动力。纵向动力是你的职位。公司有销售部副总裁、营销部副总裁、人力资源部副总裁、工程部副总裁和首席执行官，这些人是领导团队成员。横向动力是公司的目标、使命和愿景，这是我们为之努力的方向，是我们工作的全部意义。

很多公司的现实情况是，纵向动力开始取代横向动力，大多数人都忘记了公司存在的理由。他们只担心自己的纵向职位能不能保住，或晋升。比如，工程部副总裁只关心自己部门的业务，不愿意帮助其他部门；财务部副总裁担心自己部门的预算不能按时到位……每个部门都有自己的问题和责任，除了销售人员，没有其他人关注客户。公司的整体理念是培养员工和服务客户，可现实情形是什么样的呢？

我曾参加公司的一个管理层会议，团队的每个人都互换了新名片，名片上除了每个人的名字不同以外，其他内容都是一样的，包括头衔。每个人名字下面的头衔都是“副总裁”，没有部门区分。要记住，当你是一个服务型领导者时，你做的任何事情，都会为你想要实现的公司使命提供支持。你与员工沟通得越多，为他们提供的服务越多，这就越容易成为你的习惯，服务型领导力就成了自然形成的能力。但如果你把公司当成你发号施令的地方，你的员工将进入纵向工作模式，而忘记横向的公司目标、使命和愿景。这就是很多公司业绩不好的原因。

有一天，一位年轻的领导者对我说：“我有一个非常重要的问题，要和你谈谈。”我对这位年轻领导者的评价很高，也指导过他。他一个人管理着自己的小部门。他说：“我需要一个副总裁的头衔。”我说：“真的吗？什么副总裁？”他说：“你知道的，就是我们部门的副总裁头衔。我不能把事情做好，是因为员工有时会无视我。如果我有了这个头衔，我就拥有了权力。我就会受到尊重，就能把事情做好。”我对他说：“只有当你转过身来，让员工都想追随你的时候，你才是一个领导者。头衔没有任何意义。”

自我觉察，让你正确地做事

我认为人们最难做的事情之一就是保持自我觉察。我也不擅长这一点。每个人都有自己的优势和劣势。最近，我参加了一个会议，有人问我的优势和劣势是什么？我开始思考，我的优势是什么？我什么也想不出来。我的劣势是什么？我也没有任何头绪。后来，我花时间反思了自己，并得出结论：我并不完美，那么作为一个领导者，我必须更能自我觉察，这是服务型领导力宝贵的组成部分。我们每个人都有盲点。当你发现自己的盲点时，才可以更好地为他人服务。

有一次，我应邀与一家公司的董事会成员交谈，他们想要更换首席执行官。董事长对我说："我想要一个有担当又锐意进取的首席执行官。"我觉得这听起来很有意思，我知道他想要什么，也清楚地理解了他说的话，但是我不认为他真的知道自己需要什么，董事会也不知道。当一家公司像一个钟摆一样摆到一边时，董事会和管理层有时会想让钟摆摆到另一边。例如，如果一家公司的领导者在完成大宗交易方面做得不好，董事会就会急于找到一位有能力的销售高管帮助公司完成大宗交易。但是，董事会选择的人可能缺乏管理公司内部运作所需的人际交往能力，因为董事会只想要一个临时的"枪手"。

我决定向董事会成员点明我认为他们需要什么样的首席执行官："你们想要的是一个强有力的领导者，他能够带领公司进行积极的变革。但你真正需要的是一个服务型领导者。"董事长有点好笑地看着我说："不，不，不。我需要一个人来负责并整顿公司这艘船。"

人们听到"服务型领导者"这个词，就会认为它指的是总是和蔼可亲、处事谨慎的人。但实际上，服务型领导力意味着做正确的事。事实上，我相信每个首席执行官都知道他们需要做出什么样的决定，他们可能不了解所有的细节，但一定能把握住正确的方向。

所以，我对董事会说："你们需要一位服务型领导者来面对企业中最大的两个支持性群体，那就是你们的客户和员工。这些人将直接影响企业的业绩。"而他们的回答是："我们必须考虑盈利能力。"

那些只专注于追求高财务数字的公司会陷入困境。我可以列出很多因此而陷入困境的公司，因为它们不够关注客户和员工，只关注数字。要记住，重要的是公司里的人，而不是数字本身。经营公司其实没那么难。无论经营一家干洗店，还是一家市值数百万美元的公司，只要找准正确的方向，做正确的事，就对了！

服务型领导者并不总是完美的，但他们忠于自己的领导力风格。他们保持谦逊，把组织结构图颠倒过来，为他人服务。他们向团队传播企业文化中的目标和价值观，使每个人将精力集中于此。服务型领导者通过持续跟随伟大的服务型领导者和持续反思来了解自己的优势和劣势，努力做正确的事。

本文出自谁手

马克 · 弗洛伊德　　Mark Floyd

马克 · 弗洛伊德是 TDF Ventures 的风险投资合伙人，也是 Ciber Inc. 的董事会主席。他 2001 年获安永会计师事务所美国西南地区年度最佳企业家奖。他拥有得克萨斯大学奥斯汀分校金融学士学位和美国东南大学商业科学荣誉博士学位。

第7章

为员工创造最佳职场

迈克尔·布什

主编寄语

我坚信，人们应该正确地做事。当我第一次在一次会议上听到迈克尔·布什（Michael Bush）发言时，我就知道，他也非常坚信这一点。他执掌 Great Place to Work 研究和咨询公司，并一直在世界各地寻找具有服务型领导力文化的组织。我想，当你读完布什的这篇文章时，你会被这些伟大公司的共同点所吸引。

我们的研究和咨询公司 Great Place to Work，在过去 20 多年里一直专注于研究和表彰世界上的最佳职场。自 1998 年以来，我们每年都会在《财富》杂志上发布“100 家最佳职场”排行榜和其他最佳职场排行榜。我们在 50 多个国家开展业务，每年我们的信任指数调查都会收集全球约 1 000 万名员工的意见。我们和其他学者一起，记录这 100 家公司在盈利能力、收入增长、股票表现和其他关键商业指标方面的表现如何优于同行业其他公司。

我们也注意到了新时代的转变，如今出现了一个新的商业前沿领域。这个领域是关于人类潜能开发的，以便公司能够充分激发员工潜力。要做到这些，优秀的公司知道，不管员工是谁，在公司中从事什么工作，公司都必须为所有员工创造优秀的公司文化，必须为所有员工创造一个“最佳职场”。这些创造了“最佳职场”的公司的所有员工都信任他们的领导者，为自己的工作感到自豪，同时也懂得欣赏自己的同事。这三点是最佳职场的三个核心要素。

这些新兴公司支持领导者朝着服务型领导力的方向发展，它们培养服务型领导者，致力于创造一种所有员工都感到被信任、被赋能、被支持和被公平对待的文化。

在这些公司里，领导者抛弃了在 20 世纪主导商业文化的独裁、命令和控制式的领导方式。在管理者向服务型领导者转变的过程中，基层员工变得对工作更有激情，更乐意参与团队合作，并主动进行推动企业发展的创新。这些公司的领导者摒弃了几十年来常见的管理行为：口口声声说员工是公司最重要的资产，但实际上只看重其中 10% 的员工，或者只看重公司的中高层管理人员。这种精英式的管理思维只是把“开发人的潜力”流于口头，最终让员工和公司都深感失望。

相比之下，打造了最佳职场的领导者们则认为，从地下室烧锅炉的员工到公司最高层的管理人员，所有层级的员工都需要得到欣赏和培养。那么，在最佳职场中，服务型领导力是什么样的呢？它有 5 个突出的特点。

服务型领导力的 5 个突出特点

高层之间建立信任

打造出最佳职场的服务型领导者会在高管团队中建立相互信任的关系。只有领导者能够完全信任与他们共事的人，服务型领导力才是卓有成效和可持续的。如果没有高度的信任，领导者就不能谦逊地服务和无私地支持他人。只有当领导者相信他人，尊重他人，能够公平对待他们身边的每个人时，才能真正地发挥服务型领导力。当然，其他人也必须以同样的方式对待领导者。高层之间建立信任是他们成为服务型领导者的第一步。但我们发现，一些公司会因一位领导者拥有优秀的业绩表现而忽略他在其他方面的作为。这将导致服务型领导力很难在全公司的范围内得到落实。

对员工抱有信任的心态

在最佳职场，领导者对员工抱有慷慨的信任。从某种意义上讲，领导者会把员工看作“半满的杯子”，而不是“半空的杯子”，即看重员工的优点，而非其缺点。他们会把信任广泛地延伸到每个员工身上，包括那些在一线工作的员工，以及那些与他们的观点不同的人。他们会增进自身与他人之间的信任，也信任每一位提出质疑的人。这并不是说这些领导者很天真，他们不会无休止地容忍员工犯同样的错误。但当团队里的人失败时，他们通常的态度是探究原因，而不是指责。他们抱有一种持久的信念，那就是每个人都是可以成长的，每个人都想做正确的事情。软件公司 SAS Institute 的首席执行官吉姆·古德奈特（Jim Goodnight）总结了这种心态：“如果你认为你的员工能够创造卓越，那他们就会创造卓越。”

大胆地向员工放权

打造最佳职场的服务型领导者会让员工自主工作，参与决策。领导者知道，员工只有在对自己的工作拥有掌控权时，才能充分发挥自己的潜力。领导者不再事无巨细地管理。除了让员工在日常工作中拥有自主权，这些公司的领导者还会积极征求员工的意见和反馈，包括从团队工作项目到组织战略的各方面问题。但这些领导者并没有放弃他们的权力，事实上，即使每个员工都有发言权，但领导者对员工的尊重增强了他们自身的影响力。建筑公司 TDIndustries 是《财富》杂志评选出的“100 家最佳职场”之一，这家公司的沟通原则反映了领导者对员工授权的智慧:“公司里面无等级”“人人参与、无人主导”“像伙伴一样倾听”。

予以员工关怀与支持

打造最佳职场的服务型领导者的主要工作之一是关怀员工，他们注重员工的全方面发展，鼓励员工在工作中和工作以外都追求幸福。这需要领导者从了解员工开始，为员工提供培训和发展的机会，也包括为员工提供医疗保险等福利。虽然过去的服务型领导者可能是出于责任感做这些事，但今天大量的科学研究证明，领导者保持心胸宽广是很有必要的。例如，谷歌发现在其最卓有成效的团队中，心理安全是关键因素。与此同时，我们自己的研究发现，在具有高度信任文化的中小型组织中，相互关怀是驱动公司收入增长的最强劲的动力之一。

公平地对待每位员工

打造最佳职场的服务型领导者能够有意识地公平地对待每位员工，他们知道公平是员工体验的核心，也是信任关系的核心，是授权员工做出决策的基础，也是让员工感到真正被关怀的关键。公平是一个简单的概念，但对于领导者来说，要做到这一点并不容易，尤其是在大型、复杂的组织中。考虑到不同员工的工作级别和职责，员工在薪酬和其他方面的待遇不一定是同等的。要改变一个从历史上看一直不公平的社会经济体系，需要坚持、勇气和创造性。根据我们的员工信任指数调查结果，最佳职场在过去 20 年里取得了显著的进步。对于“100 家最佳职场”而言，从 1998 年到 2017 年，员工对公平的满意度提高了 22%，超过了其他 4 个维度，包括尊重、信誉、自豪感和友爱。

服务型领导力驱动增长

打造最佳职场的服务型领导者会建立充满高度信任的管理团队，这样的团队信任他人、分享权力、关怀员工、追求公平。除此之外，他们也服务于自己的企业。我们对“100家最佳职场”的调查显示，被评为最佳职场的公司比那些包容性较差的竞争对手增长得更快。在研究了2017年的“100家最佳职场”以及没有获奖的竞争对手后，我们发现，若一家公司在创新、领导力有效性和信任等关键指标上一致性越强，在收入增长方面它就越有可能超过同行业其他公司。

如图7-1所示，“最佳职场”是一个综合衡量体系，主要参考员工对其公司在创新、领导力有效性和信任等关键指标上一致性的评分，不考虑员工的身份或职务。在这些指标中员工评分排名前25%的公司的收入增长率是排名后25%的公司的3倍。

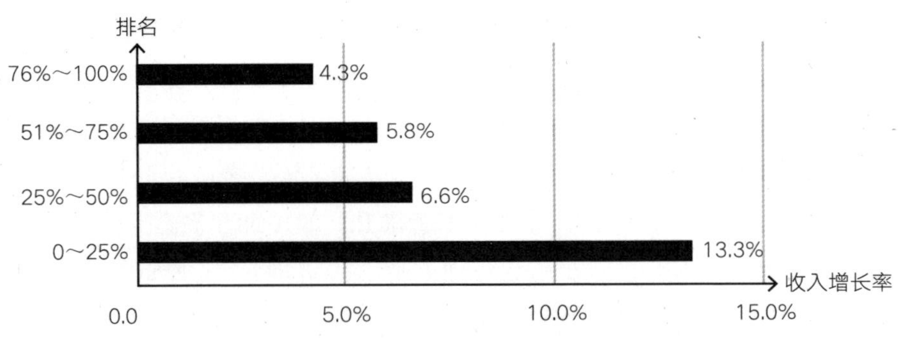

图7-1 服务于所有员工的最佳职场收入增长率排名

要了解服务型领导者注重公平带来了怎样的回报，可以了解Salesforce的首席执行官马克·贝尼奥夫（Marc Benioff）[①] 和他的团队在2015年为解决性

① 马克·贝尼奥夫将其创立Salesforce的心智与历程记述在《Salesforce传奇》一书中，揭开了Salesforce高速发展背后的9大关键法则。本书简体中文版已由湛庐策划，由中国纺织出版社有限公司于2021年7月出版。——编者注

别薪酬不平等问题所做的 300 万美元投资。为了让所有员工都能感受到充分的价值感和归属感，这家软件公司还采取了一系列其他促进平等的措施，这些措施取得了积极的成效。

让企业快速增长

在技术领域，Salesforce 正在成为有才华的女性的首选公司，它享受着员工更加敬业所带来的成果。Salesforce 公司曾表示要让全职女性员工的比例从 2014 年的 85% 上升至 2016 年的 93%。果然，2016 年，92% 的女性员工表示，她们希望能在 Salesforce 工作，2014 年这一比例仅为 85%。该公司的增长速度一直快于竞争对手，这一点毋庸置疑。

让员工的生活更美好

随着薪酬平等运动的兴起，Salesforce 公司的女性员工拥有了更好的工作体验，Salesforce 公司所有员工都对自己的雇主感到自豪。2014 年，在 Salesforce，84% 的女性员工认为公司的薪酬是公平的，而男性员工的这一比例为 91%。到 2016 年，认为薪酬公平的女性员工比例已攀升至 90%。然而，Salesforce 公司对女性员工的关注并没有让男性员工感到被忽视，91% 的男性员工仍然认为大家得到的薪酬是公平的。无论是男性员工还是女性员工，他们的自豪感都在不断攀升。2016 年，高达 97% 的男性员工和女性员工表示，当他们告诉他人自己在 Salesforce 工作时感到非常自豪。

让世界更美好

快乐的 Salesforce 员工回到家后会成为更好的父母、伴侣和邻居。和许多其他创造了最佳职场的公司一样，Salesforce 也慷慨地为社区服务。在倡议薪酬公平和为员工减轻压力的努力下，认为 Salesforce 是“令人心理和情感健康的工作场所”的员工的比例从 2014 年的 83% 上升到 2016 年的 89%。

此外，Salesforce 采用 1-1-1 互惠共赢的慈善模式，即将公司股权、产品和员工工作时间的 1% 贡献给社区。Salesforce 自 1999 年成立以来已经捐赠了价值超过 1.37 亿美元的有形及无形资产。

Salesforce 以及我们合作过的大多数组织，本质上都是追求盈利的组织。但是，为所有员工创造最佳职场的公司领导者，无论其个人信仰如何，都遵循高尚的品格行事。他们为人谦逊，关注弱势群体，尊重所有人。而最佳职场也能激发员工展示出作为个人和人类社会成员的最好品质。我们记录了在过去 20 年里，“100 家最佳职场”的员工是如何感受到他们与同事之间的团结和联系日益增强的。

世界迫切需要更多这样的公司，去帮助弥合近几十年来世界上出现的经济、社会和政治分歧。服务于所有员工的最佳职场可以发挥服务机构的作用，正如罗伯特·格林利夫设想的那样：“如果要建立一个更美好的社会，一个更公正、更有爱心的社会，一个为人类提供更多的创造机会的社会，那么最具可行性的做法是通过现有主要服务机构的再生力量，来提高其服务能力和表现。”[1]

在 Great Place to Work，我们和格林利夫的愿景类似。我们的使命是“通过帮助组织成为服务于员工的最佳职场，来建设一个更美好的世界”。这些组织需要服务型领导者。考虑到“打造服务于员工的最佳职场”是企业未来发展的必然趋势，我们希望越来越多的领导者能把自己看作服务者，在团队中建立信任，这至关重要。我相信这些领导者的服务将创造美好的未来。

本文出自谁手

迈克尔·布什　Michael Bush

迈克尔·布什是研究和咨询公司 Great Place to Work 的首席执行官，私募股权种子基金 Fund Good Jobs 的创始董事会成员，也是美国前总统巴拉克·奥巴马的白宫商业委员会成员。他是《最佳职场》（*Great Place to Work*）一书的作者。

第 8 章

支持、保护和关怀，成为组织的牧羊人

霍莉·卡尔亨

主编寄语

17 年前，我认识了霍莉·卡尔亨（Holly Culhane），当时她是肯·布兰佳公司的独立顾问，帮助我们推广培训项目。几年后，她成为我们认证的培训师之一，我们变得更加熟悉。我最喜欢卡尔亨的一点是，她不断挑战自己的思想，探索新的想法。当你读完她的这篇文章后，我想你也会欣赏她这一点。

不久前，在谈到一桩一位自私自利的领导者被曝光出的丑闻时，一位睿智的好朋友说："领导者的角色如同牧羊人，而牧羊人应该为他的羊舍命。"这个类比让我深受触动。那些自私的领导者没有把追随者的需求放在首位，而是首先关心自己的幸福。

我经常在与领导力有关的演讲、图书和媒体评论中听到或看到"牧羊人"这个词。勤勉的领导者会花很多时间来讨论服务型领导力，而牧羊人身上的品质是服务型领导者的典范。那么，是否有一种关于牧羊人的技巧、工具或哲学，能让领导力课程更有深度和意义呢？

除了《韦氏词典》(*The Merriam Webster Dictionary*) 中的定义之外，"牧羊人"一词还有其他的含义，包括"放牧、照料或看守羊群的人"和"保护、引导或看守一个人或一群人的人"。我对这个概念着迷，于是上网搜索，阅读有关牧羊人的书籍，并采访现代的牧羊人。此外，我还系统学习了医学技术、哲学、流程。我希望能从服务型领导力的角度来解读"牧羊人"这个词[1]。

我在研究了许多采访、文章，甚至阅读了古代先知的著作后，一个假定在我脑海中出现了：牧羊人是一种普适的领导力原则。它适用于监督和管理营利性与非营利性组织，适用于管理政府部门、教育机构，不受文化、社会经济水平、种族与关系的束缚。每一个有兴趣成为服务型领导者的人都可以向牧羊人学习。毕竟，牧羊人是服务型领导者的典范，他们"为羊舍命"的精神值得学习。接下来，我将阐述这个非常简单，但又独特深刻的概念。

牧羊人的职责是确保羊群始终保持健康，要让羊吃得好，不受食肉动物的侵害。其实羊的需求与人的需求非常相似：

- 羊需要安静地休息；
- 羊需要遵守纪律，与其他羊一起出去吃草再回到圈中；
- 羊需要一个了解它们的情况并能在发生突发状况时快速做出反应的"领导者"；
- 当羔羊或刚进入羊群的羊遭受困难时，需要"领导者"特别的关注。

羊不追求改变。事实上，当它们的生活方式发生任何改变之后，它们都需要一段时间才能再次生产羊毛。如果管理得当，它们可能是所有家养牲畜中能给人带来最大价值的；但如果管理不善，它们也可能具有破坏性，造成几乎无法补救的损失。这听起来是不是很熟悉？如果你是一位家长、牧师、教练或主管，马上就会发现人与羊的类比很具有说服力。

领导者之盾：支持、保护和关怀

一个负责任的牧羊人所具备的技能与一位卓有成效的服务型领导者所具备的技能是一样的。牧羊人的每一份责任，最终也是服务型领导者的责任，都可以用 3 个词来概括：支持、保护和关怀。只有当支持、保护和关怀汇聚在一起时，牧羊人才能真正履行他们作为羊群领导者的使命。卓有成效的领导力也是基于这 3 个关键要素。

优秀的牧羊人会照顾好羊群，为它们提供有营养的食物和干净的水。同样，工作中或家庭里的服务型领导者会关怀其团队和家庭成员，为他们提供合适的工作、生活空间和资源作为支持。教会的牧师还会为他人提供精神指引。

优秀的牧羊人保护羊群，使它们免受风暴之灾，远离敌人的侵害，并保持身体的健康。同样，卓有成效的服务型领导者会保护团队成员免遭危险，尽可能确保他们的身心健康，并为团队成员的成功而庆祝。

优秀的牧羊人确保羊群免受其他羊群的压迫，不与其他羊群产生冲突。他们为羊群带来平静、安全的氛围，并确保那些走失的羊很快回到羊群之中。同样，当员工或家庭成员之间出现冲突时，服务型领导者会及时处理这些问题，努力帮助那些在困难中挣扎的人摆脱困境，他们会给人一种安全感，使人内心感到安慰。

优秀的牧羊人在必要时指导、训练和管教羊群。同样，当事情进展顺利时，卓有成效的服务型领导者会表扬其员工或家庭成员；如果形势需要，他们会改变方向，培训、发展和指导员工或家庭成员，以帮助他们成长。

卓有成效的牧羊人和服务型领导者在各个层面都充分展示出其对“团队

成员”的支持、保护和关怀。我们对这 3 个层面做出如下定义：

- 支持（provision）：照顾他人，为满足他人的需要而提供帮助；
- 保护（protection）：保卫他人免受伤害，或防范危险的行为；
- 关怀（presence）：在身体和情感上安抚他人。

这 3 个关键要素构成了领导者之盾，它不是为了保护领导者不受他所领导的人的伤害，而是为了保护领导者领导的人。

如果领导者在工作中支持、保护和关怀员工，那么员工敬业度的统计数据会是怎样的呢？如果父母和看护人把重点放在这 3 个方面，那么儿童的未来将会是怎样的呢？监狱里人满为患的情况会成为历史吗？如果非营利组织真正正确地教导那些愿意奉献自己的时间、才能和财富来完成组织使命的人，志愿者的流失率会下降吗？

将领导者之盾投入实践

没有一个明确的公式能够表明领导者之盾中的 3 个关键要素在实践中应如何体现。每一项工作、每一个家庭、每一个国家或组织的不同文化，都会影响领导者在实践中为他人提供支持、保护和关怀的方式。

牧羊人之杖规定纪律，以帮助羊群做出正确的选择。牧羊人之杖还代表着保护，随时准备把羊群引导至安全的地方，或者保护它们避免滑进峡谷或山石中的裂缝。牧羊人可以在羊群有需要的时候为羊群提供良好的生活和高效的生产所需的信任与和平。

对于发达国家的企业家、主管或经理人员来说，支持可能意味着提供必要的工作设备或公平的薪酬。保护可能指提供符合人体工程学设计的桌椅，也可能指在团队陷入困境时及时召开会议，共同解决问题。关怀体现在能够及时回复电子邮件，或者当不在现场时能够对员工进行面对面的视频沟通指导。而在第三世界环境中，支持可能表现为为员工支付交通费。保护措施可能包括让员工按时下班，确保他们在天黑之前回到家，或帮助他们掌握应对供应商贿赂问题的技巧。关怀体现在许多方面，可能包括领导者参与员工对话，寻求员工对解决问题的意见，解决员工的担忧等。

对于父母而言，支持可能包括为孩子提供基本的食物和住所，或资助孩子上大学。保护可能指营造一种让人感到安全的环境，家庭成员可以安心学习和成长，彼此分享生活。关怀可能包括关掉电子设备后的家庭时光，伴侣之间的约会，父母参加孩子的重要活动和安抚孩子对交友及高中学业的焦虑等。

志愿者的领导者可以通过确保志愿者知道如何执行任务来体现他们的支持；通过确保志愿者之间的冲突得到解决来体现保护；通过坦诚、面对面的交流，基于一致意见举行会议，或寻求志愿者在其专业领域的建议，来体现关怀。

关于支持、保护、关怀，有两点需要补充。首先，领导者的行为是否被定义为支持、保护或关怀并不重要，重要的是领导者要认真履行责任。其次，参与不是指领导者简单地参加一个活动或在线电话会议，而是要全神贯注。员工希望领导者能认真参与他们所做的事情。全神贯注地参与是牧羊人式领导者区别于其他类型领导者的关键。

人类是很复杂的，人类的行为有时很难理解，有的人有时还会纠结要不要去领导他人。人类的行动和反应也并不完美。比起那些挑战和拓展我们的领导力的同事、团队成员或志愿者，我们好像更喜欢那些挑战和拓展我们的领导力的孩子。但是请记住：我们不能有差别地对待那些表现良好的人和那些需要我们帮助的人。当我研究《圣经》(*The Bible*)中描述牧羊人的文字时，我发现，服务型领导者的责任是照顾每个人的利益，即使是横向关系中的人，如同事和朋友，服务型领导者也要照顾他们的利益。当服务型领导者承担起任何具有影响力或领导力的角色时，他们就成了牧羊人。领导者之盾是一个随时可以使用的工具，而不仅仅适用于舒适的环境中。简单来说，服务型领导者的责任就是把他们应该照顾的人都照顾好。

当服务型领导者更多地关注支持、保护和关怀他人时，许多组织都看到了它们的团队在协同工作上的表现都有显著提升。注重彼此支持、保护和关怀的家庭也是如此。至关重要的是，每一个想要成为服务型领导者的人，都要有意识地为他们生活中的人提供支持、保护和关怀。作为团队的“牧羊人”，领导者必须对周围发生的一切保持敏锐并且做出符合自身定位的行为。“牧羊人”在服务型领导力旅程中的每一个行动、决定和举措都必须出于明确的意识和目的。我们生命中的人太重要了，我们需要给予他们足够的支持。

本文出自谁手

霍莉·卡尔亨　Holly Culhane

霍莉·卡尔亨是非营利组织 Presence Point 的首席执行官兼创始人，致力于帮助人们实现他们作为牧羊人式领导者的使命。她还是创立于 1987 年的人力资源咨询公司 P·A·S Associates 的名誉顾问。她是一名领导力教练和顾问，与肯·布兰佳公司合作举办领导力发展研讨会。她还作为董事会成员为很多非营利组织提供服务。

第9章

让员工敢于释放脆弱信号

西蒙·斯涅克

主编寄语

我和西蒙·斯涅克在一次会议上认识，那是我第一次听到他谈论他的“从为什么开始”哲学。他的思路清晰，给我留下了深刻的印象。后来当我读到他的书《团队领导最后吃饭》(*Leaders Eat Last*) 时，我知道我们是“知音”。我很高兴他同意参与这本书的写作。无论他选择写什么都是有创造性的，会激发人的创新思维。这篇文章对我来说是这样的，我相信它对你来说也是如此。

领导他人很难。既然如此，为什么一个领导者要为自己增添额外的服务负担呢？其中一个强有力的论点是，服务型领导力能够为组织创造更好的成果，因而额外的服务工作是值得的。可问题是，任何试图回避服务型领导力角色中的服务部分的领导者都可以通过实例来证明，即使在脱离服务角色的情况下，他们也可以取得强有力的成果。那么，我们为什么还要努力实践服务型领导力？要回答这个问题，我们就需要理解服务型领导力的来源和重要性。事实上，服务型领导力的重要性根植于人类学。

智人已经在这个星球上生存了大约 5 万年。在旧石器时代，世界充满了不确定性和巨大的危险。无论是食物或资源短缺、极端的天气，还是野生动物的攻击，这些不可预测的力量，而且往往是暴力，能够而且经常导致人类死亡。因为人类既不是地球上最强壮的动物，也不是跑得最快的动物，所以，我们只有一种方式可以生存和繁荣，那就是团结协作。

在那些充满危险的年代，带给我们优势的不仅仅是我们的大脑，还有我们与他人合作的能力。信任是合作的核心。我们越是信任那些和我们一起生活和工作的人，就越有可能协调处理好我们的工作，围绕共同的利益而合作，努力照顾好自己的部落。例如，如果有人晚上睡着了，他们可以相信，当危险发生时，部落里的其他人会叫醒他们。这种相互信任的合作关系为个体和整个群体创造了一个很好的有利于生存的体制。如果群体成员之间不能互相信任，就没有人敢在晚上睡觉了。那就是一个不利于生存的体制。

实际上，与过去的年代相比，现代世界没有发生任何改变。虽然面临的危险不同，但人类大脑的运作方式和我们对合作的需求仍然是一样的。例如，缺乏食物和野生动物的攻击带来的威胁，可能已经被股市的不确定性或经济的不可预测性取代了，但我们在现代世界中能否生存和繁荣发展仍然取决于我们能否展开紧密的合作。而合作的紧密度取决于团队成员之间的信任程度。

需要注意的是，信任不是命令。我们不能告诉他人要相信我们。领导者也不能简单地命令员工信任自己。信任是一种感受。这种感受是我们对生活和工作环境的一种生理反应。这就是领导者之所以重要的原因——领导者塑造环境。

作为社会性动物，我们会对所处的环境做出反应。如果把一个人放到恶劣的环境中，那么这个人做坏事的概率就会增加。如果把一个品行有问题的人放到良好的环境中，那么他就可能改变自己的行为，成为群体中有价值的和值得信任的成员。当领导者塑造了良好的环境时，人们的正常反应是与他人建立信任和合作。当领导者把环境塑造得很糟糕的时候，愤世嫉俗、偏执、不信任和利己主义之风就会盛行。

在糟糕的工作环境中，信任被恐惧感或焦虑感所取代。例如，当我们害怕犯错或害怕因为没有完成任务而失去工作时，我们的自然反应是把自己放在任何人或任何其他事情之前，包括道德，有时甚至包括法律。2017 年 4 月 9 日，美国联合航空公司（以下简称为“美联航”）的机票超售，这其实是航空公司的一种常见做法。当所有持票乘客登机后，机组人员要求 4 位乘客放弃他们的座位，把座位让给 4 位美联航员工。一开始没有乘客自愿让座，所以，机组人员“按照规定”做出选择，做法就是随机选择乘客，然后要求他们下飞机。其中一名被选中的乘客是陶大卫医生，他正要乘飞机飞往肯塔基州路易斯维尔的家。作为一名付费乘客，陶医生拒绝离开座位。机组人员又一次“按照规定”行事，他们叫来保安强行把陶医生带走。随后在保安人员暴力拖拽的过程中，陶医生掉了两颗牙齿，遭受了严重的脑震荡，鼻梁受伤。其他乘客拍下了这段视频，这段视频在网上疯传，最终迫使美联航承认自己的失误，并改变了政策。

然而，政策只是问题的一部分。其他航空公司也有类似的政策，但它们不会在遵循这些政策的过程中攻击付费乘客。美联航更大的问题在于其企业文化。这是一种基于恐惧的文化环境，在这种环境中，员工更担心破坏公司的规则，而不是想着要做正确的事情。我推断，那架飞机上没有任何一个机组人员会认为自己的做法是正确的、公平的，但考虑到公司文化，我猜他们会用“我只是在遵守规则”或“我在做公司让我做的事情”来为自己的行为辩护。

只有当员工感到被信任并且能够信任他们的领导者时，只有当员工觉得自己可以犯错误而不用担心被解雇时，只有当员工觉得他们为了做正确的事情而打破规则，不用担心因此而被羞辱或报复时，他们才会受到激励，从而以自然的、最好的状态工作，并成为卓有成效、拥有创新能力且合作度高的员工。在强大的领导力环境中，领导者不强迫员工遵守规则，规则是为工作的正常运行而制定的。但有时候，当意外出现时，严格遵守规则反而会让事情变得更糟。在脆弱的领导力环境中，所有决策权都集中在高层手中。在这样的环境中，各级领导者都希望把信息汇报给公司最高层的领导者，由其来做决策。服务型领导者则相反，他们把权力下放给掌握信息的人。在这样的环境中，员工觉得自己有责任也有信心去做他们接受过培训的工作，而不需要领导者给自己施加过多的压力，也不需要用恐惧来驱使自己工作。

如果授权给下属员工能让组织运行得更好，那为什么不干脆取消领导者的职位呢？这看起来是一个合乎逻辑的结论，但领导者的存在是有其必要性的。人类在这个星球上居住了 5 万年，其中 4 万年的时间里，人们生活在 150 人左右规模的部落群中。在那个时代，人类面临一些很明显的挑战。例如，如果猎人和采集者把食物带回部落，谁先吃？如果你身强体壮，可以挤到最前面去吃。然而，如果你是部落里的“艺术家”，那你就是被推到最后的一员。而且很有可能，如果你哪天下午不小心用胳膊肘撞到了别人的脸，那他可能会怀恨在心，当危险来临时也不去提醒你。我们作为一个合作的集体，能够比个体更强大，但如果出现了上述情况，那这就是一个糟糕的集体。

为了避免这种情况发生，更好地促进合作，人类进化成了高等动物。我们不断地观察和判断周围的人，以找出谁更有统治力或谁更善于生存。我们试着找出谁是首领，服从等级制度，而不是争当第一个吃食物的人。如果我们认为某人在社会等级中的地位更高，我们会主动退一步，让他先吃饭。虽然这样做我们最后可能吃不到肉食，但我们肯定能吃到食物，而且不会被抢夺食物的人的胳膊打到脸。这是一种能更好地促进部落成员合作的制度。

尽管现代社会的情况有所不同，但我们仍然在不断地观察和判断彼此，试图确认自己在社会等级中的位置。有时这些标准是非正式的。例如，在科学家之中，发表的论文多、获奖多或有比同行更引人注目的科学发现的科学家可能会受到更多的尊重。在电影演员中，优先待遇可能会给那些获奖更多或票房更高的演员。然而，在大多数组织中，等级制度更加正式。组织中的人都有头衔，即使没有头衔，组织中仍然有基于经验或责任水平的等级制度。例如，我们都知道副总裁比实习生的等级高。

这就是为什么很少有人会拒绝升职，因为职位晋升往往伴随着福利，意味着可以拥有更多的金钱、更大的办公室，甚至更好的停车位。我们尊重组织中等级高的人。通常来讲，我们愿意为他们做一些琐碎的事情，仅仅因为他们的等级高。例如，如果你是公司高管，你把外套放在了另一个房间，可能就会有人自愿帮你去拿。如果你是初级员工，也把外套放在了另一个房间……那你必须自己去拿。正如梅尔·布鲁克斯（Mel Brooks）在电影《帝国时代》（*History of the World*）中恰当指出的那样："当国王真好。"

然而，这些特权并不是免费的，享受特权的人要履行一种根深蒂固的社会契约。人们期望，当危险来临时，更聪明、更强壮或更自信的人，也就是首领会抵挡危险，保护部落。正是人类的这种要求，定义了服务型领导力的本质。事实证明，领导力并不在于掌控一切。领导力意味着要照顾好他人。与服务型领导力最接近的是父母的责任。我们都知道父母掌管家里的一切。他们拥有约束子女的权力，他们制定规则并要求子女按规则执行。然而，父母对孩子也有责任。任何称职的父母都愿意为孩子做出牺牲。比如，他们付出金钱、时间；当他们选择买什么车、怎么度假时，都要将孩子的需求放在前面，把自己的利益放在一边，一切都是为了让孩子更好。

我们会对那些把自己的利益放在孩子的利益之前的父母感到不耻，例如，父母去赌博，却把孩子留在车里。同样我们也会对这样的领导者感到不耻，因为他们在领导者岗位上优先追求自己的利益，选择牺牲他人的利益。在这样的企业文化中，信任是不可能存在的。在这种文化中，员工担心甚至确信，领导者宁愿为了确保完成公司的财务指标而裁员，也不愿为了保护员工而暂时牺牲财务数字。这就是有如此多的人发自内心地对一些银行的首席执行官感到不满意的原因。让我们不满意的不是他们获得的巨额奖金或薪酬，我们可以接受领导者比我们获得更多的报酬，但憎恨他们通过牺牲员工的利益来确保自己的薪酬和奖金，这与人类对领导者的要求背道而驰。如果我们听说纳尔逊·曼德拉获得了 5 000 万美元的奖金，没有人会不高兴。如果我们听说特蕾莎修女获得了 1 亿美元的奖金，也没有人会不高兴。重要的不是钱，而是我们知道领导者会做出牺牲来保护我们。

人类从 1.2 万到 1 万年前开始进入农耕社会。只有这样，这些 150 人左右规模的部落群才能维持生存。在这种规模的人类生活和工作环境中，一系列新的领导力挑战产生了，直到今天我们还在面对这些挑战。这些挑战使得服务型领导力不仅变得更加重要，而且成了唯一可行的长期解决方案。

所有好的领导者都是服务型领导者。服务型领导力是一种可教、可学、可实践的技能。服务型领导者越多地运用这种技能，就越能创造出一种使员工在工作中敢于释放脆弱信号的环境，那么信任、忠诚和合作就越盛行。当其他类型的领导者只能要求员工信任他们时，服务型领导者能够自然地激发员工的这种信任。

创造一种让员工敢于释放脆弱信号的环境，意味着每个员工都可以走进老板的办公室坦承错误，而不用担心失去工作；意味着人人可以举手请求帮助，不必担心暴露自己还没有准备好或没有足够的知识去完成这项工作的事实，也不用害怕会因此被羞辱或报复。他们相信服务型领导者会帮助他们。这就是伟大的组织内部正在发生的事情。相反，在一个缺乏服务型领导者的工作环境中，员工会不惜一切代价地遵循规则，掩盖错误，拒绝承担责任。还记得美联航公司的案例吗？

服务型领导力的日常实践并不像人们想象的那样伟大，它不是基于一系列的交易，而是基于在他人最需要的时候，领导者会挺身而出的承诺。人们不会仅仅因为对方富有就坠入爱河。组织中也是如此，一个只能为员工提供金钱报酬的领导者并不能获得员工的忠诚。他们只是在创建一种能够获取个人利益的交易型关系。另外，人们也不会仅仅因为某人记得自己的生日，或情人节给自己买了鲜花就坠入爱河。组织中也是如此，领导者的一些零星的善意行为不会造成伤害，但也不会培养忠诚。这些不足以使领导者获得信任，任何一种以信任为基础的关系都需要很多小事的日积月累。

服务型领导者会首先改善身边人的生活，然后才会考虑自己的利益。举个例子，如果你正站在电梯里，开会可能要迟到了，当电梯门正要关上时，你看到有人朝电梯跑过来，你会怎么做？即使你快迟到了，也要为他人开电梯门，这才是一种服务型领导力行为。如果你在工作期间给自己倒了最后一杯咖啡，你没有把空咖啡壶直接放回去，而是花几分钟时间为他人再煮一壶咖啡，这才是一种服务型领导力行为。如果你的员工连续三个季度没有完成业绩指标，你没有走进他的办公室说："你必须完成第四季度的业绩指标，否则别怪我无情。"而是走进他的办公室说："你还好吗？你的业绩指标还是没有完成，我很担心你。"这种展现同理心的行为，在任务和业绩面前给予员工人性化的关怀，才是一种服务型领导力行为。

正如我之前所说，服务型领导力不是一种等级排序，也不是指某件特定的事情，它是一种可实践的技能。服务型领导者愿意终身学习。他们总是想要更多地学习这种技能，谈论它，阅读相关的书籍和文章，听取他人的看法。他们不断寻找新的策略、新的视角、新的方法来磨炼自己的这种技能。每一位扮演父母、伙伴、配偶和服务型领导者角色的人都知道，照顾他人是一项非常辛苦的工作，其结果是不可能根据时间长短来预测的。服务型领导力的影响力不能简单地分解成几个方面，它是一种完整的人生体验。

就像去健身房锻炼或吃健康餐一样，服务型领导力是一种生活方式。如果经常去健身房锻炼，改善饮食，我们就能塑形。同样的，通过养成运用服务型领导力的习惯，我们可以把不健康的企业文化变成健康的企业文化，让领导者与员工之间充满信任与合作。

健康的生活方式需要持之以恒的坚持。即使已经实现了目标，为了保持健康，我们还是必须坚持锻炼，合理饮食。在组织中，要保持服务型领导力文化，我们必须持续关怀、服务他人，给予他人信任和赢得他人的信任。

虽然有些人可能会为了结果而选择服务型领导力，但我们实践服务型领导力是为了享受其中的快乐。

本文出自谁手

西蒙·斯涅克　　Simon Sinek

西蒙·斯涅克是一位坚定的乐观主义者，著有《无限的游戏》和《如何启动黄金圈思维》。作为专业的人种志学者，斯涅克有一个宏大的目标，那就是建立一个世界，在这个世界里，绝大多数人每天回家后都会因一天的工作而感到充实。他在 2009 年发表的第一次 TED 演讲至今是 TED 网站上收视率第三高的演讲。

SERVANT LEADERSHIP IN ACTION

How You Can Achieve Great Relationships and Results

第二部分

抓住服务型领导力的要领

第10章

将做出积极的改变视为使命

马歇尔·戈德史密斯

主编寄语

在马歇尔·戈德史密斯20岁出头，刚刚从加州大学洛杉矶分校获得博士学位时，有人请他在加州美国大学（CAU）教授一门课程。当时，我和学校创始人保罗·赫西（Paul Hersey）一起在这所学校任教。戈德史密斯和我很快成了知音，我一直很敬佩他的教学和写作技能。当你读完这篇文章，我想你就会明白为什么我是他的忠实粉丝了。

决策者、游戏规则的制定者和颠覆者、权力的拥有者，这是大众想象中的领导者。作为一名高管教练，35年来，我一直在帮助成功的领导者在行为上做出积极、持久的改变。他们之中最优秀的人明白，对于服务型领导者来说，权力是无关紧要的。

我见过的最能鼓舞人心的服务型领导者之一是弗朗西斯·赫塞尔本（Frances Hesselbein），她是弗朗西斯·赫塞尔本领导力学院的首席执行官，也是美国女童子军的前首席执行官。她的座右铭是：服务就是生活。这种谦逊似乎与她英勇、强大的领导者形象不符。但我的朋友赫塞尔本指出，伟大的领导者心甘情愿为团队成员、组织和事业服务。他们不关心自己的权力有多大，也不关心自己处于什么领导职位，而是关注他人的需要。没有所谓“自我”的干扰，他们可以清晰地看到通向积极结果的道路。更多有关赫塞尔本的信息，请参阅吉姆·迪特马尔（Jim Dittmar）在本书第四部分的文章。

富有经验的领导者知道，保持思路清晰是一项挑战。而在充满竞争的环境或组织中，保持服务型领导力的心态更是一个巨大的挑战，即使不是时时刻刻提醒自己，也需要每天都专注于保持服务心态。为了让我的客户专注于正确的方向，我找到了一种简单的方法，用以帮助他们专注于做出积极的改变，而不是只顾着展示自己的优势。同样，它也能帮助你大大减少每天的压力，避免与他人产生不愉快的争论，减少时间的浪费，同时更接近你想要的结果。

这种方法就是，当你遇到冲突时，先问自己一个问题：我是否愿意在此刻、在这件事上进行必要的投资，以推动积极的改变发生（Am I willing at this time to make the investment reguired to make a positive difference on this topic）? 这句话每天都在我的脑海中频繁地出现，于是我汇集前 6 个单词的首字母把这句话变成了一个缩略词“AIWATT”。就像医生提出的原则“就算不救人，至少不要对他人造成伤害”一样，我提出的这种方法不要求你做任何事情，只是要帮助你避免做一些愚蠢的事情。

也许你认为我不需要重复问自己这样一个简单的问题来提醒自己做出积极的改变，但我认为事实上所有人都需要持续提醒自己才能真正做出积极的改变。在《自律力：创建持久的行为习惯，成为你想成为的人》（*Triggers: Becoming the Person You Want to Be*）[1] 一书中，我提出依赖于思维结构是改变领导力行为的关键，即使是问类似 AIWATT 这样简单的问题也对思维结构的养成至关重要。在每一个清醒的时刻，我们的头脑都被各种事情“轰炸”着，人、事件和环境都有可能改变我们。我们常常觉察不到这些因素对我们的影响有多大，也意识不到在没有支持的情况下，我们要将消极的想法压下去有多么困难。

AIWATT 只是我建议的方法之一。当然，它不是解决所有人际问题的万能药方，但它有特定的用途。它提醒我们，我们所处的环境每天无数次引诱我们陷入无意义的争论之中，我们常常被好胜心冲昏了头脑。对此我们可以做些什么？什么也不必做。在注重行动的文化中，这听起来像是懒惰的借口或失败者的托词，但这实际上为你带来的是坚定的立场。我将从两个互补的角度来解释这一观点：一个是寓言故事，另一个是彼得·德鲁克的观点。德鲁克被视作“现代管理学之父”，是我的偶像。

空船寓言

一个年轻的农民吃力地划着船逆流而上，要把他的农产品运到村子里。那天天气很热，他想赶在天黑前交完货回家。农民朝前望去，发现了另一艘船，那艘船正快速地朝他的船驶来。农民拼命划船想要躲开，但似乎无济于事。农民大喊道：“快改变方向！你要撞到我了！”但是没有用，那艘船重重地撞到了农民的船。然后农民喊道：“你这个白痴！你怎么会在这么宽的河里恰巧撞到我的船呢？”可当农民怒视着那艘船，寻找肇事者时，发现船上并没有人。他在对着一艘空船尖叫。那艘船从碰撞处挣脱，顺着水流而下。

当我们认为有人在驾驶“船”时，我们会把不幸归咎于那个愚蠢、冷漠的肇事者。这种指责让我们变得愤怒，我们借此发泄情绪，推卸责任，扮演受害者的角色。而当我们知道那是一条空船时，会表现得更加冷静。没有了替罪羊，我们就不会先急着生气，而是会坦然接受事实，将不幸归咎于命运或坏运气。我们甚至还可能自嘲，一艘无人驾驶的空船在宽阔的水域里和我们的船相撞是一件多么荒谬的事情。我们总是面对着无人的空船尖叫怒吼，然而它并没有把我们当作瞄准的目标。这则寓言的寓意就是，我们所遭遇的问题可能并非他人有意造成的，比起生气与抱怨，不如放平心态，先花些时间解决问题。

我喜欢在领导力课堂上通过一个简单的练习来说明这一点。我会随机找一个学生，让他想想那个让他感觉生气的人。“你能想象出那个人吗？”我问。学生通常会点点头，满脸憎恶地说：“是的。”“今晚那个人因为你的憎恶失去了多少睡眠时间？”我问。“一点儿没有。”对方答道。“谁受到了惩罚？谁在惩罚谁？”我问。答案是“我受到了惩罚，我在惩罚我自己”。

最后，我以一个简单的提醒来结束这个练习，因为他人而生气，就像因为椅子是椅子而生气一样。椅子只能成为椅子，人也只能成为他们自己。如果有一个人快把你逼疯了，你不必喜欢、认同或尊重他，就接受他本来的样子吧！

错误肯定

空船寓言是一则很有用的比喻，可以让我们理解他人如何影响我们。为了理解我们如何影响他人，我求助于德鲁克，他对我的生活和工作产生了巨大的影响。“我们的人生使命应该是做出积极的改变，”他说，“而不是证明我们有多么聪明或多么正确。”这听起来理所当然，如果有选择的话，谁不想做出积极的改变呢？

但德鲁克强调了两个我们很难同时记住的概念。当我们有机会展示自己的聪明才智时，很少会去想这对周围的其他人有什么积极的影响。我们实际上是在发表一种我喜欢称之为“错误肯定”的言论，以此来抬高自己，但这通常是以牺牲他人为代价的。这种“错误肯定”以多种形式出现。

- 卖弄学问：下属在汇报时犯了语法错误，用了 who 而不是 whom，你就要大声纠正他。如果团队的工作目标是确保语法正确，这或许是聪明的做法，但这样做很难改善整个团队的氛围。
- 经常说“我早就告诉过你”：你告诉妻子，你们必须至少提前 60 分钟出发，才能赶上 8 点的百老汇演出。但她耽搁了时间，你们迟到了。接下来，因为她耽误了你的时间，所以你也耽搁同样长的时间以示报复。
- 道德优越感：你告诉朋友或爱人他们不应该吸烟或喝酒。这些努力有多少次换来了一句真诚的感谢，抑或仅仅是遭受了白眼？
- 抱怨：大数据显示，美国的员工平均每个月会花 15 个小时抱怨高层管理人员，这使得抱怨成为职场中最受欢迎的活动之一。当你抱怨时，其实是在反对他人的决定、计划或行动，这令你感到非常不愉快，并认为自己可以取而代之，做得更好。但这很少能带来积极的结果，尤其是当你在背后抱怨他人，而不是与他人面对面坦诚沟通的时候更是如此。

从起床到睡觉这一整天，我们与其他人接触，面临着帮助他人、伤害他人还是保持中立的选择。如果我们不注意，很容易伤害到他人，尤其是在这个过程中，我们时不时地要证明自己比他人更聪明、做得更好或决策更正确。通常，我们事先没有意识到自己的行为会产生反作用。我们的本意不是伤害他人，只是不顾后果地说出自己的想法，但后果常常令我们后悔。我们的初衷只是抬高自己，证明自己有多聪明！

这就是 AIWATT 的价值所在，哪怕它只是让我们对环境产生的傲慢、愤世嫉俗、评判和自私的反应延迟了一瞬间，可这一瞬间的延迟给了我们时间来考虑如何做出更积极的反应。在我们产生冲动之后，和在做出可能会后悔的行为之前，AIWATT 对我们有帮助。“我是否愿意在此刻、在这件事上进行必要的投资，以推动积极的改变发生？”这句话值得仔细分析，它的每一部分都值得服务型领导者拆解开来细细体会。

- “我是否愿意”意味着我们在锻炼意志，要承担责任，而不是随性而为，否则惯性会支配我们的所有行为。我们在问自己：“我真的想这么做吗？”
- “在此刻”提醒我们，我们是在当下行动。以后的情况会有所不同，需要我们做出不同的反应。我们只需针对现在面临的问题做出思考。
- “进行必要的投资”提醒我们，回应他人是一项工作，一项需要花费时间、精力，甚至带来机会成本的工作。和任何其他形式的投资一样，我们的时间资源也是有限的。需要合理的配置。我们在问自己：“这真的是最值得我花时间的事情吗？”
- “推动积极的改变发生”就是要把重点放在我们天性中善良、温柔的那一面。它提醒我们，我们可以成为更好的自己，或者创造一个更美好的世界。如果我们连其中一项都无法实现，那我们做事的意义是什么呢？
- “在这件事上”使我们可以集中讨论手头的难题。我们不能解决所有的问题，因此不如放弃解决那些我们无法做出积极改变的难题，把时间花在能做出积极改变的难题上。

当我们关上办公室的门时，其他人在敲门之前一定会犹豫一下：“是否应在这个时刻为这件事情打扰他 / 她？”这为我们免去了很多打扰，同理，我们通过问自己：“我是否愿意在此刻、在这件事上进行必要的投资，以推动积极的改变发生？”可以获得一层薄薄的呼吸空间，这让我们有足够的时间来吸气、呼气，并反思我们所追求的是有利于他人的利益并能真正做出积极改变的结果，还是为了塑造我们自己的形象而做出虚假改变的结果。对于那些想把为他人服务作为首要任务的服务型领导者来说，这是至关重要的区别。

本文出自谁手

马歇尔·戈德史密斯　Marshall Goldsmith

马歇尔·戈德史密斯被 Thinkers50、Global Gurus、《快公司》和 *Inc.* 杂志评为全球领先的高管教练。他是《纽约时报》畅销书《自律力：创建持久的行为习惯，成为你想成为的人》和《习惯力：我们因何失败，如何成功》（*What Got You Here Won't Get You There*）、《魔劲》（*Mojo*）等书的作者。他在加州大学洛杉矶分校安德森管理学院获得博士学位。他的主要客户是世界知名的首席执行官们。

第 11 章

消除组织的“创造力伤痕”

布琳·布朗

主编寄语

当有人告诉我布琳·布朗是“脆弱的力量”TED 的演讲嘉宾时，我第一次认识了她。看完她的 TED 演讲视频后，我立即将脆弱的重要性与卓有成效的服务型领导力联系起来。布朗和我都认同，拥有一颗服务型领导者的心绝对会带来由内而外的影响力。在这篇文章中，她详细阐释了当服务型领导力在组织中盛行时，为何组织中潜藏着的羞辱感就不复存在了。

根据我多年的研究和所学，以及我过去 10 年与各种规模和类型的公司的领导者共事时所观察到的情况，我认为我们必须彻底重新审视提升员工参与度的内涵。为了重新点燃组织成员的创造力、创新力和学习力，领导者必须赋予教育者和工作者更多的人性化考量。这意味着我们要理解参与度不足如何影响了我们的领导和工作，要学习如何应对脆弱，要认识到羞辱感并与之做斗争。

毫无疑问，诚实地谈论脆弱感和羞辱感具有颠覆性的意义。我们之所以不在组织中讨论这些，是因为这些感受总是在黑暗的角落里发光。一旦我们对脆弱感和羞辱感有了交流、观察和了解，再想回到原来忽视这些感受的状态几乎是不可能的，并且可能伴随严重的后果。可我们都很想去冒险，想要一窥这种可能性，我们将消除组织中的“羞辱感”作为愿景。这种愿望不会消失。

肯·罗宾逊（Ken Robinson）用一个能够体现人类现实的隐喻，讲述了这种转变的力量。他呼吁领导者改变过时的观点，即人类组织应该像机器一样工作。罗宾逊在他的著作《让思维自由》（*Out of Our Minds*）[1] 中写道：“无论这个将人比作机器的比喻对工业生产来说有多么诱人，人类组织都不能被称为机器，人也不是机器的零部件。人有价值观、情感、观点、动机和故事，而机器的齿轮和链条没有。组织不是支持生产活动的物理设施，而是一个人际网络。”

认识和战胜羞辱感

服务型领导力与羞辱文化不能共存，原因很简单：服务型领导力的基础是勇气，而羞辱感会带来恐惧。羞辱感摧毁了我们对脆弱的容忍度，从而扼杀了参与、创新、创造力、生产力和信任。最糟糕的是，如果我们不知道自己在寻找什么，在我们看到问题的外部迹象之前，羞辱感就已经对我们的组织造成了破坏。羞辱感就像房子里的白蚁。它隐藏在黑暗的墙壁后面，不断地侵蚀我们的建筑，直到有一天墙突然倒榻。直到那时，我们才觉察到墙的倒塌只是时间问题。

就像我们在家里随意走动时白蚁的问题不会暴露一样，我们在办公室或学校里随意行走也不一定会发现羞辱感的问题，或者至少我们希望这一问题不是那么明显。但如果我们看到经理在斥责一名员工，或者老师在羞辱一名学生，那就意味着问题已经很严重了，而且很可能已经发生很长时间了。在大多数情况下，当我们评估组织是否存在羞辱感问题时，我们必须知道自己要寻找什么迹象。

羞辱感已经渗透到组织文化中

指责、造谣、偏袒、辱骂和骚扰都是羞辱感渗透到组织文化中的行为迹象。更明显的迹象是羞辱他人，即将“让他人感到羞愧”作为一种常用的管理工具。可以看看组织中是否有这样的现象：处于领导者地位的人会欺负他人，经常当着同事的面批评下属，公开训斥下属，或建立起故意贬低、羞辱他人的惩罚制度。

我从来没有遇见过一个没有丝毫羞辱感的组织。我不是说这种组织绝对不存在，只是我对此表示怀疑。事实上，在我解释羞辱感有何影响之后，通常会有领导者来找我，他们会反省说自己每天都在利用羞辱感来进行管理。大多数领导者会问我如何改变这种做法，但也有少数领导者自豪地表示羞辱他人是有作用的。我希望这只是一个局部的或可控的问题，而不是一种公开的文化规范。在学校也是如此。大约 85% 的男性受访者和女性受访者都能回忆起他们童年时发生的令他们感到羞辱的校园事件，这些事件改变了他们对作为学生的自己的看法。更令人难以忘怀的是，这些记忆中大约有一半是我所说的“创造力伤痕”。他们可能描述了一个具体的事件，在这个事件中，他们被告知自己无法成为优秀的作家、音乐家、舞蹈家或其他有创造力的人。这一现象令我们理解了为什么当工作中需要创造和创新时，那些“古灵精怪”的人显得很强大。有过“创造力伤痕”的人害怕为分享新想法和承担创造的风险而揭开伤疤。

当我们看到在工作场所羞辱感被用作一种管理工具时，我们需要采取坚决的抵制行动。我们要记住，这些不是一夜之间发生的。同样要记住，羞辱感只会越来越强烈。如果员工总是要这样面对羞辱感，几乎可以肯定，他们会把这种感觉传递给客户、同事，甚至家人。

如果羞辱感在组织中存在，并且我们可以把它控制在一个特定的单元、工作团队或个人范围内，那就立即去做，努力消除羞辱感。我们从自己的原生家庭中学会了羞辱，许多人在成长过程中相信这是一种卓有成效的管理他人、管理课堂和养育子女的方式。因此，羞辱那些经常运用羞辱手段的人是没有用的。但什么都不做同样危险，不仅对那些受到羞辱的人，而且对整个组织来说都是如此。羞辱感会带来羞辱感。

几年前，一场活动结束后，一位男士走过来对我说：“采访我吧！拜托！我是一名财务顾问，你不会相信在我的办公室里发生了什么。”我在采访中遇到唐纳德的时候，他告诉我，在他的公司里，员工每个季度都会根据自己的业绩来选择办公室，业绩最好的那个人会优先选择，然后可以去他想去的办公室。唐纳德摇了摇头，声音有点沙哑地说：“我过去 6 个季度是公司里业绩最好的，你以为我喜欢这样吗？实际上，我并不喜欢。我非常讨厌这样的制度。这是一个残酷的环境。”唐纳德告诉我，上个季度的业绩公布后，老板走进他的办公室，关上门后告诉他，他必须搬出办公室。“起初我以为是我的业绩出了问题，但老板告诉我，他不在乎我的业绩是不是最好的，他就是喜欢我的这间办公室。他的目的是震慑其他人。老板说，在公共场合展开竞争和打破规则，能够塑造员工的性格。这是一种激励机制。”

采访结束前，唐纳德告诉我他正在找新工作。“我在自己的专业领域很擅长，甚至很享受这份工作，但我工作并不是为了震慑别人。我没有想到工作时的感受会这么糟糕，直到听了你的演讲，现在我知道了原因。这是羞辱感在作祟，这种感觉比上高中时的感觉还糟。我会找到一家更好的公司工作，而且我会把我的客户一起带过去。”

在《我已经够好了》（*I Thought It Was Just Me*）[2]一书中，我讲述了关于西尔维娅的一个故事。西尔维娅是一位 30 多岁的活动策划者，她找上门来主动接受我们的采访。她说：“我多么希望你能在 6 个月前采访我，当时的我与现在的完全不同。现在，我太羞愧了。”当我问她这是什么意思时，她解释说，她从一个朋友那里听说了我在做的研究，并自愿接受采访，因为她觉得自己的生活因羞辱感而改变了。最近，她有了一个重大的变化，她发现自己被列入了公司的“失败者名单”。

两年前，她获得老板称之为“杰出赢家”的工作称号，可是最近，她犯了一个严重的错误。这个错误让她的公司失去了一个大客户。老板的第一反应是把她列入“失败者名单”。她说：“在一分钟内，我就从‘赢家名单’上的第一名变成了‘失败者名单’上的第一名。”当西尔维娅提到“失败者名单”时，我吓了一跳，尽管我没有做出评论。她接着说：“我知道，这很糟糕。”老板的办公室外面有两块大的板报墙，上面有两份名单，一份是“赢家名单”，另一份是“失败者名单”。她说，有好几周，她几乎无法正常工作。她失去了信心，开始旷工。羞辱感、焦虑感和恐惧感控制了她。经过3周的艰难挣扎后，她辞掉了工作，到了另一家公司。

在任何体系中，当羞辱感强烈到一定程度时，人们就会开始逃避、工作懈怠以自我保护。当人们工作懈怠时，他们不再积极表现，不再做出贡献，对公司中的人和事变得漠不关心。在这种状态蔓延的过程中，一种极端情形是人们会合理化各种不道德的行为，包括撒谎、偷窃和欺骗。在唐纳德和西尔维娅的情境下，他们不仅工作懈怠，而且主动离职了，并带着他们的才能与资源去到了原公司的竞争对手那里。

指责游戏

以下这个比喻是思考羞辱感和指责之间关系的最好方法：如果将指责比作驾驶员，那么羞辱感就坐在副驾驶的位置上，两者如影随形。在公司、学校和家庭中，指责和责难往往是羞辱感的来源。研究羞辱感的琼·坦尼（June Tangney）和伦达·迪林（Ronda Dearing）解释说，在被羞辱感束缚的关系中，人们“谨慎权衡，总是推卸责任”。他们说：“在这样的组织中，面对任何负面结果，无论大小，人们必然会找到负责任的人或事，并追究其责任。如果一定要有人受到指责，那么那个人一定不是自己，而是别人！指责会带来羞辱感，然后带来伤害、否认、愤怒和报复。”[3]

指责他人是为了释放自己痛苦，缓解不适。当我们感到不舒服，甚至经历痛苦时，当我们感到脆弱、生气、受伤、羞愧、悲伤时，我们就会指责他人。指责并没有什么实际意义，它通常包括羞辱某人，或者只是表现得很刻薄。如果指责在组织文化中形成了一种模式，那么羞辱感就必须被视为一个问题予以解决。

掩盖问题的文化

与指责相关的是掩盖问题。就像指责是基于羞辱感进行管理的组织的标志一样，掩盖问题的文化也依赖于羞辱感来使人们保持沉默。当组织认为保护制度和当权者的声誉比保护个人的尊严更重要时，羞辱必然已经渗透了整个组织，金钱驱使了道德，责任感已经消失。从公司、非营利组织、政府到教会、学校、家庭，所有组织都是如此。回想一下因掩盖问题而引发的任何重大事件，你就能从中看到这种模式。

在服务型领导力的组织文化中，对个人尊严的尊重被视为最高原则，羞辱感和指责不能成为管理工具，领导者不能基于恐惧感来领导下属。同理心是一种宝贵的资产，组织期待人人具有责任感，这不再是个别人才有的美德，人类对归属感的原始需求不会被用作管理手段和控制手段。我们无法控制个体的行为，然而，我们可以培养一种组织文化，在这种文化中，不良行为是不能被容忍的，人们有责任保护组织中最重要的组成部分，那就是人。

建立“羞辱感复原”组织的 4 个最佳策略是：

1. 鼓励服务型领导者勇敢地开展有关羞辱感的坦诚对话，并培养消除羞辱感的组织文化。

2. 努力审视羞辱文化在组织的哪些领域存在，它可能怎样潜移默化地影响我们与组织中其他人的相处方式。

3. 一种重要的消除羞辱感的策略正在变得常态化。领导者可以通过帮助员工弄清楚其工作的价值与意义来培养员工的敬业度。

4. 培训所有员工，使他们认识到羞辱文化的危害，并教导他们如何以一种促进自己与他人共同成长的方式给予他人反馈和接受反馈。

没有创造力、创新力和学习力，我们就无法解决今天面临的复杂问题。作为服务型领导者，我们不能因为对谈论羞辱感这个话题感到不适就进行逃避，我们一定要在学校和工作场所认识它和消除它。

本文出自谁手

布琳·布朗　　Brené Brown

布琳·布朗是休斯敦大学社会工作研究生院赫芬顿基金会讲席教授。在过去的 16 年里，她一直在研究勇气、脆弱、羞辱感和同理心，她著的 4 本书位列《纽约时报》(*New York Times*) 畅销书名单：《脆弱的力量》(*The Gift of Imperfect*)、《无所畏惧》(*Daring Greatly*)、《成长到死》(*Rising Strong*) 和《归属感》(*Braving the Wilderness*)。

第12章

为他人创造胜利的机会，并积极地为他人庆祝

汤姆·马林斯

主编寄语

我和汤姆·马林斯（Tom Mullins）是在一次服务型领导力大会上认识的。他是一个积极向上、精力充沛的人，我一见到他，就立刻被他吸引住了。当我听到他谈论对庆祝胜利的看法时，我更喜欢他了。为什么？因为这些年在我教过的所有东西中，我永远不会放弃的一点是，我认为培养人才和创建伟大组织的关键是鼓励人们做正确的事情。在这篇文章中，马林斯阐释了为什么积极地为他人庆祝胜利是服务型领导力的关键因素。

作为一名足球教练和牧师，我学到的最重要的一件事是，当团队取得胜利时再怎么庆祝都不为过。当人们因为对组织的成功做出贡献而得到认可和肯定时，他们就会快速成长。事实上，领导者是否有能力以有意义的方式来庆祝团队成员取得的胜利，直接影响团队成员的工作时间和为实现愿景的持续投入程度。

服务型领导者知道庆祝活动对组织健康的影响。他们把庆祝视为首要任务，并且总是在寻找新的方式来认可团队取得的成功。他们知道，当团队取

得胜利时，必须停下来庆祝，然后才能期待团队追求下一个目标。

为了撰写《领导力游戏》(*The Leardership Game*)[1]一书，我有幸采访了知名教练吉恩·斯托林斯（Gene Stallings），他曾是亚拉巴马大学的全国冠军联赛教练。他给我讲了一个故事。有一次，他无意中听到一个助理教练在球队赢了一场比赛后对队员横加指责。斯托林斯教练最终解雇了这位助理教练，因为助理教练的理念和行为与亚拉巴马队对庆祝胜利的重视相悖，他更感兴趣的是强调队员本可以做得更好的部分，而不是庆祝队员已经做得很好的部分。

这对所有的领导者来说都是宝贵的一课。当你庆祝团队取得的胜利时，无论胜利大小，你都是在认可团队成员为实现目标所付出的努力。胜利需要庆祝！

我发现庆祝的行为可以带来5个益处：庆祝表明你重视团队，庆祝强化了组织的核心价值观，庆祝活动有助于提升团队士气，庆祝可以提高员工留存率和工作效率，而且庆祝是一个很好的招聘工具。下面我们来分析这5个益处。

庆祝表明你重视团队

庆祝表明你重视团队成员，认可他们在迈向胜利的过程中所付出的努力。简单地说，员工需要感受到领导者对自己的重视和肯定。

在这个世界上，有太多人只关注消极的一面，因为他人的不完美而对他人横加指责，但服务型领导者会寻找任何可能的方式来表达关爱和感激。有研究表明，我们每收到1条批评意见，就需要收到9条认可意见才能平衡这1条批评意见带来的负面影响。服务型领导者通过认可和庆祝团队成员多元化的独特优势，致力于培养他们拥有积极的品质和为团队做出贡献。

当认可他人成为你的领导风格中的一种习惯时，它很快就会成为你的团队文化的一部分。当团队成员看到你在寻找机会为他们点赞时，自己也会为其他成员点赞。这是每个人的胜利！

庆祝强化了组织的核心价值观

庆祝活动还有强化组织核心价值观的作用，有助于塑造企业文化。作为领导者，你所庆祝的事情向团队传递了一则清晰的信息，那就是你认为一个成功的团队成员应该具备的重要品质是什么。例如，当你认可某个团队成员的努力和工作效率时，你的团队就会知道努力和工作效率对你来说很重要。

服务型领导者意识到，他们必须率先践行组织的核心价值观。如果领导者的行为没有反映某些价值观，就不能期望团队成员会践行这些价值观。作为服务型领导者，如果你重视诚信，就必须通过日常行为向团队成员展示你在践行这一价值观。你要在生活和工作中秉承诚信原则，并在团队成员中寻找这种品质，在看到它时给予公开的赞赏。

在我与妻子唐娜共同创办的组织中，我们利用每周的员工会议，认可团队成员践行核心价值观的行为，认可他们在服务他人方面所做的杰出工作。我们总是在寻找赞美他人的方法，然后将这种赞美与我们看重的东西直接联系起来。这提醒我们的团队，在组织之中践行核心价值观有多么重要。

我的朋友杰里·安德森（Jerry Anderson）创立了一个名为 Virtual High Five 的项目，在这个项目中，他激励员工发现彼此践行组织价值观的优秀行为。员工会在虚拟的公告板上描述他们目睹的优秀行为并提出表扬，然后在部门会议和公司全体会议上领导者会为这些优秀行为进行庆祝。安德森的项目清楚地表明了一个成功的团队成员所应具备的品质和美德。当安德森通过庆祝的方式认可这些品质和美德时，这些品质和美德自然会在他的员工身上得到强化。

庆祝活动有助于提升团队士气

当团队成员一起庆祝胜利时，庆祝活动可以提高团队士气。庆祝具有一种强大的能量，让每个人都能够感受到胜利带来的激励，并希望尽可能多地体验这种感觉！

在为团队成员服务和庆祝时，我最喜欢做的事情之一，就是花时间去了解每个人的独特动机。领导者有责任了解每个团队成员的价值观，以及他们喜欢如何庆祝。

有些人很喜欢公开的感谢，有些人很喜欢手写的感谢信。有些人看重和我进行面对面的交流，对于这样的人我一定会去当面拜访他们，赞扬他们的努力，并指出在最近的工作中他们的努力是如何帮助团队获得胜利的。还有一些人喜欢特别的礼物，比如放一天假，或者举行特别的午餐会等有趣的公司社交活动。而大多数人希望加薪，所以当预算允许时，加薪是一个很好的方式，可以向员工传达这样的信息：你的努力工作并没有被忽视，你是团队的宝贵资产。

服务型领导者也要定期为团队中的无名英雄做出的贡献进行庆祝。我们需要一个完整的团队，每个成员都凭借自己的技能在团队中发挥作用，并在各个层面全力以赴，这样才能创造胜利成果。因此，认可每个成员的角色和参与很重要，而不仅仅是认可一线的主力成员。

你可以想象得到，会计部门是组织中很少得到公开赞赏的一个部门。正因为如此，唐娜和我会格外努力认可并庆祝他们的辛勤工作和在幕后做出的贡献。有一次，我们带着会计部门的全体同事去当地一家购物中心的高级餐厅吃午饭，我们和他们一起聊天，听他们分享自己的生活。然后，我们给每个人 100 美元，告诉他们必须把每一分钱都花在自己身上。当他们回来的时候，我们看到他们在分享自己如何花掉这笔钱时脸上露出的喜悦，这真是一件很有趣的事情。我相信在接下来的几个月里，这会提高会计部门的士气。事实上，我们的许多会计人员现在仍然在谈论那次活动对他们来说有多么特别。这虽然只是一个小小的举动，但它表达了我们对会计部门同事的爱，以及对他们做出的贡献的感激之情。

找出激励员工的因素，清楚地表达你的感激之情，然后坚持去做！

庆祝可以提高员工留存率和工作效率

当你认真考虑为所有的团队成员庆祝时，会发现员工留存率和工作效率自然会提高。美国劳工部（U.S. Department of Labor）的报告称，46% 的员工离职是因为他们觉得自己没有得到认可和感谢。我认为，改变这个数据统计结果的一种简单的方法是领导者通过赞赏员工在团队中的工作来鼓励他们。

此外，人们在积极的环境中工作效率更高。积极为胜利而庆祝的行为创造了一个人们愿意为实现组织目标而努力的环境。简单地说，庆祝什么，什么就能做好！你越是肯定你的团队成员，他们的工作效率就越高。一个乐于庆祝的服务型领导者会培养出一个快乐、努力工作的团队。

庆祝是一个很好的招聘工具

庆祝也可以成为组织的一个很好的招聘工具。我发现，当一名新员工看见我们作为一个团队一起庆祝胜利的时候，他会渴望参与其中。庆祝活动之所以吸引人，部分原因是它在许多组织中很少见。相比之下，服务型领导者总是很重视为胜利而庆祝。

有意识地去发现团队成员做出的贡献，然后公开表扬他们，这需要领导者发扬谦逊的品质。我坚信，为他人创造胜利的机会，然后一起庆祝胜利，这是服务型领导者的责任。作为服务型领导者，你必须无私地赞美他人，鼓励你的员工获得成功。如果你的工作重点是让团队为胜利而奋斗，那么从长远来看，你赞赏他们的敬业和努力，对你来说就更有意义。

你要尽一切可能为团队提供清晰的愿景、方向，培训和监督员工，这样员工就可能实现目标。当他们实现目标时，你要做第一个为他们庆祝胜利的人。当员工看到你足够关爱他们，并认可他们为公司的成功所做的贡献时，他们就会更加努力工作。

本文出自谁手

汤姆·马林斯　　Tom Mullins

汤姆·马林斯是一名成功的高中和大学足球教练。他和结婚 50 多年的妻子唐娜是“希望之地”（Place of Hope）和“希望之地国际”（Place of Hope International）的联合创始人，这两家机构为受虐待和被忽视的儿童提供服务。马林斯写了 4 本书，其中包括《传递领导力接力棒》（*Passing the Leadership Baton*）和《领导力游戏》。

第13章

善用外向思维，真正关爱他人

詹姆斯·费雷尔

主编寄语

我从未见过詹姆斯·费雷尔（James Ferrell），但我对亚宾泽协会（Arbinger Institute）十分敬佩，我阅读过他们的书。我想当你读了费雷尔的这篇文章之后，你就会明白为什么我很高兴他能参与撰写本书！

我不喜欢“服务”这个词。

这听起来可能有些奇怪，但我认为，在一本关于服务型领导力的书中需要有人这么说。聚焦于服务与服务型领导力是矛盾的。真正的服务型领导者不是聚焦于服务，而是聚焦于其他事情。在这篇文章中，我们将探讨奠定服务型领导力基础的非服务性焦点。

声调中的启示

几年前，我为亚宾泽协会录制了一段播客，在播客中我对中国汉语的声调及其所表达的意义做出了解释。

说汉语时，说话人的声调决定了每个词和短语的意思。例如，在广东话中，有 9 种不同的声调变化。其中的两种声调对西方人来说太微妙了，所以外国人通常只能学会 7 种声调。人开口说话时有低、中、高这 3 种不同的初始音高。每一种音高还会有额外的变化：低档音高可以保持稳定、上升或下降；中档音高可保持平稳或上升；高档音高可以保持稳定，也可以下降。人说话的意义都取决于这些声调。当用不同的声调来表达时，句子的意思会发生变化，甚至可以说，说话人的声调决定了表达的效果。

即使并没有觉察到这一点，我们也生活在一种声调系统中，语言的声调决定了我们所说和所做的一切的意义。亚宾泽协会的研究中包含的一个观点是，我们可以把他人看作和我们一样重要的人，这是外向思维；或者把他人看作外部对象，这是一种内向思维。

不同思维方式的影响

不同的思维方式就像汉语中不同的声调一样，能够改变我们所说与所做的一切的意义。例如，我可能会对同事说："我很感谢你为本次演讲所付出的努力。"在这样说的时候，我把同事当成了一个人，同事很可能会把我的话理解为这是我对她付出的努力的一种善意的赞美。然而，如果她觉察到我是基于内向思维来讲这句话，并把她看作一个外部对象，她可能就会对我说的话有不同的感受，并赋予它完全不同的含义。在这种情况下，她可能会把我说的话理解为："你为这件事付出的努力还不够，要再接再厉！"尽管我说的是同样的话，但我潜在的思维和声调都可以改变我所说的话的意思。

这让我想到了"服务"这个词令人不安的地方。我们说话的意义和产生的影响是真实的，我们行动的意义和产生的影响也是真实的，甚至我们的服务行为也是如此。我们几乎可以用内向或外向思维去做任何事情。如果我们的思维方式是外向的，我们就是在为他人服务。如果我们的思维方式是内向的，我们就是在为自己服务。这种内向的倾向会毁掉一切，比如我们的自我理解，我们对他人的看法，我们的目的，甚至我们为他人提供的服务。这意味着服务型领导者绝不能仅仅关注行动，即使是那些表面上看起来是为他人谋利的行动。真正的服务型领导者关注的是行动背后的想法与动机。

服务型领导者关注的焦点

服务型领导者关注什么？我将用刚刚提到的播客故事来回答这个问题。在那次播客中，我提议人们不要和他人谈论“亚宾泽”的概念，而是要把更多的精力放在调整对话的声调上，我把这种方式称为“亚宾泽语”。

播客播出后，社交媒体上爆发了一场激烈的讨论。人们普遍对我的观点表示赞同，但后来有一位男士彻底反驳了我的整个论点。这位男士说，听了播客后，他决定把自己所学到的东西应用到与他的妻子贝姬的互动中。他没有和她谈论“亚宾泽”的概念，而是采用“亚宾泽语”专注于和她简单地交谈。然而，他说，这种新方法并没有产生比以前更好的结果。然后，他分享了他的感悟，那是一个彻底改变了他与妻子的互动和关系的本质的洞见。他说：“我觉察到，我需要把注意力集中在我的妻子身上，而不是讲‘亚宾泽语’。”

想想生活中那些你称之为服务型领导者的人，你会从这位男士的感悟中看到服务型领导力的真相。真正的服务型领导者之所以显得弥足珍贵，并不是因为他们为我们做事，尽管他们的确为我们做事。我们感激他们，是因为我们知道他们关注我们，重视我们。就像那位男士关爱妻子一样，服务型领导者关爱我们，愿意花时间用我们的语言与我们对话。

社区清洁工的故事

接下来我将分享一个生活中的例子，每周在我们社区收垃圾的清洁工也是一位鼓舞他人的服务型领导者。

每周五早上清洁工会来收垃圾。在家里，我主要负责把垃圾箱及时放到街上的某个位置。然而，一个周五的早晨，当我听到垃圾车开进街道时，我才忽然意识到我忘了把垃圾箱放到正确的位置。我惊慌失措，匆匆穿上衣服，走下楼梯。然而，在我到达前门之前，我听到垃圾车开走了。我想，糟了，未来一周，我们的垃圾都没有地方放了！我感到很沮丧。当垃圾车沿着街道向前行驶时，我朝窗外瞥了一眼。我看到，在我们的房子前面，放着两个空的垃圾箱！我的沮丧瞬间烟消云散。我对乐于助人的邻居充满了感激之情。

几周后，我与戴维和兰迪两个邻居聊了起来，他们的家就在我们家正对面。

戴维说："大约一个月前的一个周五早上，我注意到我家门前停着一辆垃圾车。司机在街上捡拾满大街的垃圾。我记得前一天晚上我把垃圾箱装得满满的，可能是暴风雨来了，或者是小动物钻进了垃圾箱，把垃圾弄得满地都是。不管怎样，垃圾车司机把满地垃圾收拾干净后，他又爬上垃圾车，清空垃圾箱，然后才开车离开。当我看着垃圾车离开时，我才意识到我从来没有见过那位司机，当时也没有过去打个招呼，我感到很羞愧。我决定下周要去感谢他，送他一件礼物。到了下一个周五，这位司机开着垃圾车比我预想的更早到达这里。我跑去穿鞋，冲出前门，但还是晚了，垃圾车已经拐过街角了。我抓起外套，在雪地里跑着去追赶这辆垃圾车。转过街角，我看见垃圾车停在兰迪的房子前面。然后，我看到司机把兰迪家的两个垃圾箱从他的房子旁边推了出来！"

“等等！”兰迪惊讶地说道，“你是说是那位司机帮我收的垃圾？我记得那个早晨。我还以为是邻居们帮了我呢。”

当然，听了这个故事，我也有同样的反应。那位司机一定也帮我搬过垃圾箱。我的邻居都很好，但那天帮助我的是社区清洁工。

现在，你可能会认为戴维、兰迪、我和社区的其他人，再也不会自觉地把垃圾箱放到大街上的指定位置了，因为清洁工会帮我们的！但这根本不是我们的想法。相反，我突然觉得很想让那位司机的工作尽可能地轻松。从那以后，我再也没有忘记把垃圾箱搬到街上去，不仅仅是因为我不想有一周没有地方放垃圾，还因为我不想让司机为难。例如，在那一刻之前，我从来没有想过要确保垃圾箱之间有足够的空间，1.5 米左右。但从听到戴维讲述他的故事的那一刻起，我每周四晚上都会量好垃圾箱之间的距离，这样司机在清空垃圾箱时就不会有任何麻烦了。

在某种程度上，清洁工训练了我们整个社区更好地处理垃圾，这也让他的工作更轻松。他是怎么做到的？让我们的生活更轻松，这就是服务型领导者做事的本质，而且服务型领导者不会厌倦这样做。但如果领导者只是将为他人服务视作任务，他们就会厌倦这样做。为那些我们仅仅认为是服务对象的人做事是多么令人讨厌啊！然而，为那些我们真正关爱和重视的人做同样的事情，又是多么令人振奋！

虚伪服务与真心服务

有时候，我们可能不禁要因为自己为他人做的好事以及为他人提供过的服务而庆祝。这其实就是虚伪的服务型领导者，是想要被注意、被看见、被欣赏和被感谢的人。反过来，当一个人没有这种自我关注，他的努力纯粹就是为了他人的利益时，他才是真正的服务型领导者。认识这样的人，又被他们认识，这是何等的福气。

我的母亲就是这样的人。她 14 年前因脑癌去世。她在去世前的几年生活得美好，没有任何迹象表明她将面临磨难。她经常坐在钢琴前弹奏喜欢的音乐。此前，母亲和我年幼的孩子雅各布谈论雅各布最喜欢的儿歌，雅各布列举出来 24 首。母亲坐在钢琴前，录下了她为孙子弹奏和演唱的他最喜欢的 24 首曲子，母亲把那些歌曲录制在盒式磁带的 A 面。当母亲唱完后，她把磁带翻过来，在 B 面录制了同样的 24 首歌，这样雅各布就不用为了再听一遍而倒带了。

至今我还留着那盘磁带。它提醒我什么是真正的服务。真正的服务是什么样子的？它看起来像孩子的脸，激励你采取行动，或者是亲密伙伴的需求。

对于服务型领导者来说，服务不是重点。他们的行为仅仅是关爱在行动上的延伸。这样的领导者愿意学习他们身边的“贝姬”“雅各布”“戴维”“兰迪”的语言，并且带着一种外向思维与他们交流。

本文出自谁手

詹姆斯·费雷尔　James Ferrell

詹姆斯·费雷尔是亚宾泽协会的执行合伙人，著有多本畅销书，包括国际畅销书《跳出盒子：领导与自欺的管理寓言》（*Leadership and Self-Deception*）、《化解内心的冲突》（*The Anatomy of Peace*）和《外向思维》（*The Outward Mindset*）。

第14章

别以单一视角评判他人

克里斯·霍奇斯

主编寄语

几年前，当我听到克里斯·霍奇斯（Chris Hodges）在一次领导力大会上的演讲时，我感到很惊喜。对我来说，他使《圣经》变得生动起来。我敢说，这就是他建立美国最大的教会之一的一个主要原因。我最喜欢的《圣经》箴言之一，就是“不要评判他人，你就也不会被评判”。霍奇斯在这篇文章中生动地表达了这一箴言。

多年前，我在科罗拉多州的科罗拉多斯普林斯的一座大教堂担任青年牧师。我们拥有全国规模最大、人数增长最快的青年团体之一，每周三晚上都会举行名为 TAG 的充满活力的服务活动。这不是他们应父母的要求才参加的服务活动，每周都有数百人参加，他们会做笔记，而不是聊天、发短信或传纸条。

有一天，一个小男孩穿着一身黑衣服出现在教堂，他头发乌黑，表情很严肃，脸上带着嘲讽的表情，显然是一个“哥特人”。因为我在青年部工作，所以我很快就学会了不要以貌取人。但这家伙显然与众不同，他立刻引起了我们的注意。

他坐在后排，说了一些令人生厌的话，在我发言的过程中一直笑个不停。我试图耐心地纠正他，但他顽固不化，我觉得我已经受够了。我让一位青年员工告诉他，要他在活动结束后到我的办公室来解决我们之间的问题。

我走进办公室，瞥了他一眼，我注意到他脸上带着一丝得意的笑，这让我更加恼火。我坐在他对面，沮丧地叹了口气，然后我们只是默默地瞪着对方。最后，我凑过去对他说："兄弟，你怎么回事？"

我还没来得及痛骂他，他就站了起来，转过身去，拉起他的衬衫。他皮肤苍白的后背上布满了红色的伤疤，有些伤疤比其他的伤疤颜色更鲜亮，我后来才知道是他的父亲打了他。"这就是我的问题。"他平静地说。这时，我对他的愤怒情绪已经消失了，我的愤怒变成了同理心，我们立即与他和他的家人一起沟通来解决发生的问题。

那天，我学到了很多。你如何看待他人决定了你如何为他人服务。大多数人都倾向于走极端：要么把一个人看作需要回避的问题，要么把他看作一个值得爱的人。

这是耶稣在著名的撒马利亚人寓言中的教导：

> 有一个人请问耶稣，他试图弄清楚他应该服务谁："谁是我的邻舍呢？"耶稣以他经典的方式，用一个关于旅行者的故事回答了这个人的问题。
>
> 耶稣回答说："有一个人从耶路撒冷下耶利哥去，落在强盗手中。他们剥去他的衣裳，把他打个半死，就丢下他走了。偶然有一个祭司从这条路下来，看见他就从那边过去了。又有一个利未人来到这地方，看见他，也照样从那边过去了。惟有一个撒马利亚人行路来到这里，

看见他就动了慈心，上前用油和酒倒在他的伤处，包裹好了，扶他骑上自己的牲口，带到店里去照应他。第二天拿出二钱银子来，交给店主，说：‘你且照应他，此外所费用的，我回来必还你。’你想，这三个人哪一个是落在强盗手中的邻舍呢？”他说：“是怜悯他的。”

耶稣说：“你去照样行吧。”[《路加福音》(*Luke*) 第 10 章第 30 至第 37 节]

强盗

在这个故事中，旅行者遇到了 3 种不同类型的人。首先是强盗，强盗殴打他，抢劫他，剥夺了他的一切。虽然我们大多数人从来不会去做这样的事情，但有时我们忍不住把他人看作商品、资源或障碍，而不是有血有肉的人。我们想要操控他们，回避他们，或者拿走他们的东西。他们不是我们会去爱和服务的人，而是我们的敌人。

我在开车时，经常会感受到这种痛苦。当有人强行并线或妨碍我开车时，我很容易生气。当我们把他人看作问题时，比如在商场的快速通道慢慢悠悠走的人，或者快餐店里把我们点的菜弄错了的小伙计，我们往往很难信任他们。

牧师

在耶稣讲述的故事中，旅行者遇到的第二类人是牧师。牧师没有抢劫、殴打或剥夺他。牧师只是完全避开了旅行者。牧师忙于做他们认为更重要的精神工作，而没有停下来帮助有需要的人。如果你认为你永远不会忽视一个在路边流血的人，再好好想想，你真的能做到吗？有时候，我们会认为处理问题的最好方法就是完全避开它。这个故事中的牧师并不认为他们有责任去帮助旅行者，毕竟，他们是忙碌而重要的人。所以，他们没有为旅行者服务，而是绕开了他。

也许我们认为其他人会去处理问题，或者其他人正在做。不管怎样，我们都没有按照恰当的方式来看待这种情况。《圣经》说："他（耶稣）看见许多的人，就怜悯他们，因为他们困苦流离，如同羊没有牧人一般。"这就解释了耶稣为什么是卓有成效的领导者。他看到了人们的处境，人们的需要激励他采取行动。

好心的撒马利亚人

这个可怜的旅行者最后遇到的是撒马利亚人，这是唯一一个透过服务型领导者的眼睛看到他的人。撒马利亚人没有看到一个可以盘剥的受害者，也没有看到需要避免的问题，而是看到了一个值得爱的人。这就是他服务那位旅行者的原因。

以任何方式服务

那么，我们如何通过服务者的视角来看待他人呢？大多数人以自己的感受来引领自己的行动，如果我们对某人出于同理心或感到有义务帮助他，我们就会采取行动。我们常常把爱看作一种感受。但真正的爱是不考虑自己的感受，是有意识地关爱和帮助他人。真正的服务型领导者首先对有需要的人采取行动，然后才考虑自己的感受。那位好心的撒马利亚人并不一定想要中断自己的旅行计划，或者把辛苦赚来的钱花在一个完全陌生的人身上，他只是看到有人需要帮助，于是就这样做了。

当你看见某人时，你如何看待他决定了你如何服务他。有很多人说，如果我们能看到、感受到他人有需要的话，我们就会想要爱他人。但服务型领导者要记住，如果一个人的肩膀上有一块伤疤，那么他的背上可能也会有伤口。所以，服务型领导者做事的方法不是去评判，而是采取爱的行动。服务型领导者会以各种各样的方式为人们服务，因为他们以不同的视角看待他人。

本文出自谁手

克里斯·霍奇斯　Chris Hodges

克里斯·霍奇斯是美国一家大型教会的创始人和资深牧师。此外，霍奇斯是高地学院（Highlands College）的创始人和校长，这是一所牧师培训学校，培训学生成为全职牧师。他在世界各地的会议上演讲，并著有《新鲜空气》（*Fresh Air*）、《四个杯子》（*Four Cups*）和《丹尼尔的困境》（*The Daniel Dilemma*）。

第 15 章

始终将同理心作为领导力的核心

克雷格·格罗舍尔

主编寄语

克雷格·格罗舍尔（Craig Groeschel）是美国一家教会的负责人。几年前，他邀请我在俄克拉荷马州一个由来自 26 个地方的重要员工组成的会议上发表演讲。会议在音乐中开始，整个会场很快就充满了我从未体验过的令人难以置信的活力。音乐结束之后我要发言，我可以感受到在音乐结束之后发言是很有挑战性的！那一天，我了解到格罗舍尔是如何带着同理心生活和领导他人的，正如他在这篇文章中所主张的，始终将同理心作为领导力的核心。

一天下午，我在开车回家的路上，一看时间快要错过晚饭了，就想快点赶路。过了一会儿，我路过一片田野，田野里除了一群奶牛，偶尔还有一座农舍或谷仓之外，其他什么都没有。我住在俄克拉荷马州，沿着熟悉的路线行驶，突然，我看到一个停车标志，遇到了一个意想不到的情境。在一个偏僻的地方，一位女士正站在路边。我立刻想："我需要帮助她，她一定是汽车出了故障，被困在了路上。"这个想法一闪现，就在我的脑海里引发了一场小小的争论。我和自己说，也许你应该帮她，但你在赶路，晚饭你已经迟到了，你的家人在等你。此外，她看起来并不沮丧。她站在路边可能是有原因的，也许她只是外出散散步，也许有人约她在那里见面。她并不想让你停下来。

即使有各种各样的理由，我还是觉得我应该帮助她。在与自己的对话中，我内心挣扎了几秒钟，然后就径直开车走了，没有停下来问问她。直到今天，我还在想那位女士当时到底怎么了。更重要的是，我想知道自己到底怎么了。我知道我应该帮助她，但我还是选择继续开车。我至今无法摆脱内心的愧疚感，因为我没有停车。每当我想起那天下午错失的停下车来帮助他人的机会，它都会让我想起服务型领导力的核心：同理心。

服务型领导者的同理心是什么？同理心不仅仅是一种感受，它更是一种行动。它让我们的情感点燃内心的火焰，并激励其他人也行动起来，以满足他人的需要，为他人提供帮助，为他人树立榜样。

《圣经》常常使用希腊语“Splagchnizomai”来描述我们从耶稣的生活中看到的那种同理心。“Splagchnizomai”的意思是“深切的同理心”，字面意思是内心深切地渴望为他人做点什么。所以，每次我们在《圣经》中读到耶稣感受到深切的同理心时，他就立刻付诸行动，对于这一点我们毫不奇怪。

施洗约翰死后，耶稣“独自退到野地里去”[《马太福音》(*Matthew*)第 14 章第 13 节]，众人却跟从他。他做了什么？“耶稣出来，见有许多的人，就怜悯他们，治好了他们的病人”(《马太福音》第 14 章第 14 节)。在《马可福音》(*Mark*)中，耶稣对这样的事也有深切的同理心，“他们如同羊没有牧人一般”(《马可福音》第 6 章第 34 节)，所以他开始教导他们。耶稣感受到他们的需要，就立刻医治和教导他们。

还有一次，耶稣和他的门徒离开耶利哥的时候，有两个盲人坐在路旁，大声向耶稣呼叫。跟随耶稣的众人想要那两个盲人保持安静，但耶稣没有这样做。相反，“耶稣就动了慈心，把他们的眼睛一摸，他们立刻看见，就跟从了耶稣”（《马太福音》第 20 章第 34 节）。耶稣深深地感到他必须采取行动。

真正的服务型领导力意味着你被召唤去关爱他人，不仅仅是为他人感到难过，而是真正去做一些事情。为什么？因为如果你真的在乎，但没有行动，那就等同于根本不在乎。真正的服务型领导者关爱他人，因为关爱，所以必须采取行动。诚实地说，即使我们想成为服务型领导者的榜样，我们仍然倾向于遵从自己的安排，就像我没有在路边为那位女士停车一样。我们陷入内心的纠结，找所有理由为自己不采取行动辩护。当我们不能足够真诚地爱他人时，就会为自己找借口。

耶稣所做的不仅仅是在行动中树立对他人抱有同理心的榜样。在《路加福音》第 10 章，有一个律法师问耶稣：“我该做什么才可以承受永生？”耶稣说：“律法上写的是什么？你念的是怎样呢？”那人说：“你要尽心、尽性、尽力、尽意爱主你的神；又要爱邻舍如同自己。”耶稣说：“你回答的是。你这样行，就必得永生。”

但那个家伙没有把话说完，他有一个隐藏的目的。根据《路加福音》第 10 章第 29 节，他想要表明自己有理。他回答说：好吧，我会的，但我得先问你另一个问题。如果我要爱我的邻舍，那么我需要知道是哪个邻舍。是我隔壁的邻舍，还是我在街上偶然遇到的某位男士，还是我认识的那位从井里打水的女士？如果换成今天，你或我可能会问：“你是在说住在隔壁公寓里的那个人，还是我团队里的那位单身母亲，或者是在星巴克给我拿铁咖啡的咖啡师？你是指的哪一个？”耶稣没有直接回答他，而是讲了好心的撒马利亚人的故事，克里斯 · 霍奇斯在第 14 章分享了这段故事。故事讲的是一个从耶路撒冷到耶利哥的旅行者被强盗袭击……

简而言之，撒马利亚人采取了行动帮助那位受伤的旅行者，而其他人却没有这样做。和耶稣一样，撒马利亚人觉得他需要去做这件事。他知道对他人抱有同理心经常会打断他原本的计划。他知道出于同理心他会选择行动，绕过那些在我们脑海中盘旋的为我们没有行动而辩护的对话。他似乎不介意麻烦或费用，即使介意，他也不会让它成为帮助急需帮助的人的障碍。他知道，自己希望被如何对待，就要那样去对待他人，必须采取行动。

我从上次没有为那位在路边徘徊的女士停车中吸取了教训。每当我再次感到内心纠结时，我就会说："你应该停下来，去帮助她。""不，我没有时间。""废话，废话，废话……"我现在会用更简单的话来代替："闭嘴！停车，快去，做点好事。"

如果我们想要像耶稣一样领导，就需要像耶稣一样服务他人。我们需要明白，作为耶稣的追随者，我们被召唤去关爱他人。我们要去帮助那些需要帮助的人，不管他们是谁，不管我们在哪里，不管我们要去哪里，也不管我们要多晚才能吃晚饭。如果你想知道服务型领导力的秘诀，很简单：同理心改变生活。

本文出自谁手

克雷格·格罗舍尔　Craig Groeschel

克雷格·格罗舍尔是资深牧师，以创新地使用技术传播福音而闻名，其中包括打造免费的 YouVersion Bible 应用程序。他所负责的教会在 8 个州拥有实体教会，还设立了一个迅速发展的国际伙伴关系网络教会部。格罗舍尔在世界各地的会议上演讲，并撰写了多本著作。

第16章

谦卑、进取和明达，成就理想的团队成员

帕特里克·兰西奥尼

主编寄语

我认识帕特里克·兰西奥尼（Patrick Lencioni）的时候，正值他职业生涯早期，当时我们都在萨斯喀彻温省的一个会议上发表演讲。他和我都认可一个观点，即每个人都可以成为服务型领导者。在这篇文章中，他将和你分享这一点，为了做到这一点，拥有卓有成效的团队成员是非常有帮助的。

我相信，只要投入足够的时间、耐心，获得优秀的管理者的关注，几乎任何人都能成为优秀的团队成员。服务型领导者也是如此。的确，有些人比其他人更擅长团队合作。这些人一加入团队就能够立刻为团队增加价值，他们不需要太多的训练和管理就能做出有意义的贡献。这里有两个重要的问题：这些人有什么特点？我们如何找到他们？事实证明，他们有3种共同的品德：谦卑、进取和明达。

在解释这3种品德之前，我先说明一下这个理论是如何产生的。和其他许多想法一样，这个想法也是我在过去20年与客户打交道的过程中形成的。

每当我与首席执行官及其团队一起明确公司的核心价值观时，他们经常问我关于我自己的公司 Table Group 的价值观。我向他们展示我们公司的 3 个价值观，许多客户就会问我，他们是否也可以采用这些价值观。

当然，我会说“不”，然后建议他们提出反映他们公司独特的历史和文化的价值观。我们是一家以团队合作为导向的公司，并以提出《团队协作的五大障碍》（*The Five Dysfunctions of a Team*）[1] 而闻名。因此，谦卑、进取和明达的价值观对我们来说是有意义的。但当时我们没有意识到，我们的客户几乎都致力于团队合作，他们被我们的价值观所吸引，因为这些价值观是真正的团队合作的基石。

3 种品德：谦卑、进取、明达

这 3 种品德看起来很简单，但我还是需要对它们做出解释。

谦卑

一个理想的团队成员的第一种，也是最重要的品德是谦卑。谦卑的人更关心团队的成功，而不是自身获得的荣誉。显著缺乏谦卑品德的人，即那些需要获得过多关注的人对团队来说是危险的。谦卑的团队成员，尽管他们从不骄傲或自夸，但他们也会实事求是地认可自己的技能和为团队带来的贡献。

进取

一个理想的团队成员的第二种品德是进取，就是努力工作，做任何必须做的事情来帮助团队获得成功。进取的人从不需要管理者督促他们更加努力地工作，因为他们会自我激励，勤奋工作。他们自愿填补空缺，承担更多的责任，并努力地寻找新的方式来为团队做出更大的贡献。

明达

一个理想的团队成员的第三种品德是明达。这里的明达并不是指智力，而是指在处理人际关系时的明智。明达的人理解团队动态的细微差别，知道自己的言行如何影响他人。他们具有良好的判断力和直觉，可以帮助自己以卓有成效的方式与他人相处。

这 3 个概念可能很简单，但最关键的是，这 3 种品德的独特组合会使得一个人成为一个理想的团队成员。然而，当这些品德中的任何一种品德严重缺乏时，人就会面临挑战。

例如，一个谦卑、进取但不明达的人可能完成了很多任务，但往往会破坏一连串人际关系。一个明达、谦卑但缺乏进取精神的人只做他需要做的事，别人需要不断督促他去做更多的事，这会让其他团队成员感到沮丧。一个充满进取精神、明达但不谦卑的团队成员可能会给团队带来毁灭性的影响，因为他知道如何表现得像一个充满善意的同事，但处处为自己的利益精打细算，当团队成员明白这一点时，大家已经被操纵和伤害了。

如何雇用理想的团队成员？重点是要知道你在寻找什么，并以非传统的方式去寻找。那么，那些已经在团队中工作，却缺少其中一种或多种品德的人怎么办呢？帮助他们提高这些品德的重点之一是确保他们理解这些概念，并知道他们在哪些方面存在不足。我们发现，仅仅将这个简单的模型引入团队中，并允许团队成员进行自我评估，就可以在很大程度上帮助他们改进了。

巨大的回报

确保团队成员重视并展现出谦卑、进取和明达的品德，极为重要。大多数在困境中挣扎的团队并不是缺乏知识或能力，而是缺乏知行合一的品质。一个由谦卑、进取和明达的人组成的团队能够轻松地克服这些行为障碍，让团队成员在更短的时间内完成更多的工作，而且很少分心。我希望这种方法能够帮助领导者在他们的组织中雇用、认可和培养理想的团队成员。

本文出自谁手

帕特里克·兰西奥尼　Patrick Lencioni

帕特里克·兰西奥尼是 Table Group 公司的创始人兼首席执行官，该公司自 1997 年以来一直致力于帮助领导者改善组织健康状况。他写了 10 本商业书，这些书已售出近 500 万册，并被翻译成 30 多种语言。他的最新著作是《理想的团队成员：识别和培养团队协作者的三项品德》（*The Ideal Team Player: How to Recognize and Cultivate the Three Essential Virtues*）。他曾在包括《哈佛商业评论》《财富》《快公司》《今日美国》《华尔街日报》《商业周刊》在内的众多报刊上发表文章。

第 17 章

依据“你是谁”，塑造独特的领导力风格

劳里 · 贝丝 · 琼斯

主编寄语

我第一次认识劳里 · 贝丝 · 琼斯（Laurie Beth Jones）是通过读她的书《耶稣，首席执行官》(*Jesus CEO*)。当她参与“像耶稣一样领导”项目时，我不仅喜欢她的文章和观点，也喜欢她的为人。对服务他人而不是被他人服务感兴趣的领导者不仅更容易接纳自己，而且对了解与他们共事的人也很感兴趣。当你读了她的这篇文章后，你就会明白了解自己和他人的重要性。

作为一个服务型领导者，耶稣的一个显著优点就是他对自己有一个清晰而引人注目的描述。他说，“我是好牧人”[《约翰福音》(*John*) 第 10 章第 11 节和第 14 节]；“我就是门”(《约翰福音》第 10 章第 7 节和第 9 节)。他把自己比作“活水”(《约翰福音》第 4 章第 10 节和第 11 节，第 7 章第 38 节)，并强调“我来不是要受人的服事，乃是要服事人”(《马太福音》第 20 章第 28 节)。这种对自我的觉察帮助其他人以一种直观的方式快速地了解耶稣是什么样的。

大脑处理图像信息的速度是处理文字的 6 万倍。当耶稣说“牧人”“活

水”或“服事”时，熟悉那种文化背景的人的脑海中就有了一个清晰的形象。然而，如果他讲述自己的简历、血统或任职资格，毫无疑问，人们会离他而去。

在我的第一本书出版后，我经常被邀请去为组织的领导者提供指导和咨询。当我对他们说“请告诉我你是谁”时，他们总是脱口而出自己的职位或头衔。当我说“请用一幅画描述你是谁”时，房间里一片寂静。正是由于缺乏视觉化的领导力身份，我创建了路径元素画像（Path Elements Poopile，简称 PEP）。

在《创世记》（*Genesis*）中，上帝在创世故事中使用了 4 种元素，即土、水、风和火。事实上，这些元素在《圣经》中被提及了近 2 000 次。耶稣经常提到这些元素，比如把自己比作“活水”，或者说他必须带来“火”（《路加福音》第 12 章第 49 节）。他甚至称他最吵闹的两个门徒雅各和约翰为“雷子”（《马可福音》第 3 章第 17 节）。

领导力画像可以有多种描述方式，下面用一个快速的方法，即用火、水、风、土 4 种元素来描述领导者的特征：

- 火型气质的领导者追求快速和可见的结果。
- 水型气质的领导者追求和谐、长久的关系。
- 风型气质的领导者追求创新和改变。
- 土型气质的领导者追求稳定和秩序。

水型气质的领导者的愿望是创造一种和谐和尊重他人的文化，以发展人际关系为核心价值观。水型气质的领导者明白成长需要时间，并且愿意潜入“水下”，甚至是不为人知的地方，努力实现这一目标。

火型气质的领导者将冲突视为一种淬炼的过程，想要不惜任何代价获得地盘。火型气质的领导者想要看得见的结果，而且立刻就要。在很多方面，这描述的是自私自利的领导者。伟大的领导者必须同时关注结果和人。

风和火移动得更快，几乎总能给环境带来显著的影响。土和水移动得更慢，而且往往发生在地下。

想象一下，当一个火型气质的领导者降落到水里时会发生什么。火型气质的领导者希望立即取得成果，他们会说“要么听我的，要么离职”这样的话。但水型气质的领导者希望事情能在和谐的氛围中完成。双方之间摩擦不断，压力上升，一方或另一方要做出让步。当然，最好的结果是，他们创造和发展了一种对双方都好的关系。或者想象一个风型气质的创新思想家加入一个土型气质的组织，而土型气质的组织喜欢它一直以来的做事方式，在这种情形之下也很容易产生冲突。水型气质的服务型领导者通常更愿意花时间去倾听、反思、评估和评定。

领导力画像可以有各种描述。火型气质的领导者可能是最能开辟道路的人，如果不加以控制，他们可以摧毁森林。水型气质的领导者总是追求提供服务，而不注重结果，可以把组织变成一个乡村俱乐部。土型气质的领导者是制订详细计划的大师，但也可能因分析瘫痪而受阻。风型气质的领导者可以帮助团队扬帆起航，但是，如果没有适当的控制，他们可能会停滞不前或向多个方向前进，有时他们做事只是为了好玩。请看下面的例子。

古代以色列王国大卫王朝的第二任国王大卫王（King David）是兼具风与火两种气质类型的领导者，他时而想要稳定秩序，时而爆发热情。领导者身上如果有这种元素组合，既可以给组织带来英勇而快速的胜利，也可以带来几近绝望的状态。

相比之下，大卫王的儿子所罗门更像是一个水与土两种气质结合的服务型领导者，与他冲动的战士父亲完全相反。所罗门登王位后的第一个举动是给周围所有地区的领导者送礼物，而不是宣战。所罗门留下的《箴言》（*Proverbs*）以稳定的节奏写出传世的智慧，这与《圣经・诗篇》中的喜怒无常、带给人强烈感受、令人感到振奋的内容形成了鲜明的对比。

火、水、风、土 4 种元素将一一反映在你与团队所做的所有工作中。耶稣把自己比作“活水”，当你跟随他的行动时，你会发现他在很多方面都像水一样。他说他的使命是带来丰富的生命。这就是水的作用。他总是把自己放在最低的位置，作为一个服务型领导者，他告诉门徒，领导者的荣耀是通过弯腰去洗他人的脚获得的，而不是脚踏在他人的尸体上，手中晃动着他们的头颅——这是火型气质的领导者会做的事。

耶稣在圣殿掀翻桌子时确实表现出了心烦意乱，但风和水的共同作用形成了一场强大的风暴。他没有写下过任何东西，这本来是土型气质的领导者的特点。耶稣告诉人们收起自己的剑，祝福那些诅咒自己的人，这绝对不是火型气质的领导者具有的特点或反应。

同样地，作为一个领导者，你所做的和教导他人做的事情揭示出你是谁。如果能带来改变，你就会大胆采取行动，迎接挑战。如果你是一个像尼希米（Nehemiah）一样的土型气质的领导者，你就会以一种深思熟虑、很有分寸的方式做事，安静地做你的工作，如果需要在沟渠中蹲下去发现问题的根源，你也会心甘情愿地去做。如果你是一个风型气质的领导者，像约书亚（Joshua）一样，你会吹响号角，把耶利哥的城墙吹倒。你会说：“这很容易！现在过河！”接着你带领人们过了河，进入那 40 年都未曾被人踏入之地。

作为一名咨询顾问，我曾与一位水型气质的服务型领导者共事，他接手了一个火 / 土型气质的组织。在过去的 15 年里，我看着他把“部门内部单一的升职路径”变成“人才发展的流水线”，他推动决策权下放，并教导员工要帮助彼此。

了解你是哪种类型的领导者对你自己和你周围的人都有好处。你是一个火型气质的领导者，还是更像水型、土型、风型气质的领导者？耶稣作为伟大的领导者榜样，显然能够熟练地灵活应用所有 4 种领导风格，尽管在我看来他主要是水型和风型气质的结合。很有可能，你的领导风格也是其中两种风格的强大组合。而那些和你一起工作的人呢？他们是哪种类型或哪几种类型的组合？如果你了解他们，就可以更好地为他们服务。

请记住，耶稣非常清楚自己的领导风格，并会根据门徒的特殊需要加以调整。虽然他没有试图改变追随者的风格，但他帮助追随者看到了其他几种类型，使得 1+1 > 2。你是否清楚自己的领导风格？它与周围人的需求之间存在什么样的关系？你如何帮助其他人发挥自己的优势，朝着组织的愿景和目标努力前行呢？

本文出自谁手

劳里·贝丝·琼斯　　Laurie Beth Jones

劳里·贝丝·琼斯是一位国际知名的畅销书作家、演说家、励志人生教练。她是一位商业发展教练，也是首席执行官和组织发展顾问。她从心灵的角度撰写了 14 本商业书籍，包括《团队培训的打渔精神》(*Teach Your Team to Fish*)、《路径：为工作和生活创造你的使命宣言》(*The Path: Creating Your Mission Statement for Work and for Life*)。

第18章

运用四象限法，在团队之中建立积极的连接

亨利·克劳德

主编寄语

我是因为读亨利·克劳德（Henry Cloud）的著作而成为他的崇拜者的。后来，我在一次服务型领导力大会上担任主持人，并在那时认识了他，又通过我们在该领域的工作了解了他。正如你将在这篇文章中所看到的，他不仅是一个伟大的人，而且是服务型领导力领域最重要的思想领袖之一。

你在与朋友共进午餐时，为了了解你的近况，他们是否问过你这样一个问题："你在哪里？"

我敢打赌你一定有过这样的经历。这是一个非常有趣的问题，在思考这个问题的时候，你也可以拿这个问题问问其他人。当然，对方知道你现在人在哪里，因为你就坐在他们的正前方。他们真正想问的是你的内心、思想和灵魂在关注着什么？事实上，在内心深处，我们总是处在某个位置。因为我们是为了与他人建立连接而形成的关系型生命体，所以我们所在的地方总是包含一种与他人连接或分离的状态。无论是好是坏，我们都无法回避我们与他人本质上是有关系的，而且我们每一刻都能感受到关系发展的结果。我们

在这些关系中的位置与我们的表现和职能有很大关系，无论我们是蒸蒸日上还是停滞不前，也无论我们是赢还是输。

在领导力方面，这很重要。服务型领导者会花很多时间问自己：我的团队成员，今天他们的内心、思想和灵魂在哪里？他们在我的领导下感受如何？他们在我的团队、部门或组织中感受如何？

服务型领导者之所以提出这些问题，是因为研究表明：团队成员与领导者和同事之间的亲密感会极大地影响他们的职业表现。服务型领导者知道这一点，要么是因为接受过领导力培训，要么是因为有过这样的生活体验，要么两者兼而有之。所以，他们想处理好团队成员之间的关系。

但这给服务型领导者提出了一个新问题：去哪里才能找到团队成员的心呢？在任何特定时刻，他们的内心、思想和灵魂会在哪里呢？这是一个好问题。如果我们想要寻找某人，最好有一张地图，这样我们就知道在哪里可以找到他。在与领导者合作的过程中，我发现他们需要一张地图去找到成员内心所在的位置，发现成员之间的关系，所以决定为此制作一张地图。在任何特定时刻，在这张地图上，团队成员都只处在 4 种可能的位置，我把这张地图叫作“四象限”。

想象一张被分成 4 个象限的正方形地图：3 个象限代表坏的情形，1 个象限代表好的情形。团队成员总是处于其中一个象限，领导者要找到他们的位置，并把他们带到能够让他们成长的那个象限，这是服务型领导者的工作。

象限一：人与人之间没有连接

这是让人感到孤独的象限，团队成员全靠自己。这并不是说他们身边没有人，他们可能有一个上司，或者在一个团队里，被其他同事围绕着。但真正的问题是，他们的内心感到非常孤独。彼此断开连接不是问题的全部，问题在于团队成员彼此之间没有倾听、鼓励、支持。在这种情况下，他们在团队里的参与度下降了，工作动机减弱了，猜疑和恐惧增加了，离职变成了一个更好的选择。在象限一，没有什么好事发生，它是一个人与人之间彼此分离和孤立的地方。决策是自上而下"竖井式"的，团队成员不同甘共苦，也不分享信息，团队协作受到影响，相互竞争增加，彼此合作减少，团队成员很少在工作中感受到意义与价值。更不用说，如果有团队成员在工作中经历挣扎，他几乎得不到任何其他人的帮助，即使他们整天都在一起开会，但他们总觉得自己是一个人。

象限二：人与人之间的连接很糟糕

象限二代表团队成员感到与他人有连接，但这种连接让他们感受很糟糕。他们总是感觉自己做得不够好。"我做什么都不够好"，这句话在他们的脑海里反复出现。他们会感到自卑、有缺陷、被评判、被批评，还有许多其他非常糟糕的感受，这些感受会削弱他们的表现、动力、创造力、思维、判断力以及其他能带来成功的因素。他们可能会努力去争取没有得到过的认可，但一段时间之后，他们就失望了，变得怨恨、冷漠，甚至会变得敌对和分裂，因为他们觉得有人反对他们，于是他们会寻找一个盟友来对抗让他们感受糟糕的敌人。当觉得自己不够好时，没有人能做得很好。他们的内心、思想和灵魂都开始衰退。当他们的自我感受如此糟糕时，他们就不能很好地工作。

象限三：人与人之间的连接良好，但是虚假的

象限三是当人们想要摆脱与他人分离或自我感受糟糕的状态时，会去寻

求得到某种安慰或建立某种联系，他们会寻求某种方法来缓解在前面两个象限感受到的糟糕感觉。他们可能希望与那些拍马屁的人建立联系，因为那些人不会告诉他们残酷的真相，只会赞同他们所说的一切。他们被那些认为自己不会做错事的人吸引，转而回避其他人，建立不健康的联盟。其中一些联盟甚至可能是非法的，他们甚至参与一些破坏性的活动，以使自己感觉更好。他们可能会对酒精、食物或互联网上瘾。有些人热衷于听到关于销售或其他业绩指标的好消息，于是驱使员工创造越来越多的业绩，只为了让自己感觉良好。有些人寻求奖励或地位晋升，因为这等同于被他人视为更聪明、更强大的人。但这种美好的感受是肤浅的，并不能真正令人感到满足，它就像高糖效应一样，总是会慢慢消失的。

象限四：人与人之间有真正的连接

象限四是服务型领导者希望团队成员所在的位置。在这里，团队成员感到与诚实的、支持他们的领导者和同事之间有真诚的连接。在这里，团队成员可以坦诚而脆弱地倾诉他们正在经历的事情，比如他们在想什么、发现了什么或需要什么。在这里，他们可以庆祝自己做得很好，如果他们需要帮助，就可以得到帮助，持续学习，茁壮成长。他们可以坦诚地告诉他人什么对他们有用，什么对他们没用，并且可以自由地保持好奇和脆弱。当他们奋斗时，能得到支持和鼓励；当他们获胜时，会得到点赞和庆祝。当然，他们也会面临挑战，被逼着变得更好，但是在某种程度上，这也是一种激励，而不是控制或削弱。他们有责任感，这不仅让他们感到自己被重视，还让他们想要做得更好。最重要的是，他们觉得自己是在和团队与组织一起赢得胜利，这已经超越了他们自身的利益，是为了实现更大的目标。在象限四，团队成员的内心、思想和灵魂日渐丰盈。他们感觉精力充沛，脑海里充满创意和创新，渴望团队合作，并感到很满足。团队成果因此变得更丰富。有了成员间的彼此支持和成员强烈的责任感，团队还有什么事情做不好呢？

继续寻找，你的员工在哪里？

我依然用这个问题开始：你在哪里？作为一个领导者，希望你可以把这看作每天可以使用的工具之一，凭此来观察你的员工和团队，问问他们正处于哪个象限。如果你能够判断他们当下正处于哪个象限，就可以针对性地帮助他们找到第四个象限。

他们是在象限一，感到孤独，与他人断开了连接吗？如果是这样，你能做些什么来让每个人都连接起来，让他们觉得自己是团队的重要组成部分？把那些游离在外的人凝聚起来，找出是什么造成了这种情况，以及你怎样才能让团队变得更好。

他们是在象限二，自我感觉不好，灰心丧气吗？请找出是什么让他们有这种感觉。是因为他们听到的是批评而不是鼓励吗？建议你用鼓励的态度，而非指责评判的态度来解决问题。你在做什么？你是他们的老板，还是团队的一员？问问自己："我可以做些什么来改变这种让团队成员觉得自己做得不够好的消极的企业文化？"

他们是在象限三，总是在寻求某种让自己感受良好的方法吗？他们是否会被那些阿谀奉承的人吸引，总是寻求表扬或更高的成就？他们是沉迷于成功、地位，还是沉迷于不健康的却自我感受良好的活动来疗愈自我？问问你自己："我该如何通过更真实的方式帮助他们建立积极的自我感受，奉承只能满足他们肤浅的自我感受良好的需求，我该如何让他们摆脱对奉承的依赖？我该怎样才能让他们把自己的脆弱看作成长的机会，而不是要逃避的缺点呢？我该怎样才能为团队创造一种学习的环境，而不是让成员觉得自己必须做到完美？"

他们是在象限四，感受到彼此连接、相互支持、共同进步，并以良好的方式承担责任吗？当他们遇到困难的时候，会积极主动地向你和团队求助吗？处于象限四的团队成员认为他人是支持自己的，而不是反对自己的。他们在感到困惑时，知道自己可以向他人寻求帮助，他们的工作场所是能够满足他们需求的地方。当有问题需要解决时，他们知道自己会被倾听，这些问题也会得到解决。他们在人际关系中感到精力充沛。你可以做什么来确保团队成员处在象限四呢？你怎样才能帮助团队成员或整个组织进入象限四呢？

服务型领导者随时都要知道团队成员在哪个象限，这一点很重要。服务型领导者不希望团队成员彼此孤立，或被消极的评判压垮，或躲在奉承和虚假的愉快谈话后面。他们寻求创造真实的、彼此支持的、高度负责的、富有挑战性的环境，让团队成员感到内心、思想和灵魂每天都在忙碌着。如果你的团队或组织在象限四，每当有人问“你在哪里？”时，他们回答说“我今天在象限四”，那么你就是一位优秀的服务型领导者。

本文出自谁手

亨利 · 克劳德 Henry Cloud

亨利 · 克劳德是心理学家、领导力教练和咨询顾问，著有 20 多本畅销书。他将个人和人际关系发展与商业需求联系起来的能力受到高度评价。克劳德在拜欧拉大学获得了临床心理学博士学位。他的书《他人的力量：如何寻求受益一生的人际关系》(*The Power of The Other*) 深入地解释了“四象限”概念，以及打造象限四的人际关系所需的领导力技能。

SERVANT LEADERSHIP IN ACTION
How You Can Achieve Great Relationships and Results

第三部分

领会服务型领导力的启示

第19章

要领导他人，必须先找到自己的声音

詹姆斯·库泽斯　巴里·波斯纳

主编寄语

我认识巴里·波斯纳时，他正在马萨诸塞大学攻读博士学位，我当时在这所学校担任教授。当他和詹姆斯·库泽斯合作时，我们又重新联系上了，他们是当今领导力领域最活跃的双人组合之一。在这篇文章中，他们反思了领导力的本质，提出了领导力是否可以学习的问题。我们三个人都一致认为，卓有成效的服务型领导力是一项由内而外的工作。我有幸与之共事过的所有服务型领导者都能很好地接纳自己，表达自己，认可自己，用库泽斯和波斯纳的话说，他们“找到了自己的声音”。感谢你们两位的研究证明了这一点。

在我们的文化中，最持久的迷思之一就是把领导力和等级联系起来。另一个迷思是将领导力归因于天赋。但是，领导力并不是只有少数特殊的人才拥有的职位或天赋[1]。它是一组可观察、可学习的技能和习惯行为，适用于组织中任何层级的每个人。

在一次研讨会上，我们正在向一群高级管理人员阐述这个观点，突然有人举起手来。“我质疑这种说法，”一名与会者表示，“我最近一直在思考这个问题。真的任何人都可以习得领导力吗？如果是这样，为什么现在我们似乎还是缺乏卓有成效的领导力？”

领导能力可以后天习得

是什么让“领导力可以学习”不断引发人们的质疑呢？是领导力的概念引发了这个问题吗？请告诉我们，领导力有什么独特之处？关于领导力，还有什么是我们无法学习的？以下是研讨会参与者认为的难以习得的领导力特质：“灵魂”“精神”“它发自内心”“道德”“价值观”。这些回答之中有什么是你无法学习的吗？也许有些东西是不能教的，但是你能学吗？你可能会给出肯定的回答，也可能不会，但是先想一下：灵魂？精神？道德？价值观？你了解自己的灵魂吗？你能判断是非吗？你希望的未来是什么样的？是什么让你充满激情？找到这些问题的答案，不是为了其他任何人，也不是为了社会，而是为了你自己！

我确信你能找到答案，不是在研讨会上或领导力的书中，只要你扪心自问，就会找到自己的初心。正如肯·布兰佳对服务型领导力的评价：“这是一项由内而外的工作。它始于你的内心，决定于你是谁，你有什么样的性格，以及你对‘我是要服务他人，还是被他人服务’这个问题的回答。”

理查德·法森（Richard Farson）是一位心理学家，也是一家公司的首席执行官，他在其著作《荒谬的管理》（*Management of the Absurd*）[2] 中写道：

> 在为人父母和管理方面，重要的不是我们做了什么，而是我们是谁。父母有意做的事情似乎对最重要的结果没有什么影响，比如他们的孩子长大后快乐还是不快乐，成功还是不成功，善良还是邪恶。毫无疑问，父母能够也应该为他们的孩子做一些有价值的事情，但真正

重要的是发现和尊重孩子本来的样子……同样的情况也发生在管理和领导力方面。尽管人们可以学习管理和领导力的知识和技巧，但他们永远是基于自身性格做出反应的。

法森一针见血地指出了要害。所有的管理和领导力书籍中提到的所有的技巧和工具，都不能改变你是谁。事实上，如果是某些只懂形式而不懂实质的领导力专家来回答，答案可能会害人害己。

我们在领导力研究方面的合作已经持续超过 35 年了，我们一再发现，信任是领导力的基石。它被如此频繁地强调，于是我们把它称为领导力的第一定律：如果你不相信提供信息的人，自然就不会相信他提供的信息。人们不会学习你教授的技能，除非他们信任你，所以你传达的信息要和你的言行一致。这是卓有成效的服务型领导力的关键。

在《领导力爵士乐》（*Leadership Jazz*）[3] 一书中，密歇根州家具制造商 Herman Miller 前董事长兼首席执行官马克斯·德·普雷（Max De Pree）讲述了一个关于生命的感人故事，是他早产的孙女刚出生几天时发生的故事。护士建议普雷和他的妻子不仅要和这个小婴儿多说话，还要抚摸她。“因为她需要把你的声音和抚摸连接起来。”普雷说。因而言行合一是“成为领导者的核心”。

领导力的信誉在于声音和接触的连接，在于实践你所宣扬的，在于做你说要做的事。但普雷强调，在声音和接触连接之前有一个首要任务，那就是“找到自己的声音”。

进行真正的自我探索

真正的服务型领导力是由内而外的，而不是由外而内的。由内而外的领导力是发现你是谁，是什么驱使你做你所做的事情，是什么给了你领导他人的信誉。由内而外的领导力就是成为你自己故事的创作者和你自己历史的创造者。由内而外的领导力也是回应你的员工对你的要求的唯一方式。那是什么呢？他们最想了解的其实是真实的你。

如果你想成为一个服务型领导者，找到自己的声音是至关重要的。如果你找不到自己的声音，可能会使用他人的语言进行表达，而这些语言是由一个与你完全不同的人创造的。如果你怀疑选择自己的词汇的重要性，那请感受一下我们在研究过程中遇到的一位银行经理在演讲中的措辞：

- “你必须提防猎头公司开的空头支票。”
- “保留好你的资本。”
- “我们会像特种部队一样行动。”
- “我们要打爆他们的脑袋。”
- “我们不会容忍员工拉帮结派形成小团体。”
- “只有少数人才能够幸存。”

将这些话与 The Body Shop 的创始人安妮塔·罗迪克（Anita Roddick）[4]说的话进行对比：

- “我们带着激情来沟通，带着激情来说服。”
- “我认为，如果以女性化的原则，比如爱、关怀和直觉为指导，那么所有商业实践都将得到极大的改善。”
- “我们需要的是乐观、人道主义、热情、好奇心、爱、幽默、魔力以及那神秘的喜悦感。”
- “我相信，服务才是生活的本质，无论是服务于社区、家人、你爱的人，还是服务于其他什么。”

这些词语是不是更为精准地传达了说话者的信念？这些词语会出现在你的字典里吗？你希望在你的组织中使用它们吗？

每个艺术家都知道，找到自己独特的声音绝对不是一个技巧问题。这是一个时间问题，也是一个灵魂探索的问题。我们曾和一位艺术家朋友参加了画家理查德·迪本科恩（Richard Diebenkorn）的作品回顾展。当我们走到画廊的尽头时，朋友转向我们说："一个艺术家的一生实际上有 3 个阶段。第一个阶段，画外部风景。第二个阶段，画室内风景。第三个阶段，它们结合在一起形成了艺术家独特的风格，在第三个阶段，我们画自己。"这是我们上过的最重要的艺术欣赏课，它同样适用于欣赏服务型领导力艺术。

当你第一次学习领导力时，你是在画你看到的外部世界，也就是外部风景。你读知名领导者的传记，你读有经验的高管和有奉献精神的学者写的书，你听励志演说家的播客，你看 TED 演讲，你参加培训项目，你接受工作任务，这样你就可以和指导你的人一起工作。你做的所有这些都是为了掌握基础知识、工具和技巧。起初，你笨手笨脚，失败多于成功。但你很快就能轻松地发表演讲，优雅地主持会议，坦诚地听取他人的意见，有风度地表扬员工。这是一个关键时期，和一个有抱负的画家一样，一个有抱负的领导者也不能跳过学习基础知识的阶段。

接下来，问题就迸发出来了。在演讲的过程中，你会注意到自己上次的演讲听起来有多么机械，像死记硬背的一样，上次的会议是多么枯燥乏味，甚至上次与异性的邂逅是多么平淡和空虚。你会产生一个可怕的想法：这些话不像是你说的，这些技巧出自模仿，而不是发自你的内心。

这可能是一个真正可怕的时刻。你在学习做正确的事情上已经投入了太多的时间和精力，却突然发现它们不适合你。它们看起来是那么空洞。你凝视着内心深处的黑暗，开始想知道里面藏着什么。你对自己说："我不是其他的某个人，我是独一无二的自己。但我到底是谁？我的真实声音是什么样的呢？"

对于有抱负的领导者来说，这种觉醒会让他们开启一段紧张的内心探索时期，这是一段超越技术、超越训练、超越模仿大师的做法、超越接受他人建议的时期。如果你接受了它，在经历了“独上高楼，望尽天涯路”的痛苦折磨之后，在画布上所有那些抽象的笔触中，就会逐渐浮现出一种真正属于你的自我表达。

发出你真实的声音

作为一个领导者，当你能够从外在和内在旅程中吸取经验和教训时，就会迎来成长的转折点。你会意识到自己不必模仿他人，也不必阅读他人写的剧本。除非那就是你的语言和风格，否则你只是在表演，你在假装另一个人。

这与《关于写作：一只鸟接着一只鸟》(*Bird by Bird*)[5]一书的作者安妮·拉莫特（Anne Lamott）在课堂上对未来的作家说的话非常相似：

> 你经历的真相只能通过自己的声音来表达。如果它被包裹在他人的声音里，就好像你穿着他人的衣服，我们的读者会产生怀疑。你写不出他人的阴暗面，你只能写自己的东西。当你努力从他人的声音或他人的话语中捕捉到你自己经历的真相时，你朝着你的所见所知就又前进了一步。

这对作家来说是正确的，对领导者来说也是正确的。你不能基于他人的经历向前走，你只能走自己的路。要领导他人，你必须先了解自己。毕竟，如果你想畅所欲言，你必须知道自己要说的是什么。如果你想捍卫自己的信念，你必须知道自己所坚持的信念是什么。要做到你说的话，你必须知道自己的立场什么。真正的服务型领导力不是由外而内的，而是由内而外的。

所以，我们必须修正我们对研讨会上的与会者说的话。是的，你可以学习领导力，但不要把领导力和职位混淆，不要把领导力和才能混为一谈，也不要把领导力和工具、技巧归为一类。它们并不能为你赢得员工的尊重和承诺。最终能否赢得他人的尊重，取决于你是不是你自己。

你到底是谁？对于有抱负、有经验的服务型领导者来说，这是一个多么好的问题。

本文出自谁手

詹姆斯・库泽斯 James Kouzes　巴里・波斯纳　Barry Posner

詹姆斯・库泽斯和巴里・波斯纳合著了畅销书《领导力：如何在组织中成就卓越》（*The Leadership Challenge: How to Make Extraordinary Things Happen in Organizations*）和其他十几本关于领导力的书籍。库泽斯是圣克拉拉大学利维商学院领导力执行研究员，波斯纳是该学院的荣誉教授。

第 20 章

服务他人从不拘泥于形式

菲莉丝・亨内茜・亨德里

主编寄语

我第一次见到菲莉丝・亨内茜・亨德里（Phyllis Hennecy Hendry）是在某一年的 12 月，当时她邀请我在佐治亚州奥古斯塔商会的一次聚会上发言。她说我可以免费去那里并在奥古斯塔国家高尔夫球场打球。奥古斯塔国家高尔夫球场是美国高尔夫大师赛的主场。作为一个高尔夫球迷，我欣然同意。我在奥古斯塔遇到的每一个人都说，作为一个领导者，亨德里在 10 分制的评价中可以得到 12 分。阅读她的这篇文章，你就知道她的服务型领导力从何而来。

我常常回想起父亲告诉我他要成为一位牧师的那一天。他在 48 岁以前一直是建筑监理，后来他受邀帮助我们社区的一个大教会在城市的另一端建立一个新的教会。他将成为一位牧师。

当父亲向我宣布这一消息时，我记得自己搂着父亲的脖子告诉他我会帮助他的。我从来没有想过，在帮助他人的过程中，我会学到很多。我当时的任务是在周六上午和父亲一起去社区看望大家，并在周日为大家弹钢琴。

拜访伦恩先生

我永远不会忘记我们在一个周六早上第一次去拜访伦恩（Lunn）先生时的场景。他是个脾气古怪的老人。我记得他的脸上布满了奇特的皱纹，也许这就是他不怎么笑的原因吧。起初，让我这个 8 岁的孩子感到惊讶的是，父亲想每个周六早上都去看望他。我们第一次去的时候，伦恩先生就明确表示，他不会去父亲新建的小教会做礼拜。但是，他确实说过欢迎我们随时去看他，所以父亲相信了他的话。

周六早上，我和父亲一起在当地的一家小餐馆吃过早饭，然后就会从伦恩先生开始，进行我们的拜访。伦恩先生会和我父亲坐在他家前廊的摇椅上，我坐在台阶上。在我们第三次拜访时，伦恩先生问我是否想喝一杯内希葡萄酒。我当然要喝。从那以后，我觉得他不再那么古怪了。

我不记得父亲曾经邀请伦恩先生再去教会。我只记得他们俩谈论过钓鱼、世界新闻和其他很多事情。我们的拜访总是以伦恩先生说“欢迎随时再来”并拍拍我的头结束。

有一次我问父亲：“伦恩先生说他不会来教会，我们为什么还要去看他？”父亲解释说，拜访伦恩先生是我们周六能做的最重要的事情之一。他说：“我们正在给伦恩先生‘洗脚’。”这让我感到很困惑。然后父亲说，耶稣为门徒洗脚，是要告诉他们，服务他人有各种各样的方式。通过拜访伦恩先生，我们是在为他服务，即使他从未去过教会。“而且，我真的很喜欢伦恩先生。”父亲说。

在连续几个月每周六上午拜访伦恩先生之后，父亲从邻居那里听说伦恩先生住院了。我们立即去医院看望他。伦恩先生见到我们很高兴，我看得出有些事情在发生变化。

当伦恩先生从医院回家时，我们给他带了汤和玉米面包。父亲帮忙更换了灯泡，修理了家里的一些小东西。我给他唱歌，他的笑容逐渐多了起来。在我们离开之前，他不再拍我的头，而是拥抱了我和父亲。他说："谢谢你们的到来。"尽管父亲没有提要伦恩先生到教会来的事情，但他确实谈到了伦恩先生有时会问的问题，父亲会耐心地倾听和回答每一个问题。我认为父亲很聪明，因为我觉得这些问题很难回答。

正如我提到的，我当时虽然只有 8 岁，但已在小教会担任钢琴师。我从 5 岁就开始演奏，但我会演奏的曲目很少。不过似乎没有人在意这一点。一个周日的早晨，我们唱完歌后，当我从钢琴旁抬起头时，看到父亲正盯着教堂的后门，眼泪从他的脸上滚落下来。我立刻朝门口望去，简直不敢相信。伦恩先生站在那里，穿着他最好的衣服。

几个月后，伦恩先生病情加重。当我和父亲多次去医院和他的家里看望他时，我们意识到我们的探望对他有多么重要。我们见到了他的家人，他把我们当作好朋友介绍给了他的家人。一天，伦恩先生告诉我，他有一件重要的事想请我帮忙。安静了几分钟后，他问我是否愿意在他的葬礼上唱歌。"当然。"我泪流满面地回答。我知道这是我最后一次为他"洗脚"，就像父亲教我的那样。

服务改变了一切

父亲教会了我关爱他人的简单行为，以及服务他人是如何改变一切的。尽管他在 30 多年前就去世了，但我仍然记得他是服务他人的杰出榜样，他不仅为伦恩先生服务，也为无数其他人服务。

我常常回想起和父亲一起度过的那些时光，回想起他是如何倾听、关爱和教导我的。

本文出自谁手

菲莉丝・亨内茜・亨德里　　Phyllis Hennecy Hendry

菲莉丝・亨内茜・亨德里是杰出的组织领导者，带领组织以指数级的速度扩大，为世界各地成千上万的人提供领导力培训。

第 21 章

“打开橱柜”，直面现象背后的深层问题

尼尔·尼博

主编寄语

尼尔·尼博（Neal Nybo）是一位出色的牧师兼作家。我想在这篇关于“一摊水问题”和隐藏的“橱柜问题”的文章中，你能真正感受到尼博的创造性思维。

我走进厨房，准备在橱柜上放些东西，发现水槽前的地板上有一摊水。水槽是干的，没有人洗过碗呀。我有一种不安的感觉，这摊水既不是我关心的问题，也不是最重要的问题，因为清理它并不能解决问题，如果我把它清理干净，另一摊水又会形成。真正的问题是在厨房的橱柜里。我不急于打开橱柜，怕发现什么。当然，这摊水可能是从水管里滴下来的小水滴聚集成的，也可能是损坏的橱柜内部某处的积水，或者是一个隐藏的霉菌群，可能对接触它的人有害。问题的根源是，漏水的管道在橱柜里面，外面完全看不见。所以，为了发现和解决问题，我不得不打开橱柜。

识别橱柜内部的问题

个人和组织经常面临“一摊水问题”。这类问题是显而易见的，也相对容易理解。解决方案是已知的，但解决起来往往并不容易。例如，我认识一位经理，她经常在每周的团队会议上和上司就时间安排问题产生分歧。她的上司非常重视培训，经常利用会议时间讲授他从正在阅读的领导力图书中获得的见解，会占用很多时间。这位经理提出的这个时间安排问题需要大家一起来解决。这是一个很清楚的问题，有一个容易理解的解决方案，那就是根据团队的需要重新安排时间。

与地上的一摊水问题不同，橱柜内部的问题不容易识别。因为这类问题可能被领导者和员工故意隐藏或忽视所以通常不会得到直接处理，在它们得到直接处理时，橱柜就会被打开，它们就会变成明显可以被观察到的一摊水问题。

例如，针对前面提到的会议时间安排问题，这位经理，也就是这位服务型领导者把上司的担忧当成了自己的担忧，她提出以一种创造性的方式来处理这个问题。她向上司提出，在开会时没有有效地利用起时间，导致他们无法拥有足够的时间解决其他既定的工作问题。她问上司，他们是否可以合作找到一种时间管理的办法，既能满足上司对定期培训的期望，又能让员工有时间来完成自己的工作。这位上司表示认可，他认为时间管理是一个薄弱环节，这是一个橱柜问题。私下里，他感到内疚，因为他无法管理好时间，经常让他的员工处于混乱状态。他希望通过领导力培训来弥补自己在时间管理技能上的不足。

通过重新安排时间来解决会议中的时间管理问题，实际上类似于处理“一摊水问题”，并不能解决隐藏在管理者背后的“橱柜问题”，问题会再次浮出水面，或者导致其他地方产生问题。这位经理建议上司找一个专家来培训团队成员，提升他们的时间管理能力，并且把团队会议作为一个练习时间管理技能的机会。于是，上司向团队成员宣布，他打算让这位经理在会议上实践时间管理方法，并且责任由他承担。这样“一摊水”就被清理干净了，潜藏着的“橱柜问题”也开始得到解决。

根据罗纳德·海菲兹（Ronald Heifetz）和马蒂·林斯基（Marty Linsky）的观点，技术性问题是人们经常面临的并且已经知道解决方案的问题[1]。例如，关于减肥，减掉5磅（约2.27千克）体重是一个技术性挑战，也就是“一摊水问题”，有已知的解决方案。要减肥，就需要少吃多运动。

“橱柜问题”不能通过权威决策来解决。这要求相关人员在问题得到解决之前，将变化内在化。例如，在体重超重的问题上，专家已经做了很多关于压力下的饮食的研究。在持续的压力下，皮质醇激素会在我们体内积聚并增加我们的食欲。如果压力是导致某个人体重增加的一个未知因素，那么围绕“一摊水问题”做出的改变，比如工作时走楼梯而不是乘电梯，并不能解决“橱柜问题”，也就是压力问题。“橱柜问题”的解决方案往往比“一摊水问题”的解决方案更复杂，正如查找和修复泄漏管道比擦拭地板上的一摊水更复杂一样。

应对适应性挑战需要处理信息和提出决策的新方法：在态度、价值观和行为方面进行尝试、创新和改变。处理最重要和最困难的问题是至关重要的，但它们往往被回避了。如果连服务型领导者都不去解决这些问题，不带领他们的组织进行变革，那还有谁会去做呢?

服务型领导者勇于发现和面对挑战

服务型领导者需要帮助员工识别问题，让他们准备好接受必要的改变。跨国公司的地区高管们经常就这类情况表示悔恨；一开始相对良性的挑战往往会演变成大规模的冲突，因为在挑战出现的早期阶段，没有人去解决问题。在我于 2011 年 7 月 11 日接收的一封私人电子邮件中，一位高管写道：“通常，我们直到发生重大或公共冲突后，才会接到当地分支机构遇到困难的通知。我们不是把精力放在预防和解决问题上面，而是放在事情发生之后如何减少损害、恢复和愈合上面。”

每个服务型领导者都知道被冲突破坏的组织、家庭或友谊是怎样的，或者他们曾有过这样的亲身经历。我曾为那些因缺乏个人知识、能力，以及缺少解决“橱柜问题”的组织文化而受到打击的人提供咨询服务。我已经认识到，随着时间的推移，只要我们共同努力，我们寻求的生活转变是完全有可能实现的，尽管有时要因面临冲突而感到不适。发现和迎接挑战是人类推动深刻变革的重要工具。作为服务型领导者，我们有机会将这些认知带给我们最关爱的人。

本文出自谁手

尼尔·尼博　　Neal Nybo

尼尔·尼博是《奋勇向前》(*Move Forward*)、《严守秘密》(*Shut Tight*)、《发现组织的下一步》(*Discovering Your Organization's Next Step*)的作者。

第22章

士兵不在军队里，士兵就是军队

杰弗里·福利

主编寄语

我父亲在西点军校脚下的高地瀑布长大。他高中毕业后，决定去安纳波利斯的海军学院，最后，他以海军少将的身份退休。尽管我是一个海军家庭出身的孩子，但因为小时候去过西点军校的经历，我对西点军校的毕业生有着很高的敬意。杰弗里·福利准将（Brigadier Jeffrey Foley）是我心目中的英雄。正如你将从他的这篇文章中学到的，他是一名士兵时也有很多智慧。

用美国陆军前参谋长克莱顿·艾布拉姆斯（Creighton Abrams）将军的话说："士兵不在军队里，士兵就是军队。"自愿为伟大的事业牺牲自己的军人生涯，也许是服务型领导力最深刻的体现。士兵参军的原因可能有多种，但士兵们选择留下来的一个主要原因是，他们共同经历了很多考验，成了兄弟姐妹，这个特殊的职业被称为军职。

许多没有从事过军职的人普遍有一种误解，认为军队是在严格的等级环境中运作的。他们认为，最高级别的领导者每天做出的决定主导和控制着军队内部的运转。这有一定的道理，尤其是在危机时期，领导者需要快速做出决定。这是关乎生死存亡的领导力问题。然而，在绝大多数没有危险的时候，这些想法就偏离现实了。在军队里，真正的领导者不是军官，而是士兵。

在一封私人电子邮件中，美军前指挥官斯坦利·麦克里斯特尔（Stanley McChrystal）上将与我分享了他对服务型领导力的深刻见解：

> 服务型领导力是一个术语，我认为它描述的是，领导者的行为和动机反映了他们对事业、组织或团队成员的无私奉献。它的关键在于目的，而不是具体的行为。这是一个重要的区别，因为领导者的技能或效率并不是实现他们潜在动机的工具，即使领导者完全以自我为中心，甚至目的邪恶，他们也可以卓有成效。服务型领导力是人决定将自己的时间和资源奉献给他人的一种方式，这让每个人拥有更广泛的责任感。我见过谦逊的士兵所表现出来的领导力，他们的个人表现根本不像我们对领导者的刻板印象。服务型领导力带来了一种潜在的尊严和使命感，能够激励他人。

以下是我在 32 年的从军生涯中积累的关于服务型领导力的宝贵经验。

第一课：用誓言、价值观和信条来领导他人

美国新兵在应征入伍时要宣誓支持和捍卫宪法，怀着信念和忠诚抵御敌人。20 世纪 90 年代中期，美国军队践行并强化了 7 个核心价值观：忠诚、责任、尊重、无私服务、荣誉、正直和个人勇气。这些价值观定义了军队对军人行为的期望，军人在整个职业生涯中都会在这些方面得到良好的训练。士兵信条强化了对这些价值观的承诺。以下是关于服务型领导力的另一个明显例子。

> 我是一名战士，也是团队的一员。我践行军队的价值观，永远把使命放在首位，永不接受失败，永不放弃，永不丢下一个倒下的战友。我遵守纪律，身心坚强，训练有素，精通战斗任务和训练业务。我会一直保养好我的武器、设备和我自己。我是业务专家，也是职业军人。我随时准备在近距离战斗中行动、交战和消灭敌人。我是自由的捍卫者。

1974 年，受国会提名，我进入西点军校学习。在西点军校，我从三个方面感受到了服务型领导力的重要性。第一个是我们的座右铭：责任、荣誉、国家。我们在培训的第一天就知道，这与我们自身无关，它关乎更伟大的事情，即我们的国家和战友。第二个是我们的荣誉准则：我不会说谎、欺骗、偷窃，也不会容忍那些做了这些事的人。第三个是需要记住约翰·斯科菲尔德（John Schofield）少将对纪律的定义。斯科菲尔德少将毕业于西点军校，于 1879 年 8 月 11 日向军校学员发表演说时说道："使一个国家的士兵在战斗中有可靠的纪律，不是依靠严酷的或暴虐的对待。相反，这种对待更有可能摧毁而不是建立起一支军队。"将这一点牢记于心，能让我们铭记那些有害的领导力带来的危险。

誓言、价值观和信条不仅仅是一些文字，它们把为同胞和国家服务的承诺根植于士兵的内心，这是比我们自身更伟大的事业，为军队的文化奠定了基础。

第二课：闭上眼睛用耳朵倾听

在任何组织中，最深刻的领导力技能之一就是倾听。我的导师佩里·史密斯（Perry Smith）少将是美国空军退役军人，他称其为"闭上眼睛用耳朵倾听"。

军士是军队中征募部队的领导者，需要训练新兵。“Sergeant”（军士）一词起源于拉丁语“Serviens”（服务），即服务的人。所以，军队的核心是军士的服务。

1978 年，我来到北卡罗来纳州的布拉格堡，执行我离开西点军校后的首次任务。布拉格堡是空军基地。我到达布拉格堡的那天，见到了这支部队的军士塔德·加维达（Tad Gaweda）少校，他是一名坚强、久经沙场的老兵，也是一位了不起的领导者。他对我说：“每个士兵都有一个军士，永远不要忘记这一点。”我从我的军士那里得到的建议和学到的敏锐的洞察力，给我的职业生涯带来了巨大的回报，今天依然如此。

当然，不只有军士需要倾听。如果你不带着理解的目的去倾听，你就不能帮助任何人。积极倾听需要不懈的练习。当我能够抛开自我的时候，我从闭上眼睛用耳朵倾听中学到了很多。

第三课：坚持不懈地培养领导者

军队不需要终身服役的士兵。士兵们要么得到职务提升，要么离开。只有那些显示出领导潜力的人将获得继续服役的机会。军队在军士的培训和领导力发展这两方面进行巨大的投资。军士是军队的支柱，因为他们在领导、训练、照顾和激励士兵方面发挥了巨大的作用。

军官的培养同样重要。军队以三种方式培养士兵。第一，为专业士兵的定期正规培训和教育投入数百万美元。第二，每支部队都要有一个领导者培养项目来培养领导者。第三，所有的军士和指挥官都通过在职培训和辅导来帮助下属领导者成长。在企业界，这些行动被称为“继任计划”。在军队里，继任计划是每个人每天的工作。

服务型领导者激励人们成长，同时发现他人的独特的技能和天赋。服务型领导者把团队成员安置在能够使其成长的位置上，并尽他们所能帮助或促进团队成员成长。

第四课：明确传达你的目的和意图

我最近与麦睿博（Robert McDonald）讨论了服务型领导力和军队的问题。麦睿博1975年毕业于西点军校，曾任宝洁公司董事长兼首席执行官，如今担任美国退伍军人事务部部长。他和我分享了他的人生目的：改善生活。服务型领导者利用这个使命来激励和激发他们的团队。麦睿博每天都在为改善宝洁公司和退伍军人事务部的其他人的生活而努力。这一课是他在童子军中成长为一名年轻人时所学到的，当他在陆军服役时，这一课得到了加强。

领导者需要了解老板的目的和意图。这样，他们可以更好地利用自己的知识、技能和能力，做出正确的决定。

服务型领导者要具有远见卓识，这意味着要准确地传达对未来或最终状态的预期。在陆军的标准任务命令流程中，指挥官在一个特定的地方传达他的意图。指挥官会描述行动成功的决定要素，并将行动的目的与行动的预期联系起来。如果做得好，这个意图将促进大家对行动目标的共同理解。

我做指挥官时也写过这样有价值的指挥意图陈述。一旦对它有了明确的理解，上级指挥官就会成为服务型领导者，他会尽一切可能帮助下级指挥官取得行动成功。这种解释有点过于简单，但它说明了服务型领导力的实际作用。同样的流程也适用于对军队其他层级士兵的管理，包括军士对小团队的管理。

第五课：建立信任关系

谈到卓有成效的领导力，建立信任关系胜过一切。当领导者和追随者之间建立起相互信任的关系时，真正的领导力才会出现。真正的信任出现在士兵们一起训练、流汗、流血和牺牲，为最终的战斗测试做准备的时候。他们彼此坦诚、互相依靠。各层级士兵在同甘共苦的生活中培养出相互关爱和支持的关系。这种独特的团队精神是将伟大团队和优秀团队区别开来的特殊标准。

当某一部队内部缺乏信任时，后果是严重的，甚至可能是灾难性的：决策受到质疑，承诺消失，纪律受到削弱，部队变得无效率。造成不信任的环境并不需要花很多的时间。当士兵知道领导者支持他们时，他们会信任领导者，愿意为领导者设定的目标而努力。当士兵遭遇不幸时，领导者对士兵表现出同理心和关爱是最重要的。在这样的情形发生时，我会立刻到他们身边提供帮助，还会去他们的家。我不需要担心该说什么，士兵的家人只需要知道我在乎他们就够了。我去过很多士兵的家，拥抱过很多需要帮助的军人和他们的家属。

在我服役过的部队里，我感受到周围人的爱和支持。我知道如果我需要他们的帮助，他们就会来帮助我，就像我会伸出援手帮助他们一样。我认识的最好的领导者都把建立信任关系作为他们的首要任务。

将经验教训付诸行动

这是我学到的关于服务型领导力如何为军队的胜利做出贡献的 5 堂课。那些服务者完全出于自愿，他们这样做是为了支持自己的国家。当人们对他们表达感激之情时，士兵们知道人们爱他们。

为什么这么多军人选择继续服役？我认为，各级官兵所营造的服务型领导力环境是一个重要因素。当你为保卫国家而受苦和牺牲时，你会更加热爱这个国家。

本文出自谁手

杰弗里·福利 Jeffrey Foley

杰弗里·福利是 Loral Mountain Solutions 公司的总裁，也是演说家和领导力顾问，他为高管提供培训，帮助高管建立卓有成效的组织。他是《领导者的规则与工具》（*Rules and Tools for Leaders*）一书的合著者，这本书目前已出版至第四版。福利毕业于西点军校，在美国陆军服役 32 年，被授予准将军衔。在他的军事生涯中，他在世界各地担任领导者职务，总是专注于完成任务和照顾团队成员。

第23章

服务不是方法论或策略，而是领导力的本质

欧文·拉斐尔·麦克马纳斯

主编寄语

欧文·拉斐尔·麦克马纳斯（Erwin Raphael McManus）和我是在直播节目中共同担任主持人时认识的。我敬佩麦克马纳斯，因为他是我在服务型领导力领域的战友。他觉得，如果有着不同背景、来自不同行业的人能聚集在一个充满爱的社区中，他们就能创造出一幅美丽的、多元的组合图景。他的这篇文章讲述了服务型领导者的奋斗过程。

那是一个下着雨的周日早晨，我难得穿着西装。老实说，说下雨天太轻描淡写了，那是一场倾盆大雨，街道很快变成了河流。我刚刚在达拉斯市中心的一个小教堂结束演讲，看来上车不被淋湿是不可能的。我看到人们在停车场里跑来跑去，用他们能找到的任何东西来遮盖精心打理过的头发和好衣服。我站在一个隐蔽的角落里，不想让自己被雨淋湿。有些人乘公共汽车来教堂，被暴风雨困住了。

我亲爱的妻子把我从角落里拉了出来，告诉我有人让我们开车帮忙送一群高中生回家。我对这项工作安排感到不悦。我觉得我已经完成了自己的职

责：带来精彩的演讲。过了一会儿，我们开着一辆黄色的福特轿车在暴雨中穿行，车上挤满了学生。我的妻子突然大叫："你看见那个人了吗？"我说："什么人？我甚至看不见路！"雨刷器努力地刷着挡风玻璃。我们在大雨中前进时，感觉汽车更像是一艘船，在前进过程中掀起了波浪。我的妻子坚持要我停下车去帮助那个被暴风雨困住的人。但我真的没看见他。我也不想看到他。"我们得先把这些孩子送回家，"我说，"如果回来的时候那人还在，我们就帮助他。"我只花了几分钟就把这群学生送回家了。我费力地把车开到那个人所在的街上。我看了看，一个人也没有看见。

"他在那儿，你刚刚从他身边经过！"我的妻子喊道，好像我是故意错过他似的。在暴风雨中开车掉头不是一件容易的事。我试着说服妻子我们应该回家了。她不同意。于是，我掉过车头，然后我看到那个人就在不远处：一个无家可归的人正试图把散落在地上的东西重新装进购物车，因为他的东西漂浮在被雨水淹没的街道上。我的妻子说："我们要帮助他。"当时我的妻子已经怀孕 8 个月了，那是我们的第一个孩子。我知道当她说"我们"的时候，她不是指她自己和孩子，而是指我。我不得不接受一项麻烦的任务，我感到很沮丧。我脱下西装外套，跳下车去帮助那个人。大雨倾盆而下，雨水齐膝深，我把他那辆损坏的购物车重新组装起来，然后帮他收拾他的物品。在我看来，这些东西只不过是些垃圾，现在都湿透了，毫无价值。但我永远不会忘记接下来的一幕：我们刚刚装完，雨就突然停了，太阳出来了，天空美丽而清澈。这件事巧合得让我觉得很讽刺。在我和那个人交谈过之后，他向我说明不需要我提供其他的帮助，我慢慢地走回车里，浑身湿透了。我上了车，关上车门，车子慢慢启动。

我甚至没有试着和我可爱的妻子进行眼神交流。我只想回家，不想交谈。但在沉默中，我很难忽视身边发生的事情。我的妻子在哭。现在虽然外面天晴了，但车里却下着雨。我深吸了一口气，心想，好吧，可现在她哭了。我做错了什么？"你为什么哭？"我平静地问，但我其实并不是真的想听答案。我的妻子过了一会儿才缓过气来，说出了那句话，那句我永远不会忘记的话。“这是你讲过的最伟大的布道。”这句话改变了我的生活。

坦率地说，过去我一直希望我能向成千上万的观众，而不是向某一个人传递重要的信息。但现在我知道了，信息要传递给我们所服务的每一个人。在服务他人时，我们传递的信息就是我们的生活。我们必须那样生活，让我们的信息拥有生命。对我而言，这就是服务型领导者的全部意义所在。

服务型领导力是一种奇特的甚至让人意想不到的词语组合。乍一看，服务和领导力似乎是相互排斥的。你只能选择一个，不能同时拥有两个，至少看起来是这样。这也意味着我们可以选择许多种不同的领导方式。毕竟，在辉煌的历史上，有很多我们不应该追随的领导者的例子。事实是，虽然每个人都能服务他人，但并不是每个人都有同等的领导力。我知道在我们的平等主义文化中，我们想假装每个人都是一样的，但现实是每个人都不一样。我们都有影响力，但影响力的范围因人而异。

有些人奋斗，是因为对自己的生活构想了一个愿景；而有些人奋斗，是因为他们对这个世界有一个愿景。你可以最大限度地发挥自己被赋予的影响力，但领导力是一种天赋、智慧、技能和其他无形资产的结合。所有这一切，都是由你所做的选择和你的愿景共同铸就的，它们融合在一起，使你成为领导者。问题的根本在于：你越有领导力天赋，就越容易放弃为他人服务的召唤。

领导力是天赋的产物，而为他人服务关乎一个人的品格。这种结合就是我们所说的珍贵的服务型领导力。虽然领导力可以通过后天培养和磨炼养成，但它同样是由你与生俱来的“天赋”打造而成的。你的品格是另一方面，品格是从你的选择中体现出来的，决定了你服务的深度。品格是完全独立于天赋的。虽然你的天赋可能有上限，但你的品格没有。你可以尽你所能地服务他人，而这正是关键点，服务是一个关乎内心的问题。

领导力关乎推动他人朝着共同的方向去完成共同的任务的能力。领导力不受我们为什么或在哪里领导他人的限制。而服务型领导力关乎动机。服务型领导力不是一种领导方法论或策略，而是领导力的意图和本质。这就是为什么在学习如何领导之前要知道如何服务是如此重要。

服务和领导力的结合将会改变你。如果你在成为服务者之前先成为领导者，你就会利用你的天赋去推动人们实现你设定的目标，而不管他们是否幸福。你会把人看作车轮上的齿轮，在你认为必要的时候转动和使用。如果你在成为领导者之前先成为一名服务者，你就会把自己的天赋看作一份礼物，用来造福他人。你就会把自己看作为更高的要求、更崇高的使命、比自己的利益更伟大的目标而服务的人。服务型领导者的权力不是来自他们的地位，而是来自他们的奉献。人们追随他们，不是因为他们令人畏惧，而是因为他们受人敬佩。他们受人尊敬不是由于他们的头衔、等级或地位，而是由于他们的信仰、奉献和奋斗。他们赢得了领导的权力，因为他们树立了服务的标准。他们选择服务，被选为领导者。

领导就是服务。只有那些服务大家的人才会被委以重任。服务不是方法论或战略，而是领导力的本质。服务型领导者明白，他们的使命不是要掌控他人，而是要赋能于他人。

领导力是一种特权，只有那些双手长满老茧、以服务他人为美德的人才能享有这种特权。领导者服务的人越多，领导力就会越强。你若要成就伟大，那就为所有人服务。在雨中，在没有人注视的情况下，我们选择为谁服务决定了我们是谁，这些都是我们必须回报给世界的。当太阳照耀时，伟大的领导者是那些在风雨中庇护他人的服务者。就在我不想被雨淋湿的那一天，我浑身湿透了。当时我并不知道，那一天是我接受过的最深刻的洗礼。这是领导力的洗礼。领导力的洗礼是服务他人。

本文出自谁手

欧文·拉斐尔·麦克马纳斯　Erwin Raphael McManus

欧文·拉斐尔·麦克马纳斯是一个敢于打破传统的人，他以创造力和灵性的融合而闻名。他是位于洛杉矶的一家教堂的首席牧师和创始人。他著有《最后一支箭》（*The Last Arrow*）、《野蛮人之路》（*The Barbarian Way*）、《工匠之魂》（*The Artisan Soul*）和其他几本关于灵性和创造力的书。

第24章

伟大的领导力藏于每一件小事之中

乔恩·戈登

主编寄语

当我和乔恩·戈登（Jon Gordon）第一次见面时，我发现他是康奈尔大家庭的一员。然后我听了他的演讲，很快觉察到我们不仅仅是康奈尔大学的校友，还是志同道合的人。我想你读了他这篇精彩的文章后也会有同样的感受。戈登和我都想不出还有什么比做父母更重要的领导力角色了，他将在这篇文章中说明这一点。如果你有慈爱的父母，他们为你树立了服务型领导力的榜样，这是多么大的福气啊！

当我想到服务型领导力时，脑海中浮现出的画面是我的母亲给我做三明治的场景。无论你的职位是什么，你的角色都是服务者。这正是我母亲的哲学。虽然她是我的母亲，我很敬佩她，但她总是为我服务。她没有一点儿自私的想法。10 年前，我和母亲在南佛罗里达她家附近散步时，我注意到她累了。母亲和我总是一起散步，她以前散步时从来不会感到累，所以，我知道出了问题。“我们回家去休息吧。”我说。她说：“不，我想步行去商店，这样我就能买些食物，给你做个三明治，你开车回家时在路上吃。”因为我正要开车回位于蓬特韦德拉海滩的家，她认为在 5 个小时的车程中不吃东西，我可能会挨饿。“好吧。”我说，我知道她已经打定主意了。在一个意大利犹太家庭长大，你唯一不要做的事就是和母亲争论食物。对她来说，食物和爱是一回事。

我们去了超市，在往回走的时候，我看得出母亲越来越累了。当我们回到母亲的公寓时，她已经筋疲力尽了。然而，母亲做的第一件事就是走进厨房给我做了一个三明治。在开车回家的路上，我吃了母亲做的三明治，但当时并没有想太多。10 年后的今天，我经常想起那个三明治，因为那是母亲生前为我做的最后一份食物。我的母亲当时在和癌症做斗争，所以，她才会那么累。但她没有告诉我情况有多糟，也没有提到她生存的可能性有多大。她在为她的生命而战，然而，在那天，她认为自己的首要任务是给我做一个三明治。

回首往事，我意识到她不仅仅是在给我做一个三明治，她是在向我展示什么是无私的爱，什么是服务型领导力。在母亲的葬礼上，她的许多客户和同事走到我面前，和我分享了无数关于她的故事，讲述了我的母亲对他们无私的爱。事实证明，她为自己的工作团队和客户提供的服务，就像她为家人提供的服务一样。

我们经常认为，伟大的领导力是关于伟大的愿景、伟大的目标、伟大的行动和巨大的成功的。但我从母亲那里学到，真正的领导力是用无私的爱做小事来服务他人。

做三明治似乎不是令人兴奋的伟大行为，但正是这样的行为能促使和帮助其他人去做伟大的事情，改变世界。当我想到母亲时，我就会反思自己还能为他人做些什么。当我不外出演讲时，我致力于帮助我十几岁的孩子们把功课做到最好。我帮助我的妻子做家务，甚至还学会了洗衣服。

我公司的使命是激励和赋能尽可能多的人，但“一次只服务一个人”，这意味着我们永远不会太忙，我们有能力帮助真正有需要的人。这就是为什么我会亲自回复那些读完我的书后给我发邮件寻求建议的人。我想，如果我的母亲能在与癌症抗争的时候给我做一个三明治，我就也一定能抽出时间去帮助那些需要鼓励的人。

如果我们愿意以小的方式服务他人，我们就将以大的方式改变世界。

本文出自谁手

乔恩·戈登 Jon Gordon

乔恩·戈登写过很多书，包括《能量巴士：让你的生活、工作与团队充满正能量的 10 条法则》(*The Energy Bus*)、《不抱怨的力量》(*The No Complaining Rule*)、《再加 10%：从平凡到卓越》(*Training Camp*)、《木匠》(*The Carpenter*)，以及最近出版的《积极领导力的力量》(*The Power of Positive Leadership*)。他毕业于康奈尔大学，并在埃默里大学获得教育学硕士学位。他是 Jon Gordon 公司的创始人，他充满热情地培养积极的领导者、组织和团队。

第 25 章

与卓有成效的追随者并肩前行

玛吉·布兰佳

主编寄语

玛吉·布兰佳（Margie Blanchard）和我结婚已经超过 55 年了。她是我的良师益友，是我的初恋情人，也是一位令人敬佩的服务型领导者。我们一起创办了公司，我很明智地提出她应该担任总裁。大约 20 年前，她卸任总裁职位，创建并领导了一个名为“未来办公室”（Office of the Future）的智库，目的是确保我们时时更新对新出现的技术或创新的认知。本书是一本关于领导力的书，我想你会发现她这篇关于追随者的文章很独特，在今天的职场中也非常适用。

你有没有想过“领导者”和“领导力”这两个词的区别？领导者只是一个人，而领导力意味着既是领导者，也是追随者。在我们的世界里，我们把很多注意力聚焦在领导者身上，这是我们长大后想要成为的人。但是，追随者经常是承担了大部分工作的人。事实上，我们花在工作上的时间比花在领导他人上面的时间要多得多，花在工作上的时间估计占 90%。如果是这样，追随者可能比领导者更重要，尤其如果追随者也是服务型领导者的话。

“追随者也能成为服务型领导者？”你可能会有这样的疑问。“是的。”我会坚持这样回答。在这方面，我和肯·布兰佳教授了一门服务型领导力课程，这是我们与圣迭戈大学商学院院长共同创办的高管领导力科学硕士项目（Master's of Science in Executive Leadership，简称 MSEL）的一部分。

在周末上课前，我们要求学生阅读由拉里·斯皮尔斯撰写的关于服务精神、管理和服务型领导力的论文集《领导力洞察》[1]。斯皮尔斯是本书第 2 篇文章的作者。在开始上课的时候，我们把学生分成几个小组，让他们互相分享自己从阅读中学到了什么，这对他们来说意味着什么。我们让他们专注于阅读我们预先布置的 5 篇论文。年复一年，最吸引学生注意力的文章是罗伯特·凯利（Robert Kelley）的《领导力世界中的追随力》（*Followership in a Leadership World*）。为什么？因为人们通常不认为追随者可以成为卓有成效的服务型领导者。凯利认为，追随者往往被忽视，因为大多数认可和奖励都属于领导者。

凯利帮助我进行思考，作为一个领导者，我一直感激我的追随者做了如下两件事。第一件事，他们挑战了我的想法和执行风格，帮助我清楚地知道我真正想要什么，以及如何最好地执行我的想法。第二件事，当我有了一个好想法时，他们会帮助我去执行，去解决问题，解决我的想法或倡议可能带来的一些挑战。第一件事体现了追随者的向上服务，第二件事是追随者在发挥直接下属的作用。

向上服务

我们被问到的最多的问题之一是：“当你相信服务型领导力，并希望与员工一起执行这种领导力方式，但最高管理者倡导一种命令与控制式的领导力，即由各层级领导者主导全局的哲学时，你会怎么做？”

我们的回答是："你可以服从、抱怨、接受、离职，或者成为一个卓有成效的追随者。"

人们面对命令与控制型领导者最常用的做法是服从，这适应有缺陷的高层管理哲学；或者抱怨，花更多的时间向任何愿意倾听的人抱怨，而不是花时间在工作上；也有些人会掸掉个人简历上的灰尘，开始找工作。很少有人会以直接与最高管理者对峙的方式来表达自己对命令与控制型领导方式的不认可，这种做法通常也不是很有效。为什么？因为员工在联系最高管理者之前首先要面对一个问题，那就是他们与最高管理者没有什么直接工作往来，而只有事先产生交集、建立连接，才能真正影响他人。

当你试图影响上级时，重要的是要记住你没有职位上的权力，因而只能借助个人魅力。当你向一个与你没有真正交往关系的人反馈信息时，无论你表现得有多温和，你都很难建立彼此之间的信任关系。

我永远不会忘记几年前，当肯·布兰佳在一家商学院教授一门临时课程时，来了一位新任的院长。院长写了很多关于参与式管理的文章，参与式管理是服务型领导力的早期形式。然而，他并没有实践。他经常在没有任何教职员工参与的情况下，做出各种自上而下的决策。教师中的一些代表决定就院长言行不一的行为与他当面对质，然而在与他当面对质之前，他们之中没有一个人真正与这位院长有过交往。实际上，院长依次把他们都赶出了办公室。

肯·布兰佳认同院长的想法，但他担心院长的决策风格会给商学院带来不好的影响。他知道，在给院长任何反馈之前，他必须先与院长建立起人际关系。肯·布兰佳和我相信，和某人建立关系就像把钱存在银行里一样。不管你做得有多好，给他人反馈都意味着从你和那个人的银行账户中取走一些东西。用银行账户类比，你最好在从账户中取款之前先存钱，否则，你就需要"面具和枪"，也就是职位权力！肯·布兰佳知道，他既然在院长那里没有任何职位权力，那最好先建立自己的人际银行账户，然后再与院长讨论他的决策风格所带来的负面影响。

有一天，当肯·布兰佳在办公室走廊上看到院长时，他特意走过去对院长说，他很敬佩院长的写作技巧。他说："我正在写一篇论文，我希望论文能在主流期刊上发表。您有时间见我吗？我想和您分享我最新写作的文章草稿，并希望得到您的反馈。"院长马上回答说："我很高兴和你交流这方面的经验。"当他们见面时，院长提供了关于写作的各种有用的反馈意见。在后来的一次会议上，院长漫不经心地说："肯·布兰佳，你认为我们应该如何处理这个学院的一些混蛋？"他对肯·布兰佳说的关键词是"我们"。基于他们的个人关系，肯·布兰佳知道他现在已经在他和院长之间的人际银行账户里存了一些"钱"，因此，他可以自由地与院长讨论决策风格的改变可能会有什么帮助。他知道院长会愿意倾听，而不会产生抵触情绪。回想起来，这是一个卓有成效的服务型领导者作为追随者做的事情：把组织的利益放在任何自我需要之前。

发挥直接下属的作用

现在我们来看看一个卓有成效的追随者在帮助上司实施其好的想法时所扮演的角色。为了达成某项目标，领导者和追随者需要通力合作。我的哥哥汤姆·麦基（Tom McKee）是我们公司的董事长兼首席执行官，他曾经告诉我，他评估员工的标准是看他们在帮助自己前进的过程中所做的事情的数量，甚至是看他们帮助他摆脱困境的次数。有时候，我认为这可以归结为一个领导者提出了一个愿景、目标或倡议，他的追随者是如何理解这些并帮助他实现的。

我曾担任我们公司的总裁，记得有一次，我认为我们的领导者和经理们需要一对一地与他们的直接下属会面，每两周至少见 30 分钟。虽然经理们负责安排会面，但这些会面的不同之处在于，直接下属将设定讨论的话题，可以讨论他们心中的任何想法。这些话题可能包括因为生病的孩子待在家里，所以他们希望待在办公室的时间更短一点，或者是他们正在努力实现的一个特定目标，需要一些支持和指导。这个想法是我从一个非常成功的拥有 3 家快餐店的老板那里听到的，他的员工离职率在连锁店中是最低的。他认为，一对一的会面是取得这些成果的主要原因。你可以想想这个问题，当一个年轻人有一个真正关心他的工作幸福感的前辈时，他为什么要无理取闹去要求微薄的加薪呢？

这就是我对我们公司的新倡议。我需要找到一些人，他们相信这一倡议能够在我们的公司中生根发芽，并将在许多方面产生积极的影响。于是我先找到了一个服务型追随者，我们集思广益地策划，并召集了更多的追随者来尝试实践这种新的做法。和任何改变一样，这既不容易，效果来得也不迅速。尽管早期取得了成功，但经理们找的借口比安排会面的次数还多。然而，我继续努力，制定出各种各样的激励措施，看着越来越多的经理们跟上我们的步伐，转变观念，直到一对一的会面最终融入我们的组织文化。

如果没有追随者的参与和所起的作用，以上这一切都不会发生。追随者必须尝试做一些新的事情。我们需要服务型领导者和服务型追随者共同参与来实施变革。

毫无疑问，领导者的想法应该是好的，值得他们和追随者投入时间和精力去创造新的东西。追随者需要看到领导者的想法能够给组织和员工带来更大的好处。在一对一会面的例子中，我们的目标是让经理与其直接下属之间减少隔阂，创造更多的联系。

我经常听到，这个世界非常需要伟大的领导者。我同意这一点，但我也相信，我们需要凯利所说的楷模型追随者[2]。这些独立的批判型思考者积极地参与到为组织服务的过程中，并尽可能地使组织变得更好，变成一个能够维系良好关系和取得良好结果的组织。楷模型追随者的任务是更深入地倾听领导者的新想法，并对受到影响的可能性持开放态度。楷模型追随者寻求如何使想法实现最高价值，并帮助他们的领导者完善想法。他们的眼界超越了变革带来的暂时性的尴尬、不便和不适，他们愿意看到已经存在的资源和条件，就像其他富有激情的人愿意尝试新事物一样。他们需要抵制一成不变的舒适区的诱惑。当我们听到他人说“诸如 80% 的变革是失败的”时，我们需要认识到，领导者和追随者都有责任不让这种情况继续发生。

追随者完成工作任务

我们的儿子斯科特·布兰佳（Scott Blanchard）和他的同事德瑞·齐格米（Drea Zigarmt）、薇姬·埃萨瑞（Vicky Essary）为肯·布兰佳公司做了一项关于领导力利润链的研究[3]。他们发现，一个愿景或变革计划，大约 85% 是由追随者完成的。追随者创造并改进产品和服务。他们推销、出售这些产品和服务。他们在解决问题中起着关键作用。如今，求职者开始关注为追随者提供成长机会的组织，这些组织关注并促进员工的职业发展。求职者被这种组织文化所吸引，这种组织文化给追随者带来挑战，帮助他们将日常工作与更高的目标，即组织的使命、愿景和价值观联系起来。

我在担任公司的总裁时，常常评估我在一天或一个月中，有没有将 50% 的时间花在关注未来机遇上，还是将大部分时间都耗费在处理日常的具体问题和其他人应该处理的问题上了。对于领导者和管理者来说，正如我们所强调的，在大多数情况下，工作是由服务型追随者完成的。大多数的工作，即使是总裁做的工作，都包含着追随力。事实上，晋升到高层管理者的真正关键可能是拥有卓有成效的追随力。

当我谈论卓有成效的服务型追随者时，我指的不是那些顺从的，按照安排好的计划执行，毫无疑问地接受命令，或者只在他们的工作职责范围内行事的人。我指的是那些为高于个人利益的事业奉献的人。他们有能力，值得信赖，总是在寻找成长的方法。他们充满好奇心，为自己和他人设立高标准。

用凯利的话说，一个人如何成为楷模型追随者呢？他认为“最好的追随者知道如何领导自己”。我们早就意识到了这一点。这就是为什么肯·布兰佳、苏珊·福勒（Susan Fowler）和劳里·霍金斯（Laurie Hawkins）为我们公司开发了一个自我领导力项目，教人们如何培养获得成功所需要的领导者的思维、心态和技能。当我们说成功时，不仅指个人的成功，也指组织的成功。我们的信念是，领导力不是你对他人做的某件事，而是你与他人共同做成的事。这鼓励了肩并肩的领导力方式，而不是旧式的自上而下的领导力方式。如今的服务型领导者意识到，如果没有卓有成效的追随者，他们将一事无成。

我非常尊重追随者。我已经度过了 90% 的生命，在剩下的 10% 的生命中，当我想要领导他人的时候，我能获得楷模型追随者的支持，我们的组织也是如此。

本文出自谁手

玛吉·布兰佳　　Margie Blanchard

玛吉·布兰佳是肯·布兰佳公司的联合创始人。她是一位非常有影响力的演说家、作家、企业家、顾问和培训师，她和她的丈夫肯·布兰佳共同获得康奈尔大学颁发的“年度企业家奖”。她在康奈尔大学获得学士和硕士学位，在马萨诸塞大学阿默斯特分校获得博士学位。她与人合著了 3 本书，分别是《一分钟经理人：平衡工作与生活》（*The One Minute Manager Balances Work and Life*）、《更高层面的领导》（*Leading at a Higher Level*）和《做好工作：管理健康和高绩效》（*Working Well: Managing for Health and High Performance*）。

SERVANT LEADERSHIP IN ACTION
How You Can Achieve Great Relationships and Results

第四部分

学习服务型领导者的典范

第 26 章

耶稣，伟大的“一分钟经理人”

肯·布兰佳　菲尔·霍奇斯

主编寄语

对耶稣来说，我是个晚到的信徒。直到 50 岁出头，我才真正开始阅读《圣经》并了解耶稣。在这个过程中，我意识到耶稣是伟大的领导者。菲尔·霍奇斯是我的同事，也是我的朋友，曾经还是我的精神导师。我与他分享这个观点时，他非常赞同。后来，我们共同创建了“像耶稣一样领导”组织。本文重点讲述耶稣这位服务型领导者的伟大行为。

20 世纪 80 年代，《一分钟经理人》（*The One Minute Manager*）[1] 出版后，牧师罗伯特·舒勒（Robert Schuller）邀请作者布兰佳参与录制他的电视节目《权力时刻》（*Hour of Power*）。就是在那个时候，布兰佳开始认为耶稣是伟大的领导者。布兰佳依然记得，舒勒博士在节目中说：“我非常喜欢《一分钟经理人》这本书，我相信耶稣就是伟大的‘一分钟经理人’。”“真的吗？”布兰佳微笑着回答。那时他从未把耶稣当作经理人看待。

“当然，”舒勒博士说，“别忘了，耶稣和他的门徒都有着清晰的目标。这不正是你的第一个秘诀‘一分钟目标’吗？”布兰佳回答：“是这样的。”

舒勒博士笑了笑接着说："并不是你和汤姆·彼得斯（Tom Peters）创造了'云游式管理'的理念，而是耶稣开创的，他从一个村庄云游到下一个村庄。如果他发现有人做了正确的事，就会赞扬他们。'一分钟称赞'不正是你的第二个秘诀吗？""是的。"布兰佳回答道。

舒勒博士继续用类比的方法问道："当有人不守规矩时，耶稣就会当面训斥并修正他们的行为。你的第三个秘诀难道不是'一分钟批评'吗？"布兰佳笑着点了点头，并且意识到他说的是有道理的。

舒勒博士关于耶稣是"一分钟经理人"的说法让布兰佳陷入思考。所以，几年后，布兰佳在重新深挖关于信仰的主题时，他开始阅读《圣经》。作为行为学家，布兰佳想了解耶稣做了什么以及他是如何影响门徒的，于是布兰佳就直接研究了《马太福音》《马可福音》《路加福音》《约翰福音》这 4 卷福音以及《使徒行传》（*The Book of Acts*）。布兰佳很快意识到，他所教授的或者写过的关于领导力的一切，耶稣都实践过。耶稣与他的 12 个缺乏经验的门徒完美地展现了何为领导力。耶稣把他的门徒培养成传播信仰的第一代领导者，之后这一信仰已经持续影响了世界历史两千多年。

从这一点开始，这就不仅仅是布兰佳自己的事情了。当布兰佳把他将耶稣视作伟大的领导者的想法与我分享时，"像耶稣一样领导"[2] 组织应运而生。该组织的宗旨就是鼓舞并激励人们像耶稣一样去带领团队。这就需要成为服务型领导者，真诚地爱护他人。"像耶稣一样领导"组织的目标是"总会有一天，人人都会被像耶稣一样的领导者所影响"。

当我和布兰佳告诉其他人耶稣是伟大的领导者时，总是会有很多人扬起眉毛。大家想问我们有什么证据可以证明这一观点，其实我们非常高兴有人这样问。几年前，布兰佳在亚特兰大主持了一场《像耶稣一样领导》（*Lead Like Jesus*）的电视广播节目，另外一位主持人是家喻户晓的牧师兼作家约翰·奥伯格（John Ortberg）。布兰佳问他："你从加利福尼亚门罗公园的教堂出发，走遍整个国家，教导人们耶稣是伟大的领导者。你这么做是为了什么？”

奥伯格在讲故事上很有天赋，他说：“假如你是两千年前的赌徒，我知道你们中的一些人不喜欢赌博，但请稍微容忍一下这个假设，你会把你的钱压在哪一个选项上，是拥有军队的罗马帝国，还是名不见经传的犹太木匠和他那 12 个缺乏经验的追随者？”在场的每个观众都笑了。奥伯格继续说：“这么多年过去了，我们现在给孩子起杰西、玛丽和约瑟夫这样的名字，而把我们的狗叫作尼禄、恺撒，这是不是很有意思呢？相信我无须多说，你也明白了。”奥伯格大笑起来，大家也接受了他的观点。很显然，耶稣的领导力卓有成效，基督教堂今天依然存在，而罗马帝国早已一去不复返了。

不管你信仰什么，都必须承认耶稣是位模范领导者。事实上，他是我们所知道的唯一一位建立管理团队的宗教领导者。他选择把没有经验的人召集在一起，但那时他本能够招募优秀的传教士。他挑选的门徒没有一个人拥有华丽的宗教背景。但是，耶稣将他们打造成了一个出色的团队。很久以来，我们一直在说，作为领导者，重要的并不是你在的时候会发生什么，而是你不在的时候会发生什么。作为家长或者企业领导者，当你在那里时，一般情况下你能够让孩子或者工作团队做你想让他们做的事。而真正的考验是，你不在时，他们会做什么。耶稣死后，他的门徒成功地继承了他的衣钵，并且改变了世界。耶稣是怎么做到的呢？这一切都源于耶稣是一个典型的服务型领导者。

在《马太福音》第 20 章中，耶稣首次将伟大定义为服务，他与世人的看法有所不同。约翰和雅各的母亲走到耶稣面前，由衷地恳求，在他的国里，她的两个儿子是否可以分别坐在耶稣的左边和右边。显然，这位母亲认为领导力就是所谓的等级结构。耶稣告诉这位母亲，她的请求并不能由自己来回答。然后，他走向怒发冲冠的 10 个门徒，因为这位母亲所请求的尊贵地位，正是他们之前希望获得的。

“耶稣叫了他们来，说：‘你们知道外邦人有君王为主治理他们，有大臣操权管束他们。只是在你们中间不可这样。你们中间谁愿为大，就必作你们的用人；谁愿为首，就必作你们的仆人。正如人子来，不是要受人的服事，乃是要服事人，并且要舍命，作多人的赎价。’”（《马太福音》第 20 章第 25 节至第 28 节）

请注意“只是在你们中间不可这样”这句话。这句话很重要。为什么？因为耶稣号召服务型领导力，这一点既清晰又明确。他在说的话中没有给 B 计划留下任何余地。他没有在时间、地点或情景上做任何限制或约束，使我们可以不听从他的指令。对于耶稣的追随者来说，服务型领导力不是一种选择，而是神赋予的任务。

耶稣希望他的门徒知晓这一重要的信息：“若有人愿意做首先的，他必做众人末后的，作众人的用人”（《马可福音》第 9 章第 35 节）。耶稣既然想让他的门徒成为众人的用人，那么他在让门徒出门服务大众时，是否给出了清晰的愿景和方向？答案当然是肯定的。他并没有忘记服务型领导力的“领导力”。

耶稣为他的门徒搭建了令人信服的愿景[3]。首先，他清楚地知道自己和门徒所从事的事业是什么。他要求门徒不仅要做渔夫，还要成就更伟大的事业，成为人类的渔夫，“得人如得鱼一样”（《马太福音》第 4 章第 19 节）。其次，他为门徒描绘出未来的蓝图，要求他们“你们要去，使万民作我的门徒”（《马太福音》第 28 章第 19 节）。最后，耶稣确定了他所倡导的价值观，在他指引的旅程中，众门徒首先要爱戴上帝，其次要爱人如己（《马太福音》第 22 章第 36 节至第 40 节）。

当耶稣的门徒领会到无法抗拒的愿景后，清楚自己的目标、行驶的方向和目的地之后，耶稣就将自己的角色转向服务型领导力的执行层面。为了服务于这一愿景，他从战略层面颠覆了传统的金字塔等级。现在，他的重中之重是激励门徒并赋予他们力量出门去帮助、鼓励、指导和引导人们聆听并忠于这一新愿景。

耶稣在最后的晚餐时给门徒们洗脚，象征性地说出了他的这一转变。

> “你们称呼我夫子，称呼我主，你们说的不错，我本来是。我是你们的主，你们的夫子，尚且洗你们的脚，你们也当彼此洗脚。我给你们作了榜样，叫你们照着我向你们所做的去做。我实实在在地告诉你们：仆人不能大于主人，差人也不能大于差他的人。你们既知道这事，若是去行就有福了。”（《约翰福音》第 13 章第 13 节至第 17 节）

耐心是服务型领导者的核心能力。耶稣必须耐心地培养他的门徒，使他们在成为服务型领导者的道路上，逐步从依赖者成长为独立个体。如果获取服务型领导力很容易，你就会以为最伟大的领导者能够轻易获得成功。我们需要的是毅力、耐心与持之以恒的专注力。我们一直在说，变革更多地来源于管理过程，而不是目标宣讲。

由此，当耶稣第一次让 12 个门徒出去布道时，他做了大量的基本指导，包括去哪里、说什么、做什么、怎么做（《马太福音》第 10 章第 5 节至第 13 节）。换言之，耶稣并没有一开始就转向服务型领导力的执行层面，就像他给门徒们洗脚那样，直到服务型领导力的愿景和方向明确之后，他才做出改变。直到他在这世上的神职履职结束，也就是在耶稣复活之前，他才意识到可以将“大使命”这一服务型领导者的职责交给门徒。

> “耶稣进前来，对他们说：‘天上地下所有的权柄都赐给我了。所以，你们要去，使万民作我的门徒，奉父、子、圣灵的名给他们施洗。凡我所吩咐你们的，都教训他们遵守，我就常与你们同在，直到世界的末了。’”（《马太福音》第 28 章第 18 节至第 20 节）

我们开始思考是什么促使耶稣成为伟大的服务型领导者，又是什么将他的门徒也塑造成与他一样的领导者。《圣经》中并没有多少信息涉及耶稣从 12 岁到 30 岁出头开始传道的这个阶段。事实上，《圣经》中只出现了两段关于耶稣在这段时期的描述："他不是木匠的儿子吗？"和"他不是木匠吗？"我们知道他确实是个木匠，这一点毫无疑问，他是从父亲约瑟那里学来的木匠手艺。基于这些事实，我们想知道，木匠的工作是如何让耶稣成为领导者的。只有找出好木匠与服务型领导者之间的相似之处，我们才可以从中学习并将其应用于我们自己的领导力之中。以下内容就是我们发现的相似之处。

首先，好的木匠在完成作品之前就能够看到成品的样子。同样，好的领导者在带领人们前行之前就有一个想要实现的愿景。其次，好的木匠知道如何运用各种材质，而好的领导者知道如何与各种各样的人一起工作。最后，好的木匠知道什么材质用什么工具，从而能够雕琢并完善作品；同理，好的领导者知道哪种领导风格适用于哪种人，从而帮助成员获得高绩效。

耶稣是如何使门徒领悟到木匠手艺和领导力之间的联系的呢？

第一，正如前文所述，耶稣为门徒描绘出令人信服的愿景，即使在他离世之后，这一愿景也继续激励他们前行。

第二，耶稣召唤那些能够成为人类的渔夫的人，他透过他们现有的资历，看到了他们长远的潜力。了解他们的优点、缺点、个性，正是耶稣的领导力的关键所在。正是因为耶稣了解他的追随者，所以追随者也愿意了解耶稣并向他学习。

第三，耶稣首次把门徒从他们普通的职业中呼召出来成为人类的渔夫时，每一位门徒都把自己独特的生活经验和能力带到了新的工作中，但是他们完全不具备履行新职责所需的实用知识。在耶稣领导的那 3 年里，门徒们从完全没受过训练的新手成长为知识齐备、脚踏实地的宗教领导者，因此他们能够完成“大使命”。那么，耶稣是怎么样培养门徒的呢？

我们相信，耶稣在木匠生涯中积累了很多经验，这些经验为他培养门徒提供了实用方法。他用这一方法指导门徒学习，让他们从接受呼召的人转变为承接使命的人。为什么这样说呢？和其他许多行业的学徒一样，学习如何成为一个木匠，人们通常必然经过 4 个阶段：新手、学徒、熟手，最终成为大师。为了实现这种转变，培训师或者领导者需要改变他们的领导风格：对于新手，也就是那些刚刚起步的人来说，适合他们的领导力风格是指导型；对于学徒，也就是那些正在接受培训的人来说，领导力风格应为教练型；对于熟手，也就是那些能够独立完成工作但缺乏自信的人来说，领导力风格应为支持型；对于大师级人物，也就是那些技艺高超、自信且能够胜任培训其他学员的人来说，领导力风格应为授权型。

这一方法与布兰佳在开篇中提到的情境领导力模型[4]非常相似。两种方法都表明，卓有成效的领导者需要根据下属不同的发展阶段来调整自己的领导风格，包括给予多少指导，给予多少支持。

耶稣的门徒在成为人类的渔夫的旅程中，逐步从依赖者成为独立的个体。耶稣是如何帮助他们成长的？我们对这个过程进行反思，发现耶稣的领导力风格发生了改变。当门徒是新手时，耶稣采用指导型领导力风格；当耶稣感觉到他的门徒就要成为大师级传道士时，他将领导力风格调整为授权型。就像我们前面所说的，当耶稣第一次派门徒出去布道时，他采用的是指导型领导力风格。耶稣逐步改变他的领导力风格，从指导型到教练型，再到支持型，最后，耶稣采用的是授权型领导力风格。《马太福音》第 28 章第 19 节记载，耶稣告诉他的追随者：“所以，你们要去，使万民作我的门徒，奉父、子、圣灵的名给他们施洗。”这之后就没有进一步的指导了。

对于我们而言，这就是服务型领导力的全部意义：提供清晰的愿景和方向，然后撸起袖子加油干，竭尽所能帮助下属成功，即让他们遵从愿景并达到既定目标。在这种情况下，不是你的下属在为你服务，而是你在为他们服务。

就如耶稣对他的门徒所说的："……你们中间谁愿为大，就必作你们的用人……正如人子来，不是要受人的服事，乃是要服事人。"(《马太福音》第 20 章第 26 节至第 28 节)

我们在本文中讨论的是伟大的服务型领导者耶稣。随着继续对他进行研究，我们感到的不是惊讶而是惊喜，他不仅仅是一位为人们服务的领导者。事实上，我们设想一下，无论是服务他人、描绘愿景、组建团队、激励追随者，还是改变领导力风格，如果耶稣没有培养他的门徒并为我们树立榜样，我们可能无法获得服务型领导力的任何特质。

本文出自谁手

菲尔·霍奇斯 Phil Hodges

菲尔·霍奇斯曾在施乐公司和美国钢铁公司工作了 36 年。1997 年，他成为肯·布兰佳公司的顾问；1999 年，他与肯·布兰佳共同创立"像耶稣一样领导"组织。霍奇斯与他人合著了 5 本书，包括《服务型领导者》(*The Servant Leader*)。

第 27 章

安德鲁·杨，马丁·路德·金的隐秘搭档

约翰·霍普·布赖恩特

主编寄语

约翰·霍普·布赖恩特（John Hope Bryant）真的是一位改变了世界的人。我期待着我们第一次面对面的交谈。他对安德鲁·杨（Andrew Young）与马丁·路德·金之间的服务型领导力伙伴关系的描述让我激动不已。读完这篇文章后，我知道你也会有同样的感觉。

“我对民权运动的成功贡献不大。”这句话我已经不记得安德鲁·杨跟我说过多少次了。在这篇文章中，我第一次将他无私奉献的故事讲给大家听。

20 世纪 60 年代的民权运动塑造了今天我们所居住的国家和世界，对于那段历史，传统上公认的描述是这样的：马丁·路德·金几乎单枪匹马领导并完成了这场运动与变革。但事实并非如此。和历史上其他伟大的领导者一样，马丁·路德·金也曾得到各方支援。他实际上有一个伙伴，有些人可能称他为“沉默的合伙人”。这个人就是安德鲁·杨[1]。

1972 年，安德鲁·杨成为美国重建以来第一位从南部当选美国国会议

员的非裔美国人。1977 年，他成为詹姆斯·卡特（James Carter）总统领导下的第一位美国驻联合国大使。然后，在 20 世纪 80 年代，安德鲁·杨曾经担任过两届亚特兰大市市长，被誉为变革型领导者。他还是总统自由勋章和法国外籍军团奖的获得者，并拥有 130 多个荣誉博士学位。在 20 世纪 60 年代，安德鲁·杨作为一位服务型领导者，协助时代的先知马丁·路德·金，扩大其影响力。

如果你想找到清晰且具有说服力的证据，证明这段特殊的合作伙伴关系，那么找一下民权运动的照片即可。只要把他俩的名字，马丁·路德·金和安德鲁·杨放在一起进行简单的图片搜索，结果具有令人惊叹、令人敬畏、令人信服的一致性：安德鲁·杨从来没有真正看过镜头；同时，也没有一张他在看着马丁·路德·金的图片。他在评估形势，观察不断变化的环境，警惕着所有对他的朋友马丁·路德·金的威胁。尤为重要的是，他始终在降低自己的存在感，从而烘托出他的朋友马丁·路德·金的伟大存在。

在民权运动工作人员办公室里，那个安抚人们的紧张情绪、舒缓人们激进的革命神经的人正是安德鲁·杨。在民权运动中，他与极左派和极右派共同商议战略，权衡利弊并为厌恶冲突的马丁·路德·金找到解决方案。最后，游行结束后，那个与工商界进行闭门谈判与协商的人还是安德鲁·杨。

我想将安德鲁·杨描述为一位安静的副船长。安德鲁·杨不只是马丁·路德·金的助手或者主要支持者，在这场运动的最关键阶段，他是马丁·路德·金的首席战略家和并肩作战的伙伴。他不仅没有在那个时候寻求荣誉或者赞扬，在那之后他仍然继续回避外界的关注。你看，安德鲁·杨从来没想过成为马丁·路德·金，也不想分享马丁·路德·金所得的成功和赞誉。他只是想帮助马丁·路德·金。安德鲁·杨过去和现在的表现都恰恰是服务型领导者的精髓之所在。

蒙哥马利巴士抵制运动期间，马丁·路德·金号召黑人乘客不要乘坐公共汽车，除非他们能够像所有人一样坐在汽车前面的座位上。在这件事情上，马丁·路德·金利用了资金的威力。他的建议很简单："我们不应该为压迫我们的人提供资金。"黑人乘客们齐心协力，并创建临时出租车队，为非裔乘客提供服务，接送他们上下班。就是这样一次简单的无声抵制行动，差点让蒙哥马利公共交通系统破产。那时，马丁·路德·金或者其他任何一个人都没有意识到，在美国南方的很多小城镇，非裔美国人群体的消费在大众消费经济中占据很大的份额。当他们停止消费时，会产生很大的影响。

后来，马丁·路德·金将这一收获与媒体策略结合起来。他从不在下午两点以后游行，因为他知道，各大电视台的记者需要时间把胶卷装到飞机上并及时送往纽约，这样才能赶得上在下午 5 点、6 点和 11 点的新闻档期播出。每次成功游行后，马丁·路德·金就让安德鲁·杨（马丁·路德·金称呼他为安迪）把他的蓝色牛仔裤工作装换成西装，然后悄悄地去会见每个小城镇的商界领导者。这些都是关起门来秘密进行的。

在这些小城镇里，成功游行后，城市的经济发展一定会受到抑制，安德鲁·杨可能见过不少于 100 位商业领导者。如果他能让城镇里的 100 位知名企业家都同意在他们的商店、商铺和企业里实施承认黑人的平等权益，那么市长和当地政府也不会持反对意见。事情也正是这样发展的。在美国南方的小城镇，那些受到销售收入下滑或其他挑战影响的企业家首先放弃阵地。他们同意从饮水机、更衣室、冷饮柜上，从私人巴士公车线的候车室和座椅上取下"白人专用"的牌子。安德鲁·杨从来没有对他人讲过自己是如何在这些人之中成功斡旋的，他不希望人们的注意力从马丁·路德·金身上转向他自己。

最初统一美国南部的并不是地方政府或者州政府，而是工商界。这是通过服务型领导者马丁·路德·金和安德鲁·杨之间独特的合作模式实现的。

当时，工商界也是压迫阶级的一部分，跟他们谈判的哲学非常简单。“讲话有礼貌，倾听要耐心。永远、永远给谈判者，哪怕是对手，留有尊严。若不如此，他们就会用余生与你作对。”我的良师益友，尊敬的塞西尔·默里（Cecil Murray）牧师曾这样说过。此外，马丁·路德·金也写下过同样的话。

马丁·路德·金认为，我们需要给压迫者留有尊严，再进一步说，需要让他们有尊严地进行转变。他还认为，对于少数民族而言，他们没有军队、没有子弹，也没有真正的权力可以反击外部力量，那么无论在何种情况下，他们都需要从战略层面占领道德制高点，汇聚人心，凝聚民族精神，支撑他们完成崇高的使命。在这项事业中，安德鲁·杨始终如一，作为马丁·路德·金的秘密武器。难怪他曾作为外交官驻守联合国。他是全球谈判高手，为人类造福。

马丁·路德·金在一个又一个小城镇里树立威信，安德鲁·杨协助他取得成功，这是他们共同的战略模式。随后，安德鲁·杨会将名誉让给他的朋友、运动领导者马丁·路德·金。他们之间的这种合作关系，体现了两个伟人之间的完美配合，他们也是服务型领导者的典范。

本文出自谁手

约翰·霍普·布赖恩特 John Hope Bryant

约翰·霍普·布赖恩特是一位企业家、作家、慈善家，同时在普惠金融、经济赋权等领域也是一位杰出的思想领袖。他是 Operation HOPE 公司的创始人、董事长和首席执行官，Bryant Group Ventures 的董事长和首席执行官，以及 Global Dignity 公司的联合创始人。布赖恩特著有《穷人如何能够拯救资本主义》(*How the Poor Can Save Capitalism*)、《热爱领导力》(*Love Leadership*)，最新出版的书籍是《备忘录：经济自由的五大法则》(*The Memo: Five Rules for Your Economic Liberation*)。

第 28 章

帕特·萨米特，12 项准则，让球员成为更好的自己

塔米卡·卡钦斯

主编寄语

我从来没见过塔米卡·卡钦斯（Tamika Catchings），但是她在田纳西大学在帕特·萨米特（Pat Summitt）的指导下打球时，我就听说过她了。萨米特和我都为很多项目做过演讲，我们也相互欣赏对方关于服务型领导力的哲学。有些人认为服务型领导力是一种软管理，但是卡钦斯将要与你分享的内容不是这样的。她所描述的萨米特的管理方式以及萨米特激励球员的方法，无法用软管理来诠释。萨米特是一位强势的教练，但是她始终将球员放在第一位。她的过世让世界失去了一个伟大的人、一位优秀的教练。但是，她为人们留下了宝贵的遗产。作为伟大的服务型领导者榜样，人们继续学习她的精神并且热爱着她，正如卡钦斯一样。

当我思考服务型领导力的时候，我想到了萨米特[1]。1997 年到 2001 年，萨米特是我在田纳西大学上学时的篮球教练。在这里，我可以代表全体 161 名年轻的女队员说，我们这些人很幸运能够在萨米特的指导下打球，我这样说是因为萨米特不仅是我们的教练，还是我们的朋友、导师、母亲。她鼓舞我们前进，她是一位真正意义上的服务型领导者。

萨米特于 2016 年 6 月 28 日去世，但是她永远与我们同在。我没有一天感受不到她对我生活的影响。

萨米特书写了她的传奇职业记录。在田纳西大学工作的 38 年里，她带领女子篮球队在美国大学生体育协会（NCAA）联赛中取得了 112 场胜利，参加了 18 场 NCAA 四强赛，获得了 8 次全国锦标赛冠军。在所有第一级别大学的篮球教练当中，无论是男教练还是女教练，她一直都是总冠军数最多的纪录保持者，总共率队获得了 1 098 场胜利。她获得过很多奖项，包括奈史密斯世纪篮球教练奖、亚瑟·阿什勇气奖、总统自由勋章。此外，不要忘记，她还曾经获得过两枚奥运会金牌。

我们听到过很多萨米特在球场上的成就，其实她做的比我们听说的还多。我们国家的篮球场外站满了各个级别的教练，他们能取得如今的成就，很大程度上是受到了萨米特的影响，正因为如此，他们今天站在自己应该在的位置上。为了球员和球迷，萨米特天天在球场边上。任何人都能够透过她那双蓝色的充满坚毅的眼睛与她进行交流。对她来说，为他人服务不是什么大不了的事情。我想她也从来没把早出晚归当作大事，也没把她为大家做的额外的事情放在心上，她很自然地就那么做了。她的球员也不无惊讶地感叹："哇，我真不敢相信她做了这么伟大的事！"萨米特是位超级女强人。有志者事竟成，她能让几乎所有事情都得到妥善的解决，不管是芝麻小事，还是任何艰难险阻。

我在一个篮球世家长大。我的父亲哈维·卡钦斯（Harvey Catchings）在 NBA 打球 11 年。足球是我接触的第一项团队运动，然后是垒球，后来我上三年级时才开始打篮球。我的姐姐陶雅（Tauja）上大学后开始打篮球。我的哥哥凯尼恩（Kenyon）高中时曾是出色的篮球队员，后来因为克罗恩病而退役。我在田纳西大学时跟着萨米特教练打球，后来在国家女子篮球联盟（WNBA）为印第安纳狂热队效力 15 年，直到 2016 年 9 月退役。

我在上八年级的时候第一次见到萨米特。有一天，我从学校回到家，坐在沙发上看电视，搜索各个频道，突然与她就这样不期而遇了。那双冰冷的蓝色眼睛正从屏幕里看着我，那一刻我完全呆住了，无法再转换到其他频道。当穿着橙色衣服的球员们在球场上来回走动的时候，我紧盯着这位女士的眼睛。她在篮球场边上来回跺着脚，对她的队员大喊大叫，紧紧盯着她的队员，让人肃然起敬。我喜欢这样！我就这样被她吸引了。我的第一个想法是：哇，这位女士太强大了！然后我下一个想法是：如果我足够好，我想要跟着她打球，这会是最棒的事情！我已经记不清看过多少场比赛了，但是我当时一下子就被这个女人迷住了。前一分钟她还在怒目注视着比赛，下一分钟她就微笑着拥抱她的队员。正是那一天，我开始考虑上大学，穿上橙色的队服，为那位有着一双似乎能看透一切的蓝色眼睛的女士打球。

两年后，我开始进入招募流程，收到了各个学校的录取通知书。但不知为何，即便当时我还是个年轻人，我也没被任何一封录取通知书打动。我考虑过自己要到哪里去打球，我在寻找我的教练，我希望他或她会是一个与我的父母有着同样价值观的人，我是在那些价值观中被抚养长大的。我寻找的这位教练正是萨米特，她不仅拥有所有我认同的价值观，甚至做得更好。

在我上高三的某一天，萨米特出现在我家客厅，对我进行家访，她向我描述在她的球队打球会是什么样子。这真是太酷了。最让我着迷的事情是，她没有承诺具体的训练时长，或者我上场打球的时间。她说她对所有队员一视同仁，她们需要自己赢得上场时间和在球队的位置。她希望每个人每天都努力做到最好。她还告诉我，她会帮助我成为我能够成为的最好的球员。这就是我最为之着迷的地方，因为她口中的未来充满了竞争与挑战。

因此，我选择了田纳西大学和萨米特教练。萨米特直接给我发了入学通知书，看着入学通知书，我感觉我的梦想成真了。自从她那双蓝色眼睛像激光一样透过电视屏幕回眸看向我的那个时刻起，我就期盼着这一天。

我考察过很多院校，那些院校的教练显然对球员都表现得很宽容，而萨米特很严厉，她对每个人的期望都很高。她的球员清楚自己要投入大量训练后才能上场。如果你想成为最棒的球员，你也能想象出你需要在训练场上付出多少。我们中的大多数人在高中时都是明星级球员，都获得过无数的头衔和荣誉。但是现在，我们都在同一起跑线上。如果一个球员表现得像女主角一样，萨米特会及时让她收敛。萨米特会说："如果你想在我的球队打球，就要遵守我的规则和期望。"她要求我们全力以赴。

萨米特每天都向我们灌输团队优先的理念：这不是你一个人的比赛，而是整个团队的比赛。每场比赛都需要整个团队努力付出。就像生活一样，你需要身边的人帮助你取得成功，帮助你渡过难关。萨米特有时会对我们怒目而视，有时会跺脚怒喊，这是她具有代表性的标志动作，但是她的终极目标和追求是帮助每一个球员成为更好的自己，不仅成为更好的球员，还要成为更好的人。这难道不是服务型领导力的特质吗？

萨米特让我从各个方面都受到了前所未有的挑战，但是我喜欢这样。以前我从来没有像在她的球队里那样刻苦训练过。球员在训练中总是会拼得你死我活，有时甚至充满血腥。但是在训练场下，我们是一家人。萨米特会想办法确保我们不会相互怨恨。她时时刻刻都在考虑比赛，考虑如何能让她的球队做好充分的准备。因此，她会让我们努力对抗男性球员，但这绝不是要发起男女球员之间的对决，只是因为萨米特认为，如果与更快、更高、更强甚至运动能力更好的选手一起训练，我们自然会成为更好的球员。她总是说："你们必须练习去对抗最好的对手，这样你们才能成为最强的球员。"经过萨米特的训练，每场比赛都似乎变得更轻松了一些。

田纳西大学更衣室的墙上赫然挂着"12 项准则"。这是萨米特制定的规则和行动方案，它不仅可以应用于篮球竞技场上，同样适用于生活中。她把从多年执教生涯中提炼出来的道德准则看作获胜的法宝。她年复一年地将这些准则灌输给球队成员。"12 项准则"为：

1. 尊重自己和他人；
2. 全力以赴，勇担重任；
3. 培养和展现忠诚；
4. 学会高效沟通；
5. 严于律己；
6. 努力工作；
7. 不仅勤奋，而且要发挥聪明才智；
8. 团队先于个人；
9. 追求胜利；
10. 勇于竞争；
11. 拥抱改变；
12. 对成败泰然处之。

萨米特要求我们在所有事情上都要做到最好，不仅仅是打篮球。她不仅重视篮球比赛，要求我们在比赛场上发挥出最好的水平，而且也要求我们在课堂上做到最好。她希望我们无论在哪个团体里都是最棒的那个。她不断地敦促我们所有人成为优秀的球员、优秀的学生、优秀的人。正是这些价值观让我变得出类拔萃。她让我成为最优秀的自己。她让我成为她的队员，不仅仅因为我是一名优秀的篮球运动员，其中用意远不止于此。

我出生时就有听力障碍，很小的时候就戴着助听器。可能由于那个时候天真无知，所以我并没有觉得有任何不妥。直到上二年级的时候，我来到了新的城镇，周围的孩子们无情地取笑我，嘲笑我带着又大又笨重的助听器，嘲笑我说话的方式。所以有一天，在放学回家的路上，当我走到那片茂盛草地上时，我把助听器用最大力气扔了出去。我的父母对此很不高兴，决定不再给我配助听器了。而我却毫不在乎。这样，我就自由了！直到萨米特介入这件事，我才又开始戴起了助听器。

与很多优秀的领导者一样，萨米特是一个思想开放的人。如果我们在个人生活上有什么想对她诉说的，她会耐心聆听。不过，这是双向的，如果萨米特对某些事情感到好奇，她也会毫无顾忌地弄清楚她想要知道的信息。

一天，训练结束后，萨米特让我跟她谈谈。运动教练珍妮·莫沙克（Jenny Moshak）跟我们一起，在训练室坐下后，萨米特开始问我一些看似随意的问题："卡钦斯，当人们视力模糊看不清的时候，他们需要什么？""眼镜。”我回答道，这个答案显而易见。萨米特问：“那么，一瘸一拐走路的时候，他们需要什么？”我答道：“我想，他们可能需要在鞋子里垫些什么东西吧？”问题还在继续。接下来，她问：“如果人们听不到，他们需要什么，卡钦斯？”我突然意识到为什么萨米特会找我谈话了，心想，“天哪，她知道我的事情了！”“他们需要……助听器。”我回答道，同时尴尬地笑了一下。

她告诉我，她已经给我的母亲打过电话并谈过这个事情了。她不止一次注意到我没有听到她说的话，因此她想知道是否有什么她需要知道的事情。当然，我先是在心里埋怨了我的母亲。但是，萨米特那天给我讲的道理，让我终生难忘：“卡钦斯，想一下，你想去哪里，你想做什么，你终将成为什么样的人。你会有很多机会去影响人们的生活。现在有很多孩子正在经历着你小时候所经历的事情，你可以让这些孩子们看看，这些经历并没有让你停下脚步，他们也可以通过努力来实现自己的梦想。你也能够鼓舞那些残疾儿童的父母。虽然现在你还没有这样的影响力，但是你未来可以做很多事情。总有一天，你可以用你的声音鼓舞许许多多的人，让他们的生活有所改变。你现在就要开始为此做好准备。”

我理解了她说的话，立即开始语言测试疗程并佩戴上新的助听器。萨米特是正确的，当然，她总是正确的。

2013 年，田纳西大学为以帕特·萨米特命名的广场和雕像举行落成典礼时，萨米特面对这样的殊荣却一直在说：“荣誉应该属于我的队员，与我无关。”但是，我说：“萨米特教练，这就是你应得的荣誉。正是因为你，我们才会有今天，才会取得成功。”萨米特就是这样一个谦逊的人，从来不会被聚光灯所吸引。她总是把聚光灯转过去，照在她的队员身上。她就是这样一种人，这样一位领队人，永远把服务于他人放在优于一切的位置上。

我从田纳西大学毕业后去了国家女子篮球联盟，但和萨米特依然保持着亲密的关系。我向她寻求支持和指导，她帮助我在起起伏伏的职业篮球生涯中找到方向。她和我之间只有一个电话的距离。从一开始，萨米特在我看来就是战无不胜的。

她去世时，我一开始不愿意相信她已经不在这个世上了。但就在某一个不同寻常的时刻，我就像被击中了，然后一种奇异的力量让我摆脱了悲伤的心情。似乎是萨米特在那里跟我说，她很好，说“卡钦斯，你懂得我对你的期望”。我知道，如果她没有出现在我的生命里，我就不会成为今天的我。再也不会有另一个帕特·萨米特了，但是她的光辉会一直照耀着那些她教出来的球员，照耀着那些与她一起不知疲倦共同工作过的同事，照耀着她曾经鼓舞激励过的世界各地的粉丝。虽然我们不能再见到她了，但是我们会永远怀念她。

本文出自谁手

塔米卡·卡钦斯　　Tamika Catchings

1997 年至 2001 年，塔米卡·卡钦斯是田纳西大学女子篮球队队员，萨米特是她们的教练。卡钦斯是 1997 年田纳西大学全国冠军球队的成员，并且获得 4 次全美冠军。卡钦斯 2016 年 9 月从国家女子篮球联盟退役，她把整整 15 年的职业生涯贡献给了印第安纳狂热队。她荣膺 2011 年国家女子篮球联盟的 MVP（最有价值球员），并于 2012 年带领狂热队首次夺得国家女子篮球联盟冠军。她是 Catch the Stars Foundation 基金的创始人，该基金会为缺乏教育资源的年轻人提供健身以及扫盲课程。2016 年，她出版了自传《抓住那颗星星：在逆境中闪耀，成为冠军》(*Catch a Star: Shining Through Adversity to Become a Champion*)。由于对茶的热爱，她于 2017 年在印第安纳波利斯购买了 Tea's Me Café 并计划连锁经营这家公司。

第 29 章

达拉斯·魏乐德，以言行诠释领导力的内涵

托尼·巴伦

主编寄语

我第一次见到托尼·巴伦（Tony Baron）时，他正在达特隆世界通信公司（Datron World Communications）管理服务型领导力学院。进一步了解他后，我意识到他不仅是一位出色的教师，还是一位优秀的作家和演说家。当巴伦自愿写一篇关于他的导师达拉斯·魏乐德（Dallars Willard）的文章时，我非常激动，因为魏乐德是我一直想认识的典型的服务型领导者。魏乐德是一位拥有惊人成就的服务型领导者。我相信，巴伦掌握了魏乐德的服务型领导力之精髓。当你读了这篇文章之后，我想你会同意我的观点。

我遇到过的最聪明的人是我攻读博士时的指导教授。我在学习期间，魏乐德博士给予我指导，让我体验到了哲学这门学科的博大精深。

基于魏乐德在学术上取得的成就，如果我说魏乐德是我见过的最聪明的人，我想很多人都不会对此感到惊讶。他拥有哲学博士学位，专门研究认识论，即如何掌握我们认知的范畴。他除了在神学院工作之外，还在南加利福

尼亚大学教授哲学课程近 50 年。南加利福尼亚大学的学生评选他为杰出教师。他是一位广受欢迎并备受尊重的教授。我想可能也是由于他在哲学和宗教信仰方面写了很多著作，才让读者感受到他的天赋与才学，所以我说他是我遇到过的最聪明的人。

服务型领导者以言行影响他人

用罗伯特·格林利夫的话来说，领导者必须把服务摆在首要的位置[1]。服务型领导者在服务他人的时候，必须处理好自己在情感上、身体上、精神上或心理上可能出现的情况。服务型领导者还必须能够分辨什么是好的，什么是真实的，什么是典型的，并且运用智慧学会在所处的环境下生活。

魏乐德身体力行，从多个维度立体化地诠释了服务型领导力，彻底改变了我作为教授、牧师、父亲和教练的生活，甚至改变了我的为人。他虽然取得了卓越的成就，却是一位谦虚的老师，一位富有同情心的鼓励者。

大多数领导者都能通过语言鼓励别人变得更加优秀。这么多年，马丁·路德·金的演讲《我有一个梦想》(*I Have a Dream*) 仍然激励着我们。意义深远的谆谆教诲或者演讲通常可以激发我们做得更多或取得更多的成就。通过语言，我们的大脑会被调动起来，去思考更有意义的事情，为了更远大的目标而奋斗，成为更好的人，更卓越的服务型领导者。

而有一些领导者并不是用语言去激励人们的，他们用日常生活中的一言一行诠释领导力的内涵与深度。他们讲真话，做真我。通常，我们会为他们的真实所影响，为他们的信念所折服。因为他们言行一致，所以拥有这种力量的领导者能够激励他人变得更优秀。他们用仁爱对待他人，承担重要的责任，并将智慧传播出去。他们天生擅长洞悉生命之重。他们思考如何变革才能使世界变得更美好。这让我想起纳尔逊·曼德拉和圣雄甘地。他们不仅用语言，还在用生命去激发人们产生崇高的追求。同样，魏乐德也激励人们去改变世界。数以万计的学生、教师、学者以及其他追求真理的人，都受到了魏乐德的鼓舞，我也是其中之一。

服务型领导者兼具谦逊和关爱他人的品质

如果不具备谦逊的品质，任何人都不可能成为变革型教育家或者服务型领导者。傲慢的老师也许能让学生学习到知识，但很难传授智慧。谦逊是对自己的天赋做出的最坦诚的评估，无须与他人进行比较。从本质上来说，谦逊是一种自我控制的力量。拒绝成长是不健康的自我意识。谦逊要求我们终身学习有价值的东西。

魏乐德之所以能成为一位如此有天赋且谦逊的老师，是因为他是知识和真理的探索者；他为他人谋利益，身体力行着他所信奉的一切。

我永远不会忘记我和魏乐德的那次一对一的会面。就在那一刻，他让我觉得我是世界上最重要的人。如果还有人像他那样拥有超凡的智慧，那个人可能会让对方感到紧张，会让开展平等的对话变得异常困难，但是魏乐德不会。他用谦逊的态度全神贯注地倾听，还用温暖的眼神与你交流。他真诚地把每个人都当作一个独特的个体来对待。

在我与魏乐德会面之前，我的好朋友基思 · 马修斯（Keith Matthews），也是我博士课程的老师，已经跟他说了关于我的一些情况，包括我的工作和思考。魏乐德知道我是一名神父，在南加利福尼亚的一家教堂任高级牧师。虽然教堂比它百年历史上任何时候都兴旺，但是我却身心俱疲，甚至有时会感到精神上的倦怠。当我和魏乐德交谈时，没过多久他就了解了我的心思。我的眼泪夺眶而出。魏乐德拉起我的手，看着我的眼睛。他说的话是那么鼓舞人心，就像用纯净的水洗净我的灵魂一般，我所有的倦怠因此随风而去。

后来，我和魏乐德还有过几次交谈，都是在轻松愉快的场合下进行的，通常是在用餐时，其他朋友也在场。他总是用眼神或者一种“我相信你”的语言来鼓励我。我知道我并不孤单。很多人把魏乐德称为挚友，因为他可以聆听他们的心声，也可以与他们一起祈祷。当我成为阿苏萨太平洋大学的教授时，他告诉我他很高兴。他的肯定对我来说是及时的，也是宝贵的。

随着年龄的增长，我持续地精简我的图书收藏，把书送给我的学生、朋友和家人。我的妻子善解人意地在家里腾出空间，用来放置我的1 500本书。毋庸置疑，我肯定不会把魏乐德写的书送人。我依旧需要它们。有一次，我在仓库清理图书的时候，发现了魏乐德写给我的一张便条。上面是对我的博士论文的反馈，满是赞许和鼓励。在那一刻读到那些话，我就好像面对面地受到魏乐德的鼓励。纸条上面写道：“巴伦，你是一位全方位的优秀作家……你的论文体现出你对过往经验的深刻思考……你具有很强的理解力和思维独创性……你为班级做出很大贡献，谢谢你！”

那时，我正在思考如何运用独创性和理解力诠释领导力和其他精神形态的观念，这张便条给了我莫大的鼓励。魏乐德鼓励我继续用写作表达我的想法。魏乐德对无数人产生了这样的影响。他去世时，他的家人在网站上向受过他影响的人发出了邀请，鼓励人们分享他们与魏乐德的故事。成百上千的人在网站上发了帖子。这些帖子一次又一次提到魏乐德在神职上给予他人的鼓舞，和在变革这一课题上分享给他人的真理。作为服务型领导者，魏乐德富有同情心并且总是关爱和鼓励他人。

魏乐德经常把死亡描述为从一个房间去到另一个房间。他甚至猜测，当他的大限来临时，他可能需要一段时间才会意识到自己已经死了。2013 年 5 月 8 日，这位服务型领导者永久地离开了人世，他在世上的这 77 年，改变了无数人的生活。魏乐德在旅途中鼓舞那些他遇到的人，激励他们成就大事，用谦逊和关爱之心给人以指导。在我的心中，他在世上取得的成就足以让他成为大师。

魏乐德在人生的最后时刻几乎说不出话来，但他还是说了最后两个字："谢谢！"在场的人告诉我，他们不确定他要感谢什么。当然，有很多事情可以感谢，也许他感谢他的妻子，他的家人，甚至感谢他的生命，没有人确切地知道，但我们知道这位谦逊的服务型领导者是怀着感恩之心离开这个世界的。

本文出自谁手

托尼 · 巴伦　Tony Baron

托尼 · 巴伦是阿苏萨太平洋大学的教授，他在服务型领导力、教会与企业变革等领域均是国际公认的演说家、作家和顾问。他还担任卓越执行中心的常驻学者，写了 6 本书。巴伦拥有心理学和神学双博士学位，获得了法医学专业认可的资格证书，还是美国心理专业委员会的外交官。

第30章

亨利·布莱卡比，将服务型领导作为一生的使命

理查德·布莱卡比

主编寄语

我与亨利·布莱卡比（Henry Blackaby）一起工作过，曾受到过他的启发。在这篇文章中，他的儿子理查德·布莱卡比（Richard Blackaby）对他的服务型领导力进行了详细的描述。亨利与理查德合著的《不再一样》（*Experiencing God*）一书影响了数百万人。感谢理查德与我们分享关于他父亲的精彩故事。

“领导力是全世界研究得最多，却理解得最少的课题之一。”詹姆斯·麦格雷戈·伯恩斯（James MacGregor Burns）在他的开创性巨著《领导力》（*Leadership*）[1]之中如此开篇陈述他对领导力的理解。我要补充的是，在领导力研究领域，服务型领导力是被引用得最多的一个概念，但同时又是经常被错误引用的领导力概念。

有一次我和一位牧师交谈，他自豪地告诉我，他正在给学生们上关于服务型领导力的课程。他讲述了他如何把学生们带到市中心，为无家可归的人施粥。虽然这位牧师很诚恳，但是他被误导了。服务不等于服务型领导力。

不是每个能为他人服务的人都是领导者，但真正的领导者在领导团队时必然服务于他人。

1977 年，罗伯特·格林利夫出版了颇有影响力的著作《服务型领导力：探索合法权力和伟大的本质的旅程》（*Servant Leadership: A Journey into the Nature of Legitimate Power and Greatness*）[2]。他在书中写道："新的道德准则正在形成，唯一值得一个人效忠的权威是那些在无意和有意间展现出服务特质的领导者。"格林利夫对当时流行的命令式及控制型领导方式提出了纠正意见，他断言"服务型领导者首先是公仆"，接着提出："对服务型领导者最好的测试方法，也是非常难操作的方法，就是判断那些被服务的人是否在被尊重的环境中成长？他们在得到服务的同时，是否变得更加强大、更加聪慧、更加自由、更加自主，也更想成为助人为乐的公仆？"

服务型领导者主要做两件事：一是改善人们的生活。专制者利用他人并耗尽他人的精力，而服务型领导者则鼓舞、激励并支持与他共事的人。二是在服务型领导者的带领下，组织不仅要完成使命，还要让参与者获益，无论是员工、股东还是客户。正如马克斯·德·普雷所观察到的："只有当组织与组织中的人同时达到目标时，组织才能实现最终目的。"[3]与那些为了提高短期利润而让公司耗尽资源，或无情地解雇员工的领导者不同，服务型领导者致力于让组织健康发展，让员工茁壮成长。如果没有公仆的心，领导者就不会关爱他人；如果缺少领导能力，领导者就不能长期造福他人。

社会上充斥着关于高层领导者的负面报道，他们自私、贪婪、无道德感，有些领导者甚至最终走向违法之路。尽管有法规监管，同时媒体也在报道领导者的不道德行为及人们的愤慨情绪，但是这种令人不安的趋势仍在继续。我们需要的是重新理解服务型领导力，并给予它足够的重视。

服务型领导者在任何行业都能茁壮成长。格林利夫曾在美国一家大型公司工作，那时他就是这样来领导团队的。亚伯拉罕·林肯曾声称，如果乔治·麦克莱伦（George McClellan）将军能赢得战争，他愿意照料将军的马。接下来，我要向大家介绍我最了解的服务型领导者，就是我的父亲亨利·布莱克比。

我的父亲在其职业生涯中始终是一位平易近人的领导者，没有领导架子。他出生于加拿大，性格腼腆，说话温和。从加拿大移民到美国加利福尼亚州并读取硕士学位后，他成为旧金山湾区一个小教会的牧师。这所教堂存在诸多问题。帮派暴力、谋杀以及贩毒吸毒案件在蓝领阶层泛滥。然而，我的父亲所在的教会对未来重燃希望并不断壮大。当犯罪率大幅下降时，当地警察把功劳归于我父亲带领下的教会。他任职的第二个教会在洛杉矶。这个教会经历了一次毁灭性的内部分裂，失去了很多会员。在父亲的带领下，这所教会开始走向正轨。这两个教会恢复希望与活力后，我的父亲就选择离开，去往下一个需要他的地方。我要补充的是，在离开教会之前，教会都给他提高了薪酬，但是他依旧选择了离开。

我的父亲到第三个教会任职时才开始引起人们的注意。加拿大萨斯喀彻温省萨斯卡通市的一个教会请我的父亲担任牧师一职，那时教会只剩下 10 名会员。教会贴出了“出售”的牌子，他们决定，如果我的父亲拒绝邀请，他们就会解散教会。由于多年来内部成员争论不休，教会走了下坡路，以至于濒临关闭。我的父亲又一次帮助教会逐渐恢复正轨，参加教会的人数逐步增加，大楼也重新装修和扩建，笑声再次充满了先前空荡荡的教会大厅。

我的父亲在整个职业生涯中都全力以赴地领导教会向前发展。首先，他总是力求看清全局。组织要到哪里去？未来有哪些可能性？我的父亲毫无保留地忠诚于信仰，他坚信没有什么是不可能的。早期，父亲在破旧不堪的房子里工作，与他一起工作的那群人争吵不休，他却非常乐观，感觉他更像个疯子，而不是一位领导者。但是，在我父亲的领导下，组织总会取得一些令人意想不到的成就。如果你想找出他用了什么前沿的营销策略、创新的媒介方式，或者得到了哪位著名投资人的支持，那你可能会失望。一切都是在无形中发生的，他点燃希望、给予激励并有所期盼，他的这种领导方式彻底改变了人们的生活，结果必然会发生改变。

大学生开始成群结队地参加教会。这些热情的学生在接受培训后，被派到全省各地设立新的教会。在我父亲领导教会的 12 年里，这个原先没有什么名气的教会设立了 38 个分教会。我的父亲不仅是一个有远见的人，还是一个乐于助人的人。我记得有很多次他把大学生带到我家，用晚上的时间与他们探讨生命的真谛。那时，如果那些年轻的、有抱负的牧师遇到挫折，他们就会出现在我家的车道上或餐桌旁。父亲会竭尽所能指导这些人。今天，这些人中有很多成了杰出的领导者。

我的父亲在担任教会领导者时，一直坚持服务型领导者的风格。他没有利用权威管制同僚，而是为他们服务，激励他们前进，他的这种方式对同僚的生活产生了巨大的影响。多年来，他对同僚的影响是深远的。

我的父亲曾被邀请到联合国、白宫和五角大楼发表演讲。他曾担任一些《财富》500 强公司首席执行官的教练。他去过 115 个国家并与这些国家的领导者交谈。他从未拥有过大量的财富资源，也从没拥有过给别人升职或发放奖金的权力。父亲最大的资源一直都是他自己的智慧。人们想和他在一起共事。他们不远万里横跨整个国家来见他，就是为了寻求他的忠告，或者仅仅只是待在他身边。

我听说，很多有抱负的领导者向我的父亲请教影响他人的秘密。我不确定父亲是否知道该如何定义自己的领导风格。他对未来怀揣着无比强大的信念和信心，他将这种信仰灌输给其他人。他拥有所有伟大的领导者所拥有的能力，即让身边的人变得更好。他通过榜样的力量和鼓励的方式帮助人们达到更高的高度。

我们生活在一个迫切需要服务型领导者的时代。从长远来看，服务型领导者会产生巨大的影响。父亲当然不仅对我们的家庭产生了影响，而且对全世界的人都产生了影响。也许，他一直都认为我们领导的不是组织，而是人。当我们影响别人时，我们也在改变世界。

本文出自谁手

理查德·布莱卡比 Richard Blackaby

理查德·布莱卡比是布莱卡比国际事工（Blackaby Ministries International）的主席，住在佐治亚州的亚特兰大。他是一位国际旅行家，定期发表演讲。他独自撰写和与他人合著了 30 多本书，其中许多是和他的父亲亨利·布莱卡比合著的。

第31章

弗朗西斯·赫塞尔本，将服务与包容融入生活

吉姆·迪特马尔

主编寄语

我遇到吉姆·迪特马尔时，他在匹兹堡郊外的日内瓦学院服务型领导力学院任职。每年他都会邀请一些优秀的演讲者，这些演讲者都有着一颗服务型领导者的心。弗朗西斯·赫塞尔本是最好的演讲者之一。她曾在德鲁克基金会担任主席。我对赫塞尔本的了解更多一些，尽管她取得了惊人的成就，但她仍然非常谦逊。近期，当马歇尔·戈德史密斯采访赫塞尔本并问她成功的秘诀时，她说秘诀在于她的血型是“B”型。当你读完迪特马尔这篇关于传奇式服务型领导者赫塞尔本的文章后，你就会明白赫塞尔本为什么这么说。

赫塞尔本[1]于1976年至1990年担任美国女童子军首席执行官。1990年她与其他人共同创办彼得·德鲁克领导力学院，2012年该机构重命名为弗朗西斯·赫塞尔本领导力学院。1998年她获得总统自由勋章，2015年成为《财富》杂志评选的“全球50位最伟大的领导者”之一。赫塞尔本的成就、所获奖项和荣誉会让你大吃一惊。然而，她让全世界的人如此敬仰、尊敬并爱戴她，这其中的原因与她所获得的荣誉并没有太大的关系，根本原因在于

她是一个怎样的人，一个怎样的领导者。

“我们生命中重要的东西不是这些荣誉。”赫塞尔本说，“你必须有自己的价值观，这是你做一切事情的基础。你需要活出自己的价值。毕竟，领导力展示的是如何做人，而不是如何做事。”

我认识赫塞尔本已有 15 年了，有幸成为她的朋友并得以了解她。在拜访她的那段日子里，我观察她如何说话，如何开会，如何与各种各样的人打交道。同时，我还向别人了解他们眼中的她是怎样的人。最后，我得出了与很多人一样的结论：赫塞尔本是一位谦逊、精力充沛并富有影响力的领导者。她是一位大师级的变革领袖，她展现出正直、坚定、礼貌的品质，而且值得信赖。人们经常引用她说过的一句名言——“将服务融入生活”，这展示出她与众不同的服务型领导力特质。赫塞尔本这样描述自己的日常生活：“我每天都想办法有所作为，我想帮助他人，即使是我不认识的人。然后，我在晚上会问我自己：‘今天我做了哪些事情帮助了他人、团体或组织机构？我以什么方式改变了一个人的生活？’我从不会忘记在睡觉前问自己这个问题。”

赫塞尔本是一位乐于服务他人、重视包容精神、打破文化障碍，并为创造更好的明天而不懈努力的服务型领导者。这几十年来，她是如何成长为代表性人物的呢？她早年间遇到了什么事情，对她的性格和行为产生了如此深远的影响？我接下来陈述的内容仅仅是她人生故事的一部分，讲述的是她谦逊品质的来源、塑造人生的经历、家庭影响的烙印以及如何在各个“领导之门”中穿行。

赫塞尔本在宾夕法尼亚州的约翰斯敦长大。高中毕业后，她就读于匹兹堡大学约翰斯敦学院。后来，她嫁给了约翰·赫塞尔本（John Hesselbein），他们有一个儿子，也叫约翰。

赫塞尔本在家乡的经历是她个性发展的根源。“回顾过去，我在约翰斯敦学到的一切为我的领导生涯奠定了基础。和我一起长大、一起上学的那些小伙伴，他们的父亲、祖父、曾祖父从世界各地来到约翰斯敦，在煤矿和钢铁厂工作，我因此接触到了多种多样的文化。”这样的经历最终让赫塞尔本成为美国女童子军的首席执行官。这是一段迂回前进的人生旅程，一开始她从未想过成为该组织的最高领导者。1960 年，美国女童子军 17 军团即将解散。该军团由 30 名 10 岁的女孩组成，她们聚集在一家教堂的地下室里。女孩们的领导者离开了她们，成了一位传教士，而且没有人接替这位领导者的位置。那时，赫塞尔本受邀成为女孩们的志愿领导者。她拒绝过几次，不过最后还是同意了。“先做 6 个星期，直到找到真正的领导者。”她想。但是，6 个星期的承诺一直持续了 6 年，直到所有女孩都高中毕业。

1970 年，赫塞尔本被提名为塔卢斯 · 罗克女童子军委员会（Talus Rock Girl Scout Council）的执行董事，她接受了这一职位，并于 1974 年在宾夕法尼亚州东部佩恩·劳雷尔委员会（Penn Laurel Council）接受了同样的职位。约翰斯敦其他的领导之门也向赫塞尔本敞开了。1970 年，赫塞尔本被任命为“约翰斯敦联合之路”运动的主席。无论是在约翰斯敦，还是在全美国，这都是首次由女性担任“联合之路”运动的主席一职。赫塞尔本负责全年最重要的集资工作，她即刻召集由工会和钢铁厂高级管理人员组成的联盟，确保集资活动的成功进行。他们一起动员了整个地区，集资水平达到全美国“联合之路”运动中人均捐款的最高历史水平。

除了在约翰斯敦的这些经历，赫塞尔本的家庭也对她产生了深远的影响，包括个性塑造、人生观形成以及她对领导力的见解等方面。在谈到她的父亲时，赫塞尔本是这样说的：“父亲在写作和讲故事方面为我们树立了榜样，他对历史和传统的看法，对家庭的爱护以及对服务工作的热爱，让我们耳濡目染。我每天都在想念他，他是一位品格高尚、勇敢顽强的军官。我对这样的军人充满感激。他深深地爱着他的孩子，并且懂得爱、语言和榜样的力量，他让特鲁迪、约翰和我具备过幸福生活的能力，那就是为他人服务的能力。”

另一个对她影响深远的经历，赫塞尔本称之为“人生中最重要的经历”，就是她去看望祖母的一个经历。祖母居住在宾夕法尼亚州南福克镇，赫塞尔本和她的祖父母非常亲近，在孩童时期经常住在祖父母家中。祖母家里有两个漂亮的陶瓷花瓶，摆放在大型管风琴上方的架子上。赫塞尔本非常喜欢这对花瓶，经常会央求祖母让她玩一会儿，或者就是摸一下。但是每次祖母都会拒绝她。赫塞尔本 8 岁那年到祖母家后，她再次恳求祖母允许她玩花瓶。然后祖母把她拉到一边，和她一起坐下来，给她讲了这个故事。

> 很久以前，我们家附近的一个小棚子里住着一位姓叶的洗衣工。每周他都会把你祖父的衬衫收走，过几天再送回来，每次他都会把衬衫洗干净、上浆，而且熨得很好。叶先生穿着传统的中式衣服——长衫，戴一顶帽子，头发编成辫子。有一天，你的母亲和她的姐妹们放学回家后，哭着说几个坏男孩一边追叶先生一边骂他，给他起不好的绰号，还想拽他的辫子。
>
> 一天，有人敲了一下厨房的门。当我打开门时，叶先生站在那里，抱着一个大包裹。我让他进来坐下，但是他只是把包裹递给我，说：“这是给你的。”我打开包裹，里面有两个漂亮的古老的陶瓷花瓶。
>
> 我说：“叶先生，这太贵重了，我不能收下。你为什么要送给我这对漂亮的花瓶呢？”他说：“威克斯太太，我在这个镇上已经待了 10 年，您是唯一一个叫我叶先生的人。他们不让我把妻儿带到这里来，可是我太想念妻儿了，所以我要回中国去。这对花瓶是我带来的全部家当。我想把它们送给您。”他说再见时眼里含着泪水。

那一年赫塞尔本 8 岁，她从这个故事中学会了要尊重所有人，这为她致力于提升社会多样化和包容性的事业打下了基础。

还有一个影响赫塞尔本的重要人物是她的朋友兼导师彼得・德鲁克。赫塞尔本在 1981 年第一次见到德鲁克。那时，赫塞尔本受纽约大学校长的邀请去听德鲁克的演讲。在与赫塞尔本会面和交谈之后，德鲁克深深地被美国女童子军吸引，会见了美国女童子军的管理层，并在接下来的 8 年里，与管理层分享了自己对管理的见解。对赫塞尔本来说，这标志着她与德鲁克师生关系的开始，而这段师生关系一直持续到 2005 年德鲁克去世。他们互相尊重。在一次采访中，有人曾经问德鲁克，谁是他认识的最伟大的领导者。德鲁克的回答是："弗朗西斯·赫塞尔本。""哦，您是说她领导非营利机构的表现非常优秀。"采访人回复。德鲁克反驳道："赫塞尔本能够运营美国的任何一家公司。"

在担任塔卢斯·罗克女童子军和佩恩·劳雷尔委员会的执行董事后，另外一扇领导之门于 1976 年向赫塞尔本打开了。这一次她受邀参与面试的职位是美国女童子军首席执行官。"我自己从来都没有申请过那个职位。67 年来，他们从来没有在公司内部提拔过一个人来担任首席执行官一职。我不想参加这次面试，但我的丈夫坚持认为我不该错过这次机会。他说：'我开车送你去纽约，这对你来说是一个完美的机会。'虽然我去参加了面试，但是我对这份工作并不感兴趣。我表现得很开朗，也很放松。最后，面试官问我：'如果你接受了这份工作，你会怎么做？'我向他们提出了一个称得上是革命性的、彻底的变革计划。两天后，我接到让我去纽约的电话。那是 1976 年 7 月 4 日，在接下来的 13 年里，在美国女童子军首席执行官的岗位上，每一天对我来说都很美好。"

接下来，赫塞尔本和美国女童子军的领导团队开始着手进行必要的变革，让组织能够蓬勃发展，并且能够一直持续蓬勃发展下去。他们采用了赫塞尔本的领导力原则，这些原则之中有赫塞尔本在地方女童子军领导岗位上总结出来的，也有她从与家人和朋友的生活经历中汲取的，当然还有她的导师德鲁克传授给她的。赫塞尔本和她的团队合力搭建组织架构和创建企业文化，鼓励共享权威和共同决策，强调服务精神，其中最重要的就是包容。对赫塞尔本来说，包容意味着取消等级制度，消除自上而下的权威，采取共享管理和共同决策的模式，这激励全美国范围内女童子军领导层人员积极投入。赫塞尔本称这种模式为"同心圆管理"。这意味着要想方设法鼓励所有种族和文化背景的女孩加入女童子军，也意味着要确保女童子军领导层中确实有来自不同种族和成长于不同文化背景下的成年人。

为了吸引来自各种各样背景的女孩加入女童子军，帮助五大种族和族裔群体中的女孩和领队在女童子军中找到自己的位置，赫塞尔本采取了一种营销和招聘方法，分别与这些群体进行对话。例如，制作了 5 张招聘海报，每张海报突出一个女童子军和她的领导者，她们可能是非裔美国人、亚裔美国人，也可能是西班牙裔美国人、美洲原住民，每张海报的场景和信息都具有文化上的特殊性。这一努力取得的效果是非常积极的，这向女孩和领导者们敞开了以前从未打开过的大门。

赫塞尔本还认为美国女童子军的手册早已过时了。她在 1976 年被任命为首席执行官时，发现女童子军使用的手册还是 1964 年最初编写的那一版，从来没有修改过。为了解决这个问题，她召集了当代杰出作家、研究人员和插图画家并组成团队，共同创作新的手册，创作内容与 20 世纪 70 年代出生的年轻女孩有关。这些手册用大量篇幅着墨于数学、科学和技术方面的知识。每一本手册中都有插图，体现出当地女童子军团中女孩成员的多样性。

所有这些变革措施将美国女童子军变成了一个充满活力、与时代息息相关、包容且能自我革新的组织，美国女童子军的使命是“帮助每个女孩发挥出自己的最大潜能”，使整个组织拥抱未来，让美国女童子军成员对未来满怀希望并以自身行动真正地影响其他成员的生活。因此，到了 1990 年，美国女童子军的人数增长到 230 万人，成年领导者有 78.8 万人。

在赫塞尔本退休前的最后一次美国女童子军领导者聚会上，德鲁克参加了聚会。作为她与所有出席者最后告别的一部分，赫塞尔本和德鲁克在礼堂的舞台上坐着进行对话。当他们准备开始时，德鲁克对赫塞尔本说：“我们跟你玩一个小游戏。我要采访你。”就在采访接近尾声时，德鲁克对赫塞尔本说："你的画像将被挂在这个漂亮建筑（纽约的伊迪丝·梅西会议中心）的大厅里。你觉得上面的黄铜牌匾上会写什么？"赫塞尔本回答说："我希望写上，我从来没有违背过诺言。""不，"德鲁克回复，"上面会写'她坚守信仰'。"

赫塞尔本确实坚守了信仰。她的信仰来自那些影响她的人，他们帮助赫塞尔本成为今天的她，而赫塞尔本用生命坚守了这些信仰。她在走过每扇向她敞开的领导之门时都坚守着信仰。只要她为了服务而活着，她就在继续坚守信仰。赫塞尔本曾说过的一句话足以体现她"将服务融入生活"的理念："领导力不是终点，而是一段旅程。在旅程中，我们会找到同伴一起前行。我们会打开那扇能够告知我们去往哪里的大门。然后，一旦我们完成了这一使命，就会打开新的一扉门，去完成新的使命。"

本文出自谁手

吉姆·迪特马尔　　Jim Dittmar

吉姆·迪特马尔是 3Rivers 领导力学院的院长兼首席执行官。该学院提供变革性的领导力培训。他在过去 37 年的职业生涯中，担任过领导者、教师以及培训师等，运用多年积累的经验与洞见提出了体验式学习方法，突出在过程中以交互方式学习。他与约翰·斯坦科（John Stanko）著有新书《领导力颂歌》（*A Leadership Carol*）。

第32章

查理·琼斯，用生命践行使命

马克·桑布恩

主编寄语

过去，我曾多次与马克·桑布恩（Mark Sanborn）同台演讲，当他决定写一篇关于传奇人物查理·琼斯（Charlie Jones）的文章时，我的心随之一热。琼斯积极的态度对我的信念和生活产生过重大影响。他是一位伟大的服务型领导者，也是我的朋友和导师。

埃德加·盖斯特（Edgar Guest）出生于英国，移居美国后成为著名的“人民诗人”。他写了11 000多首诗，由300家报纸联合发表，并被收录到20多本书中。他在一首非常经典的诗中写道：“我希望有人与我同行，而非只为我指明方向。”

服务型领导力是将内化于心的信念外化于行动中。它是一种内在的哲学。最优秀的服务型领导者不只是告诉我们如何领导，还会身体力行，用行动说话。谈到我的朋友查理·琼斯，我认为没有人能比他所做的关于服务型领导力的布道更加优秀。

很多人都知道，琼斯是一位富有影响力的演说家和成功的作家。自 1967 年以来，他的书《生命是一个奇迹》(*Life Is Tremendous*)[1]已经卖出了 200 多万册。当琼斯讲话时，人们都会全神贯注地听。他演讲时的个人特色是声音洪亮，并且他会用肢体语言与观众们互动。琼斯在用幽默的语言吸引人们的注意力方面具有天赋，很少有人听了他的现场演讲后会忘记。

他最出名的话可能就是："5 年后的你可能会与今天看起来无甚差别，但是有两样东西一定发生了巨变，即你遇到过的人和你读过的书。"琼斯把他对书的热爱、对领导力的热忱、对学习的坚持融合在一起，并且将之倾注到演讲和出版事业中。琼斯创办了 Executive Books 出版社，让尽可能多的人以合理的价格买到高质量的书。Executive Books 出版社现在名为 Tremendous Life Books 出版社。基于自己的图书公司，他把服务投入搭建持续性的慈善渠道之中，每年将一部分收入用于支持那些与他心灵相通的慈善机构和组织。

以热情感染他人

我把《这是你的舞台》(*The Encore Effect*)[2]一书献给了琼斯，在书中说他是"非同凡响的人"。琼斯向我们展示了，我们可以比现在更优秀。他谱写了非凡和传奇的人生，为我们树立了榜样，这就是他留给我们所有人的遗产。

琼斯无论走到哪里都能带去光明。我相信，有些人第一次见到琼斯的时候甚至会怀疑他是不是真实的人。我们都遇到过一些人，他们的热情或言谈举止间体现的修养只是一种浮于表面的行为。但琼斯不同，他的热情是有感染力的，坦率地说，是让人无法抗拒的。这些年，我见过很多愤世嫉俗的人在琼斯面前被说服、安抚，因为琼斯拥有非凡而强大的精神力量，不被他感染根本是不可能的。

琼斯对书的热爱仅次于他对人们付出的爱。我想到他送别人好书时的样子就会忍不住笑。他会把书捧在胸前，愉快地叹息，在把书递过去的时候还会轻轻地吻一下封面。你就知道你得到了好东西。我想我们无法统计有多少人因为琼斯而爱上了读书，或是因为他推荐的书而改变了人生。琼斯对书钟爱到如此程度，是因为他知道，书有很大的力量，能够对读者的生活产生颠覆性的影响。

琼斯会从爱出发对待每个人，接受每个人，甚至对那些尖酸刻薄的人也是如此。亲近好人很容易，但是，琼斯告诉我们，即使是那些不讨人喜欢的人，你也能对他们施予爱心。他特别喜欢婴儿和小朋友。当琼斯路过商场或者其他公共场所时，他很难不停下来去跟他遇到的小朋友互动并亲吻他们。

如果你为琼斯努力祈祷，尤其是当他和癌症做斗争的时候，他会劝告你，让你把祈祷留给真正需要的人。他会大声喊道："不要为我祈祷。"琼斯以独特而幽默的方式向我们证明，他对别人的担忧多于对自己的担忧，这也正是一个真正的服务型领导者的标志。

将服务作为使命

琼斯从来不在乎自己，他的心全部奉献给了其他人。他用生命践行了自己的使命，他向自己遇到的每一个人都证明了这一点。

我相信雄心壮志和领导力是完全不同的。雄心壮志为那些踌躇满志的人创造利益，而领导力则是为更广泛的人群创造利益。自私的领导者享受权力带来的利益，而服务型领导者则致力于让他人受益，为更多的团体提供帮助。琼斯的雄心壮志表现为就为他人服务。琼斯本可以享受更奢华的生活，但他却过着简朴的日子。正如他后来所说，他之所以这样，是因为他甘愿付出，不求回报。举个例子，他非常喜欢把朋友带到最受欢迎的工厂直销店，在那里朋友可以买到物美价廉的服装，他也乐在其中。但是一到那里，你会发现琼斯为别人买的衬衫、领带等要比为自己买的多得多。

琼斯在职场中和在个人生活里的样子没有什么区别。他把服务他人的信念注入生活中的方方面面。虽然有些人可能不同意琼斯的做法，但没有人会质疑他的真诚。他对工作很认真，并且自得其乐。他喜欢唱歌和开怀大笑，也享受简单的快乐。然而，他最大的快乐是帮助别人获得快乐。

琼斯把他的一栋楼的低层贡献出来，装扮成圣诞屋，那里充满了乐趣，人们可以一年四季都在那里享受圣诞的快乐。他让弱势阶层的孩子们来参观，让他们体验圣诞节的气息，这会给他带来巨大的喜悦。房间里摆满了易于演奏的乐器，琼斯经常给每个人发一个乐器，让他们演奏，进行即兴表演。

琼斯时时刻刻都在传递着爱。这份爱给予他无限的能量、耐心、仁爱与善良。因为琼斯，我成为一个更好的丈夫、父亲、儿子、兄弟和朋友。

作家、教师和传教士塞缪尔・布伦格尔（Samuel Brengle）说过："历史对一个人的地位、头衔或承担的职务均毫不在意，而只在意他的行为、思想和心灵的品质。"琼斯的行为、思想和心灵的品质使他成为服务型领导者，他永远把别人放在自己前面，无条件地去爱别人，以此实现自己最大的目标和快乐。

本文出自谁手

马克·桑布恩 Mark Sanborn

马克·桑布恩是桑布恩联合公司的总裁，这家公司致力于培养商业和生活中的领导者。他著有8本书，包括《这是你的舞台》、《没有头衔的领导者》（*You Don't Need a Title to Be a Leader*）以及畅销书《邮差弗雷德》（*The Fred Factor*）。他是领导力、团队建设、客户服务以及组织变革方面的著名专家。

SERVANT LEADERSHIP IN ACTION
How You Can Achieve Great Relationships and Results

第五部分

揭示服务型领导力的实践智慧

第 33 章

航空公司中的实践智慧：勇士精神、服务之心与乐在其中

科琳·巴雷特

主编寄语

我曾经最愉快的写作经历之一就是与美国西南航空公司前董事会主席科琳·巴雷特（Colleen Barrett）合著《以爱领导：开创另一个制胜之道》（*Lead with LUV: A Different Way to Create Real Success*）。航空业总是在亏损，但是，美国西南航空公司却年年盈利。为什么呢？因为巴雷特和公司创始人赫布·凯莱赫的血管里流淌着服务型领导者的血。巴雷特总是把员工、顾客的需求放在首位，你会从巴雷特身上看到服务型领导者的品质！这篇文章是关于美国西南航空公司的服务型领导力的故事。

多年来，美国西南航空公司的所有领导者都努力成为服务型领导者的典范。我认为，在我向公司创始人凯莱赫解释“服务型领导力”的内涵之前，尽管他并不真正了解这一概念，但是他一直都是这样领导公司的。老实说，一开始我也不知道什么是“服务型领导力”，直到我的朋友安·麦吉·库珀（Ann McGee Cooper）这位有远见的领导者向我推荐唐·弗里克（Don

Frick）的书《罗伯特·格林利夫：服务型领导者的一生》（*Robert Greenleaf: A Life of Servant Leadership*）[1]。

尽管我们可能对“服务型领导力”这个词的认知有些晚，但是40多年来，凯莱赫一直和我说，作为美国西南航空公司的高层领导者，我们的目标是为员工提供及时而充足的支持。对我们来说，这意味着要把我们的员工当成家人来对待。凯莱赫为我与肯·布兰佳合著的书《以爱领导：开创另一个制胜之道》写了前言，下面引用一段他的话：

> 大多数人在工作中不仅追求金钱上的安全感，也追求精神上的满足感。这种满足感来自我们的日常生活，是由家人和朋友的爱带来的。那么，为什么我们不把家人和朋友带来的爱扩散到企业当中呢？[2]

美国西南航空公司是如何开展工作的？首先，我们让公司的每位员工都认识到他们有成为领导者的潜力。无论他们是否处于管理层的位置，都可以对任何人的工作和生活产生积极的影响。因此，我们试着雇用一些潜在的领导者，但是并没有考虑让他们填补什么职位空缺。其次，我们的领导力理念非常简单：妥当地对待员工，好事就会发生。当我们与员工交谈时，会告诉他们：

> 你是公司最重要的人。就优先级来说，你是我们第一重要的客户。因此，我们会遵循黄金定律，投入80%的时间和精力来努力确保你有一个愉快的工作环境，让你对自己做的事情感觉良好，对自己所处的职位感到满意。我们这样对待你，希望你也能如此对待乘客。就优先级来说，乘客是我们第二重要的客户。希望你能够对乘客付出同等的热情、关怀并让他们心情愉悦。如果你一直这样做，我们的乘客就会意识到这与他们在其他航空公司看到的行为有多大的不同。那么，他们就会更多地选择乘坐我们的航班。

四重绩效

如你所知，对我来说，服务型领导者不仅要关注财务利润，还要关注这 3 项绩效：成为受欢迎的雇主、受欢迎的供应商以及受欢迎的投资对象。

我认为，一家公司要想获得完全的成功，必须要成为受欢迎的雇主。我们想方设法地让员工了解自己的重要性，并且让他们在日常工作中积极做出改变。这就是为什么在公司总部走廊的观光电梯墙上，赫然印着这样的题词：

> 美国西南航空公司的员工是公司现在和将来的创造者。是我们的员工把想法变为了传奇。只要我们的员工保持永不服输、精力充沛、彬彬有礼以及超越自我的精神，我们就能继续创造传奇。向创造了美好的大家庭、创造了传奇航空公司——西南航空公司的全体员工献上我们的感激与爱！

我们不仅关心员工、客户以及自己财务状况，还关心如何回报社会。我们一直鼓励员工积极参与社区活动。我们希望他们每个人都是受欢迎的公民。因此，在很多方面，我们都注重四重绩效：成为受欢迎的雇主、受欢迎的供应商、受欢迎的投资对象以及受欢迎的公民。

3 个服务价值观

所有员工最优先考虑的是保证自己和乘客的安全，对此我们完全认同。除此之外，我们还确定了 3 个关键的价值观：勇士精神、服务之心和乐在其中。这是我们要求员工每一天都要践行的价值观。

我们的第一个价值观是勇士精神。勇士精神是为了保持竞争力，而不是为了战斗。从本质上来说，这意味着你必须保持斗志，才能取得成功。你如果想成为最好的，就要努力工作，勇往直前，表现出紧迫感，坚持不懈，并不断创新。你要成为赢家，因为人们不会为一个失败者工作，你需要在你的专业领域做到极致。这就是为什么我们能让飞机更快运转，超越了所有其他航空公司。

吉姆·柯林斯在《从优秀到卓越》[3]一书中描述了卓越领导力的两个特点，我们的价值观与其中的一个特点具有相似性，那就是意志或决心，是对实现愿景、使命或目标的决心，重点是要全力以赴，以获得最佳结果，这样，无论是员工、客户还是老板，或者是你所服务的社区，每个人都是赢家。我们认为，把你做的事情做到最好是没有错的。

我们的第二个价值观是服务之心，这是以爱领导的核心内涵。我们把“以爱领导”用 LUV 来表示。LUV 是西南航空公司在纽约证券交易所的股票代码。我们公司的飞机最早是从达拉斯的爱田机场（Love Field）起飞的。在美国西南航空公司，LUV 意味着单词爱（love），在整个组织的营销、通信和装饰中 LUV 经常与心形符号一起出现。

我们在招聘、面试和提拔员工时，都是以服务型领导者为标准的，无论对方有什么头衔，或者即将在什么岗位上任职，他们都必须愿意服务于他人。他们需要有一颗服务之心，拥有为他人服务的热情。我们希望所有的员工都遵循我们的基本原则，尊重他人，平等待人，把他人放在首要位置，积极主动地为客户服务，拥抱美国西南航空公司这个大家庭。我们当然不会雇用一个飞机驾驶技术不够强的飞行员，也不会雇用那些自以为是，自以为比其他员工或客户更重要的飞行员。当两趟航班之间的时间非常紧迫时，我们的飞行员甚至还会帮着其他机组成员清理机舱。

我们的第三个价值观是乐在其中。这是我们绞尽脑汁才想出来的能准确表达想法的词语。最终我们采用了“乐在其中”（Fun-LUVing）这个词来表达我们对员工的关爱，并且在纽约证券交易所用 LUV 作为我们公司的标志。

从根本上来说，乐在其中的态度就是说：我们要享受工作，就像享受家庭生活一样。我们想让每个人以及每位客户都了解我们对他们的关心。只要我们在场，就会让他们感受到自己就是西南航空大家庭中的一员。我们是快乐的，我们并不自大，但有自己的看法，我们在工作中获得成就感，我们是充满激情的团队成员。

我们的机组人员会把“乐在其中”分别以个性化的方式展现出来。他们总是努力采取一些有创意的方式，让我们的乘客在飞行中感到开心与快乐。举个例子，我们曾收到一位乘客的来信，她告诉我们，在她乘坐的航班离开地面之前，我们的乘务员做了一个声明，说机组人员度过了漫长的一天，他们现在很累。因此，他们就不再分发花生了，而是把花生堆在飞机前面，等飞机起飞时，花生会顺着过道滑下，这样每个人都能抓到一包花生。乘客们笑了，认为乘务员在开玩笑，但随后他们看到乘务员把一堆包装好的花生放到了中间过道。当然，在飞机起飞过程中，所有的花生都顺着斜坡滑向飞机后部。大家都开始大笑起来。坐在过道座位上的乘客抓到了花生并递给那些向他们伸出手要花生的乘客。

相信无须我再说什么，你就已经领悟到我们乐在其中的态度。我们的员工就像孩子一样为这种态度增添了趣味。

服务型领导力的领导力与服务

服务型领导力中的领导力，由短期目标和任务计划组成，这些目标和计划告诉我们的员工，他们现在应该把注意力放在哪里。

美国西南航空公司每年都会制订年度目标和计划，我们希望员工始终高度重视这些目标和计划。同时，我们也希望员工也能持续关注大的行业环境。我们属于服务业，而且还是驾驶飞机的行业，我们希望空中交通民主化，每个人都需要时刻维护空中交通的安全性，同时拥有勇士精神、服务之心和乐在其中的态度。

说到服务型领导力中的服务，凯莱赫是我的榜样。他所建立的公司架构完全颠覆了传统的金字塔等级制度。对他来说，一旦每个人都知道我们要去哪里，想完成什么，我们的价值观是什么样的，那么他就能为员工和客户而工作。

曾经一位新上任的领导者对我说，在他看来，最能体现服务之心的例子就是在一次“精神之旅”聚会上凯莱赫所做的事情，那也是他亲眼所见。“精神之旅”每年都会举办一次，地点选在不同的并且有趣的地方，在那里每个人都有足够的活动空间并能互相寒暄。当凯莱赫走进房间时，这位领导者正好站在门口附近。虽然他早就听说过凯莱赫这位“摇滚明星”是如何与员工共处的，但是他依然被他所看到的画面震撼了。

他看到凯莱赫和一个穿着工人衣服的机械师交谈了至少 15 分钟。尽管成百上千的人想引起凯莱赫的注意并围着他走来走去，但凯莱赫并没有分散注意力。在他俩谈话的时候，凯莱赫的目光从来没有离开过机械师。凯莱赫对每一个人都很客气，尽管他们努力想把这位机械师挤走以便自己能站在凯莱赫对面，但是凯莱赫还是把时间留给了机械师。在这位新上任的领导者看来，凯莱赫没有等级观念，他对机械师想告诉他的事情非常感兴趣。这件事对这位领导者产生了深远的影响，他至今还记得。现在，这位领导者已经和我们在一起工作 20 多年了。

我们不仅要关心并服务于我们的员工，还要培养他们了解重要的常识，形成正确的判断力。我们有成熟的书面规则和程序，但我们每天都会对员工说：“规则只是指导方针。我们身在得克萨斯州的达拉斯，不可能为你在全国各地遇到的每种情况都写出一条应对规则。在现场的人是你，与客户打交道的人也是你。在任何规则都不适用的特定情况下，你要做出自己的判断。由你来依据实际情况做出判断才是最妥当的。”

我们的员工都非常擅长帮助乘客处理各种状况。我们曾让飞行员为乘客支付酒店房间的费用，因为乘客坐错了航班，降落的城市不在其计划之中。当我们的飞行员看出乘客需要帮助时，他们不需要打电话询问公司：“你们能报销我为乘客做的额外支出吗？”我们的飞行员会主动做这些事，因为他们乐于助人。

我们的员工已经意识到公司信任他们，他们不会因为要照顾乘客而违规并受到惩罚，所以会竭尽全力做到最好。我们的员工明白，即使他们有可能在过程中会违反规则或程序，但只要他们的决定不违法、合乎道德或道义，他们就可以根据自己的判断做正确的事情。服务型领导力和赋予员工权力并不是软管理。这样的管理方式不仅能带来丰硕的成果，而且能让员工和客户产生极大的满足感。

本文出自谁手

科琳·巴雷特　　Colleen Barrett

科琳·巴雷特现为西南航空公司名誉总裁。她于 1978 年加入西南航空公司，担任公司秘书；在 2001 年成为公司总裁和首席运营官之前担任副总裁和执行副总裁。2008 年，她辞去总裁一职。她在职业生涯中获得了许多荣誉和奖项。2007 年她获得托尼·贾纳斯奖（Tony Jannus Award），2016 年她获得享有盛誉的莱特兄弟纪念奖杯（Wright Brothers Memorial Trophy）。

第34章

军队中的实践智慧：永远站在士兵的“6点钟”方向

罗宾·布兰佳

主编寄语

罗宾·布兰佳（Robin Blanchard）是我的表弟鲍勃·布兰佳（Bob Blanchard）的女儿。鲍勃曾在美国某一顶级学校担任校长，并在俄勒冈州波特兰市退休。因为有一位做领导者的父亲，他的女儿罗宾从小耳濡目染，被激励成为一位优秀的服务型领导者。通过阅读这篇文章，你会了解罗宾是如何通过服务于军队来实现自己的目标的。

最近，我翻阅了母亲从我童年起就开始保存的文件，找到了一份我在上七年级时参加的能力测试。我得分最高的是领导力的部分。那时谁会知道，我会走上一条充满荣耀的道路，成为华盛顿国民警卫队的第一位女旅长呢！

我一直认为为他人服务是很吸引人的。军队里有些人并不总是支持我关于服务型领导力的哲学。其实，他们不明白，服务型领导力是很灵活的，虽然我们总是把人放在第一位，给予人自由意志和权利，但在必要时也能发出指示或者命令。当一位军官说“攻下那座山头并守住它”时，士兵们就无须提出异议。士兵们必须迅速行动，听从命令，完成任务。他们致力于完成保护国家的使命，并永远为此竭尽全力。有些军官赢得了士兵的忠实拥戴，士兵会声称“我愿意随他去任何地方”。而有些军官则发现，他们的士兵只有在必要时或有人监视的情况下才跟随他们。

这有什么区别？我认为有些领导者懂得发挥服务型领导力，有些领导者则不懂得服务型领导者必须在能力层面得到认可。但是如果要去激励他人，他们还必须赢得信任和尊重。领导者要在战场上赢得胜利，他的部队就必须令行禁止，那么他必须先赢得部队的信任。只有服务型领导者才能做到这一点。

在 28 年的军队生涯中，我一直在践行服务型领导力，我领会到领导他人的两个关键点：第一，人们需要感到自己有价值；第二，人们需要为成功做好准备。

让人们知道他们是被重视的

我想让下属知道我重视他们，我会因此而想尽办法，我表扬他们，赋予他们权力，并在互动中始终关注他们。我会帮助他们为取得成功做好准备，这意味着我会确保他们接受良好的入职培训，并始终理解我们对他们的期望。对每个人来说，表扬都很重要，这能让他们感到自己有价值。领导者不能忽视恰如其分并且真诚地给予下属表扬的重要性。这能让你的下属知道你很重视他们，同时也给他们指出了明晰的路线，让他们知道将来应该如何做。

我在某地执行任务期间，参加了一个高级别的重要会议。想象一下，在一个大房间里，屏幕前摆着一张 U 形的桌子，总司令坐在正中央，坐在第一排的军官绝大多数是上将。尽管那时我只是一名上校，但因为我是指挥官，所以也坐在了第一排。我心里七上八下的，想要一边观察，一边学习。

会议期间，总司令多次要求大家发表意见或给出建议。前面几次有人发表意见时我没有说话，但是在某一个话题上我不能再保持沉默了。我充满激情地解释了我看出来的问题并提出了解决方案。尽管对于在座的其他人来说，这只是众多评论中的一则，但是对于我来说，这是非常重要的，不是普通的小事。这段经历让我感到紧张和不安。我对于自己的发言感到骄傲，但同时，我想可能会有很多人认为我听起来像个十足的白痴。但总司令认为我的发言和解决方案是值得考虑的。而且让我惊讶的是，我的上级，一位两星上将，在休息时找到我并表扬了我，他对我发表的言论给予肯定，并详细地说出他赞同我哪部分的发言。由于得到了这样的表扬，在接下来的会议中，我就自如地发表意见并为解决方案贡献了自己的见解。

工作场上的你一定要记住，无论你处于什么级别，你的表扬都会让对方释放他的创造力天赋，从而让组织从中受益。

重视下属的另一个必要做法是信任他们，同时争取他们对自己的信任。从命令发出到命令执行完毕，信任自始至终都是至关重要的，对于军人来说尤为如此，因为他们在战争中经常会面对生死悬于一线的境况。当军官承诺他会支持士兵时，士兵会感到受到了重视。在航空业，我们称之为“站在（此人的）6 点钟方向”。在飞机上，你前进的方向被称为 12 点钟方向，你的后面则被称为 6 点钟方向。我永远站在士兵的“6 点钟”方向。如果一个人认为工作环境是安全的，即便他要使出浑身解数并且在一定程度上冒险也是安全的，那么这个人就会得到鼓舞并且在工作中干劲十足。勇于承担风险往往会带来重大的机遇。事实上，大多数创新都是从冒险开始的。然而，这也有不好的一面，每个人都会犯错误，而且有些错误可能会很严重。服务型领导者处理这些错误的方式至关重要。我在员工犯错时会努力化解矛盾并促进合作共赢。当上级对团队所犯的错误感到沮丧时，我会把担子接过来，然后，与我的下属协作共同解决问题。要知道，服务型领导者在这种情况下会问的是：“我能帮什么忙？”

一年夏天，当我在华盛顿州亚基马县指挥一个训练营时，经受了严峻的考验。作为警卫队士兵，我不是亚基马训练营的全职人员，还有其他工作要忙，只能依靠亚基马的全职教员进行课程管理。亚基马最高级的士兵是军士长。他是一个能干的士兵，他把作战部队的士兵与支援部队的士兵混在一起训练，并对缜密的课程安排进行着有效的管理。当他打来第一个电话时，我并不知道这将是一场考验的开始。我们的谈话大致如下：

> “长官，我有一个问题。”
>
> “好的，军士长，你有什么问题？”
>
> “昨晚在进行夜间实弹射击时，曳光弹点燃了靶场上的草。当我们知道这个事情的时候，600 英亩（约 243 万平方米）的草地已经被烧毁了。”
>
> 我马上问道：“有人受伤吗？”
>
> 他回答：“没有。靶场监管官和基地指挥官都已经知道这件事了。我只是想让您也知道这件事。”

关于这一点，我们进行了深入的对话。我只说，这个开端并不完美，但是我支持士兵们。

在讲述下一个电话的内容之前，我必须先解释一下。在军队里，当敏感物品丢失时，情况会很糟糕。在找到物品之前，整个军事设施都会关闭，通常还会有人因为犯这种错误而丢掉工作。举例来说，敏感物品包括武器、夜视设备和炸药等。下一个电话是几周后打来的。

> “长官，我有一个问题。”

“你好，军士长。”

“我们有麻烦了。”

“什么麻烦？”

“我们借来的一个夜视镜丢了。或者说，我们怀疑它丢了。它不在军械库里，我们正在跟借给我们夜视镜的单位核实。”

接下来我们又展开了一场重要的对话，双方不断交换问题和建议。最终，夜视镜找到了。士兵在借用夜视镜时计算出了差错，其中一个夜视镜被遗忘在袋子里，放到库房的角落里了。这就带来一个问题：为什么在发放夜视镜时，士兵没能准确计算数量呢？这个问题最终是在调查的过程中得到解决的。即使出了这个意外，我还是决定再观察一段时间，再给士兵一些任务机会。这个夏天真是越来越糟糕。我赶往亚基马基地与军士长会面交谈，我对他十分信任。他向我保证一切都在控制之中，他说正在实施矫正措施。但当第三个电话打来时，我只能尽量平心静气地面对它。

“长官。”

“你好，军士长。”

“首先向您报告，没有人受伤。然而，在往西雅图运送 M4 步枪时，卡车在开入军械库前抛锚了，并发生了意外走火。”

这意味着 M4 步枪发射了实弹。在运送武器时，常规做法是给武器装上实弹，但是不能让子弹上膛，除非面临迫在眉睫的威胁。自然，我们又进行了一次长时间的对话。士兵们发生一次错误是一回事，但在同一个夏天发生 3 次错误就是另一回事了。那天晚些时候，我接到上级的电话，他对亚基马基地最近发生的状况表示不太满意。他平时是个冷静的人，但是那天，那个冷静的他消失了。这次他没有表扬我，谈话结束后，我决定直接面对和解决问题。在赶往亚基马基地与队伍见面的 3 个小时车程中，我满脑子都在想如何补救目前的状况。我的上级说得很清楚：“你是有领导责任的，赶紧去解决问题！”

我可以选择开除所有人，也可以选择想出更好的解决办法来解决问题。当一个人在一个位置上总是表现欠佳时，重新把他分配到更合适的位置上可能是一种选择，但有时引入竞争是更好的选择，服务型领导者必须对此做出决定。在这种情况下，我选择相信我的士兵们。我确信他们只是暂时遇到了一些困难。如果能得到支持，他们可以扭转局面。我选择去帮助他们化解矛盾并促进合作共赢。

我把所有的军官和教练召集在一起，制定了让事情好转的策略。我只在必要的时候指点他们，大部分时间我都在倾听和鼓励他们。这个故事有趣的一点是，房间里几乎所有的士兵都是男性，他们从来没为女性领导者工作过。这为我们的协作增加了一点难度，但是会议结束时，士兵们找到了可以实施的解决方案。我们共同想出的方案很有效。接下来，在我指挥这支队伍的那段日子里，士兵们前所未有地努力工作。他们没有再犯过重大的错误。最后这个部队以优异的成绩通过了所有标准测试。

在那次任务之后，在一些场合我偶然遇到过那支队伍的士兵，他们的反应都是一样的。“长官，那年夏天您一直站在我们的 6 点钟方向，我们永远都不会忘记。”如果你想激励他人，一定要让他们知道你是值得信任的人。

让员工了解你的期望

要想取得成功，必须做好准备工作。因此，服务型领导者必须确保他人知道领导者对他们的期望是什么，要让他们了解政策和程序，并接受所需的培训。

我的儿子15岁，他的第一份工作是在我们所在城市的公园和其他娱乐设施管理部门做营地顾问。他对从事一份真正的并且带薪的工作感到非常兴奋。但一个月后，他的工作积极性下降了。当我问他原因时，他说："妈妈，我想他们不会给我发工资的。"我说："这是什么意思？你还没拿到工资吗？"我儿子不好意思地点点头。我说："打电话给你的主管，问她这是怎么回事。"我儿子说："也许我一开始就误会了，这份工作不会付给我工资。"可怜的家伙，他觉得很难过。我说："打电话给你的主管吧！"当我儿子给主管打电话时，主管反问他道："你交考勤卡了吗？""什么是考勤卡？"我儿子问。原来我儿子没有收到工资是因为他没有上交考勤卡，只要他将考勤卡补上，工资就成功发放下来了。

当员工不了解组织的政策和程序时，可能会产生挫败感和消极的情绪。这样的事情经常发生，因为组织对于新员工的培训没有给予太多重视。如果服务型领导者想要让下属做好准备，那么对员工的培训就是确保员工保持积极性的关键所在。

服务型领导力是最好的领导方式。每个人都需要得到重视，无论你为此做什么都会让他人得到鼓励。我向我的士兵们表明，我重视并且信任他们，给予他们真诚和恰当的表扬，赋予他们权力，并确保我关注的不是自己而是他们。让他们为成功做好准备同样重要。我努力确保他们了解政策和程序，了解我对他们的期望，并且我会为他们提供培训。在我的整个职业生涯中，我最有价值的经历就是看到我带出的士兵获得成功。每个服务型领导者的目标都是更多地关心别人的成功，而不是关注自己的成功。

本文出自谁手

罗宾·布兰佳　Robin Blanchard

罗宾·布兰佳创立了位于华盛顿特区的布兰佳咨询公司（Blanchard Consulting）。同时她也是肯·布兰佳公司的高级培训师，为美国政府及民间组织提供服务。在华盛顿陆军国民警卫队服役 29 年后，她以上校的军衔退役。她在美国美军战争学院获得战略研究硕士学位，并在大峡谷大学获得工商管理硕士学位。

第35章

财经主播的实践智慧：做团队中的战士

戴夫·拉姆齐

主编寄语

我一直都是戴夫·拉姆齐（Dave Ramsey）的忠实粉丝。几年前，我参加了一个领导力大会，他在会上发表演讲，我被他的想法所吸引。他可以用一种独特的方式，让金融等复杂的话题变得简单有趣。由于太受欢迎，他已然称得上是一个大人物，而成功的人通常是被别人服务而不是为别人服务的，但拉姆齐不是这样的。为什么？因为他认为成功带来的是服务他人的责任。他将在这篇文章中和大家分享这个看法。

我的事业刚起步时，我只有一个人，一张牌桌，在自己的起居室里做一个人的演播秀，现在，我有了一支由550多名超级明星组成的团队，做着改变了大家的生活的内容。回想起来，我觉得这太不可思议了！我一直希望自己能做成一些大事，在过去20年里，我的潜能令我自己都感到震惊。当我努力把所有经历都写进《创业领导力》（*EntreLeadership*）[1]这本书时，当我想起所有过去发生的有意义的故事时，一个让我获得成功的关键缘由不断在我脑海中浮现，那就是服务型领导力。这种思维模式会改变你做事的所有方式。

服务绝不是顺从

回想我的职业生涯初期，当时我还是一个想在工作中崭露头角的年轻人，我参加了镇上的几乎每一场领导力研讨会。这是我的父母教给我的。即使在认为自己“无所不知”时，我还是汲取了周围所有人有益的教诲。当然，所谓的“无所不知”，只是自己年轻和愚蠢的另一种表达方式。事实上，我们总是有新的东西可以学习。

在职业生涯早期，我记得自己曾经参加过一个研讨会，台上的那个家伙说了这样的话，“最伟大的领导者是服务型领导者”。我的第一反应是，他一定是在开玩笑，如果我想当服务者，我就会去为别人工作，可是我想自己做老板！现在，我经常进行领导力方面的教学和演讲，当我推广服务型领导力这一领导方式时，我从别人的脸上看到了同样的反应。在美国企业界，服务者与领导者之间隔着一个“大峡谷”！

问题就出在这里。当一些领导者听到“服务”这个词时，他们会想到“顺从”。也就是说，他们认为服务型领导者会屈从于团队的突发奇想。他们错误地认为服务型领导者只会接受命令，就像企业门前的那块擦鞋垫，每个走进来的人都能踩在上面一样。这虽然很离谱，但是每当我谈到这个话题时，我都会从年轻领导者脸上那困惑的表情中看出一丝痕迹。

服务型领导者是强势的

大家总是对服务型领导者有一些错误的认识，总是认为服务型领导者是软弱胆小、无权无势的傀儡，对于这种情况我感到很有挫败感。事实上，服务型领导者是强势的。他们是团队中的战士，为了保护组织文化不受任何的伤害而战斗。

当我打电话给只完成一半任务的销售人员讨论问题出现的原因时，我是在为他服务，因为他的收入总是受到业绩不佳的影响。当我及时解雇一个对同事性骚扰的人时，我是在为同事和在大楼工作的其他人清除“癌细胞”。当我强迫新团队成员严格执行禁止八卦的政策时，我是在帮助他们适应我们所营造的环境。

当我召集员工开会时，邀请优秀的演讲家来做演讲时，帮助员工策划年度圣诞晚会时，或者批准员工加薪时，我都是在为我的团队服务。当我一个月都在为了推介一本新书而进行媒体巡回宣传时，或者没完没了地和城市有关部门开会争取新办公地点的建筑许可证时，我也是在为我的团队服务。为他们服务就和领导他们一样，并不会实质性地改变我做什么，但是会改变我做事的方式和做事的缘由。

服务型领导力意味着沉重的责任

我记得几年前的一天，那时我的儿子还在上高中，我给他上了一堂非常适合他的课。那天，我们刚刚到达公司一年一度的野餐会现场。请注意，我所说的野餐不是传统意义上的公司野餐会，也不是那种进出很随意的聚餐。我们公司的野餐活动规模巨大，我们租下了整个游乐场。游乐场里有各种大型的充气弹跳设施、滑梯、空中飞人以及其他游乐设施，而且到处都是孩子，他们奔跑着、尖叫着、玩耍着。

我们的工作团队成员非常年轻，他们的家人也很年轻。这次野餐活动，有 97 个 10 岁以下的孩子四处奔跑。作为首席执行官，我承认在穿过公园的时候，我感到自己非常渺小。当“责任”二字在我头脑中一闪而过的时候，我看向我的儿子丹尼尔·拉姆齐（Daniel Ramsey），并且意识到这是一个教他什么是服务型领导者的完美时机。

我说："丹尼尔，看看这个游乐场。你看到了什么？"他笑着说他看到太多小孩子了。我笑着说："是的，这里有 97 个 10 岁以下的孩子，他们是我们员工的孩子，你知道这意味着什么吗？"他摇摇头说："不知道，但我猜你会告诉我的。"我说："那些孩子的父母自力更生，有着美好的未来，因此那些孩子也就会有美好的未来。当然，这也与我的行为方式有关。如果我在个人生活中行为不端，如果我不够诚信，如果我搞砸了，那会毁了很多人的生活。作为服务型领导者，我知道我至少要为那些孩子承担起部分责任。"丹尼尔低下头说："爸爸，这么大的责任有些沉重。"

他说的是对的，这个责任是很沉重的。即使他还是个十几岁的孩子，但是那天我要告诉他，他也需要和我一起分担这个责任。我解释说，如果他做了什么疯狂的事情，那就可能会影响这些孩子的生活，就像我会影响这些孩子的生活一样。如果他出去喝醉了，发生了交通事故，撞死了人，我们就会被起诉，那么我们的一些员工可能会因此丢掉工作。作为我的儿子，他可以享受我的成功所带来的好处，但是他也要分担我作为服务型领导者的责任。即使他还是个青少年，他也需要知道，他所做的决定和所采取的行动都会产生影响。

领导即服务

如果说服务型领导力有一个关键要素，很简单，那一定是把别人放在第一位。这听起来有点像金科玉律，不是吗？你的团队会分享你的价值观，所以你一定要确保他们所模仿的对象一定是你想让他们模仿的。这意味着你没有高管的额外待遇，也不能独自待在象牙塔，意味着你每天要在公司休息室吃午饭，每天早上自己取咖啡。如果出现全员紧急情况，你一定要与全体员工在同一条船上。你要通过行动向你的团队展示"领导即服务"，寻找每一个机会向他们表示，尽管你是领导者，但你们会同甘共苦，风雨同舟。

本文出自谁手

戴夫·拉姆齐 Dave Ramsey

戴夫·拉姆齐是一位个人理财专家，一位受欢迎的国家广播电台主播，也是一位畅销书作者，他著有《财务和平》(*Financial Peace*)、《抓住你的财富》(*The Total Money Makeover*)和《创业领导力》(*EntreLeadership*)。拉姆齐提出的解决方案给各行各业的每个人都带来希望。《戴夫·拉姆齐秀》节目每周有1400多万听众收听。

第 36 章

HR 的实践智慧：将他人需求置于自我之上

雪莉 · 布拉德

主编寄语

大概 20 年前，我们有幸说服雪莉 · 布拉德（Shirley Bullard）到我们公司创建并发展人力资源运营业务。我不知道有多少人像布拉德一样既精明能干又关爱他人。这篇文章介绍的是，无论在顺境还是逆境中，人力资源在服务型领导力方面都扮演着重要的角色。布拉德，谢谢你，你是一位优秀的服务型领导者。

我对自己在人力资源领域坚持工作了 40 多年而感到惊讶。我进入人力资源领域完全是出于偶然，是因为有人告诉我，他们认为我擅长人力资源方面的工作。那时，我对人力资源领域的了解不多，只是知道人力资源专业的人负责雇用和解雇员工。如果这个职位的工作就是这些的话，我早就不在这个行业了。其实人力资源远不止于此。有些人认为人力资源领域是一个非黑即白、对错分明的地方，或者说“要这样，而不要那样”的地方，这样的人通常不会在人力资源领域待太久。第一次遇到怀有敌意的员工时，即使是最优秀的人力资源专业人士也会动摇，会为了躲避再次发生不愉快的冲突而去寻找其他任何一份工作。然而，在我开始这份工作后，就再也没有回头。

我为什么留在人力资源领域呢？因为我真的很喜欢和他人一起工作并且享受帮助他人的过程。我并不是说这个领域或职业多独特，而是说我遇到的每个人和每件事都是独一无二的。我热衷于弄明白是什么原因让人们做他们所做的工作。看着一个人成长并得到发展我会感到兴奋。我喜欢与他人建立某种联系，并想办法让他们成为“将星”。把他人放在第一位，帮助他人用积极的方式行动并给予他们信任，这就是最好的人力资源工作者。

这也是服务型领导者行为处事的核心要素之一，即把别人的需求放在自己的需求之上。如果没有这样的格局，你就是自私的。把别人放在第一位能够平衡服务与领导之间的关系。服务的心态是服务型领导者性格的一部分。服务型领导者愿意服务他人，并且本能地去为他人提供服务，并且从不对此感到厌倦。

当我想从人力资源的角度出发，分享一个关于服务型领导力的故事时，我的脑海中涌现出好几个故事。我珍视这些记忆，因为那些人与我无拘无束地分享他们的故事，并且表达他们对我的感激之情。当我行使领导权力的时候，永远会记得把他人放在首要位置上。

在人力资源部门，你所遇到的很多事情都是不同寻常的，可能没有可以依赖的规则或政策，更没有做什么、不做什么的清晰方案。但是，如果抱着“我是来服务的”的心态，你就能够得体地应对哪怕最具挑战性的事件。请注意，我没有说这个过程中“没有焦虑、猜测或者恐惧”。在发现自己处于完全陌生的境地时，任何领导者都会产生这些真实的情绪。

2007 年 10 月，我就遇到了这种情况。当时，一场史无前例的野火肆虐地席卷圣迭戈。将近 4 天的时间，极端干燥的环境、华氏 90 度（约 32 摄氏度）的高温以及瞬息万变的圣塔安娜季风结合在一起，助长了火势的蔓延。火焰跨过高速公路，迅速吞噬道路两边的房子和树木。我们当时正身处其中，似乎看不到出路。接下来风会转向哪里？火会蔓延到我们这边来吗？这场野火是怎么烧起来的？它摧毁了什么？像大多数市民一样，我只能从新闻中得到答案。

那个周日晚上，在我睡觉的时候，一场火灾在几个小时内把许多地方变成了人间地狱。很多人的生活完全被打乱了。半夜，他们要么被浓烟熏醒，要么被火警电话叫醒，告诉他们要从房子里撤离，转移到更安全的地方。对那些人来说，在凌晨，找一个更安全的地方，只能是附近的肯·布兰佳公司办公大楼。

我接到的第一个电话是我的助手打来的，他彻夜监测着这场大火的情势，告诉我一条主要的高速公路已经封路了。紧接着，大楼经理打来了第二个电话，说一些工作人员带着他们的亲人和宠物到我们的一栋办公大楼去避难了。我不需要再等第三个电话了。我起床后穿好衣服，快速赶往办公室。我遇到的第一个人是我们的大楼经理，他守护在那里，就是想知道该怎么处理那些在办公室避难的人。我马上纠正他，说我们需要考虑的是该为那些人做些什么。

我知道我需要和这些蒙受灾难的人待在一起，我并没有经历过他们在那天早上所遭受的痛苦，但我知道他们被执法人员命令离开自己的家必定非常难过。我记得，那天大约有 15 个人过来，包括眼睛里含着泪水的孩子。有些人带着宠物，他们气喘吁吁，不知所措。我拥抱了每个我认识的人，并被他们介绍给其他人。我的下一个任务是给他们准备食物和其他需要的东西，这样他们会感到舒服一些。我问了他们的名字，这样我回来时可以给物品贴上标签，也便于我记住那些我不认识的人的名字。

接下来是沟通。我需要告知所有当地的工作人员今天不上班，但要把精力放在关心家人和自身的安危上。我需要让他们知道相关的火灾地点，并让他们报告自己是否安全。最后，为了让他们放心，我会与他们保持联系并更新消息。我要促使人们采取必要的行动，同时注意不会造成恐慌。我还要与圣迭戈以外的众多同事沟通，告诉他们发生了什么事，以及他们能提供什么帮助。我只能通过语音信箱来完成这些事情，因为语音信箱是那天凌晨唯一可用的通信工具。

我的下一个任务是让员工及时获知我们了解到的资讯，还要让他们了解下一步该做什么，并给他们希望。很幸运，大多数员工都想到了查询语音信箱。除了我与大家的沟通，公司的首席执行官肯·布兰佳也给每个人都发了语音信息，当时他和他的妻子玛吉在佛罗里达。他告诉我们他家所发生的事情，有一些人受到了这次火灾的直接影响。

这是我在2007年10月22日发布的第一条留言：

> 各位早上好。我是布拉德，我要向肯·布兰佳公司的所有员工传达一则消息。对于在圣迭戈工作的员工来说，这条消息非常重要。到现在为止，我相信你们都听说城里发生了严重的火灾。我们的办公室会开放，但我要求所有当地员工今天都留在家里，特别是那些住在火灾蔓延地区的员工，那些已经被疏散的员工，还有那些孩子被迫停学在家的员工。如果你们今天能在家办公，就请在家办公。你们会收到关于紧急情况的电子邮件。而且，你们可以拨打211获取关于周边地区火势的最新情况。我希望该地区的所有员工要向行政部门报平安，让我们知道你们没事，并让我们知道你们今天会在哪里，以便我们在需要和你们联系时可以联系到你们。我还希望你们在今晚查看语音邮件，我们会给出10月23日如何安排的相关通知。一旦掌握了所有员工的情况，我们就会发布信息，让其他地区的每个人都知道公司发生了什么事。请稍后查看电子邮件以便获取消息。

那天，我通知每个人尽量居家办公，并将办公室安排成为一些员工的临时住所。之后我很高兴地告诉大家，大多数当地员工很快反馈了信息，大家都很安全。我呼吁大家为每位受到火灾影响的人祈祷。

接下来的几天里，睡眠不再是重要的事情，因为我知道我有责任高度关注并掌握事态发展，向大家通告好消息和坏消息。坏消息是肯·布兰佳家的房子被烧成了平地，彻底被摧毁。雪上加霜的是，圣迭戈机场因为火灾关闭了，所以他们直到后半周才能从佛罗里达乘坐飞机返回家中。幸运的是，我们在当地有 160 多名员工，除了布兰佳，只有一个人的房子遭受损失。这是幸运的，因为圣迭戈 4 个不同的地方同时发生火灾，1 500 多人失去了家园，50 多万人被疏散。这座城市反应及时迅速，人们都伸出援手，为彼此提供帮助。

处理这种危机不在任何人的工作职责范围内。但是作为人力资源部的主管，在这段艰难的时期，我自愿成为公司员工的“监护人”。我必须依靠直觉并发自内心地去为大家服务。当然我也会获得很多回报。鼓舞我并且让我心甘情愿这样去做的一个原因就是公司精神，在困难时期，公司精神就更加强大。我也非常感谢站在我身边的同事们，他们是服务型领导者，总是把别人的需求放在第一位。虽然财产损失数额惊人，但我们的员工和他们的家人都安然无恙。

通过这次经历，我再一次意识到，做一名服务型领导者，更多的是服务而不是领导。尤其是在没有前例可以参考的情况下，服务型领导者需要领导与服务兼备，并高效运转。

本文出自谁手

雪莉·布拉德　Shirley Bullard

雪莉·布拉德是肯·布兰佳公司的首席行政官。她于 1998 年 2 月加入肯·布兰佳公司，担任人力资源副总裁兼首席行政官。之前，她曾在波威联合学区人事支持服务部门主任的岗位上工作过 10 年，在美国海军的文职雇员岗位上工作过 15 年多。她在圣迭戈的托马斯·杰斐逊法学院获得法学博士学位。

第 37 章

银行业中的实践智慧：像管理绩效一样管理企业文化

詹姆斯·布兰佳

主编寄语

詹姆斯·布兰佳（James Blanchard）担任 Synovus 金融公司（以下简称 Synovus）董事长兼首席执行官时，《财富》杂志将该公司评为 1999 年“最适宜工作的公司之一”，后来又将其纳入新创立的名人堂（Hall of Fame）。为什么呢？据我观察，几年前当 Synovus 邀请我与其合作时，詹姆斯和他的管理团队已经是谦逊的服务型领导者了，现在他们依旧是服务型领导者。读了他的这篇文章后，你就会明白把他的故事纳入本书的重要性。詹姆斯和我本没有亲戚关系，但是我很愿意与他结亲，因为他非常有爱心。愿詹姆斯的梦想也能成为你的梦想，愿他的希望成为你的现实。

对领导者而言，无论何时决定改善企业文化都不会太迟。幸运的是，我不必这么做。Synovus 公司里服务型领导力的文化种子可以追溯到 1888 年，当公司前身哥伦布银行与信托公司（Columbus Bank and Trust Company，CB&T）的创始人还在经营棉纺厂生意的时候。有一天，一个女工在棉纺厂的织布机上织布时，她的裙子被机器钩住了。裙摆被撕破了，她毕生的积蓄洒落到了地板上，因为对她来说，裙摆里面是最安全的放钱的地方。那天，棉纺厂的创始人决定，他们可以对工人更好一些，于是创办了一家银行，为工人们提供值得信任并能存储其毕生积蓄的服务。

为他人服务的想法并不是 Synovus 企业文化的附加内容。相反，这正是 Synovus 赖以生存的基因。我们的企业文化正是起源于女工的积蓄洒落在地板上的那一刻。

将服务文化推广到社区

以为员工服务为使命，这家由棉纺厂创办的银行后来发展成一家商业银行，使命是为客户服务。哥伦布银行与信托公司尽其所能，竭诚为人们提供服务。截至 1957 年，它已经成为社区的主要服务机构。在那样的情况下，我的父亲詹姆斯·W. 布兰佳（James W. Blanchard）以总裁的身份进入公司。他对服务文化非常推崇，他是一个追求卓越、不断进取的人，但他从不以牺牲他人为代价。我来给你举个例子。

当我的父亲被任命为银行行长时，我们需要从位于佐治亚州瓦尔多斯塔市（Valdosta）的家搬到 280 多公里以外的哥伦布市。我当时正要上初中，不想搬家。我的父亲并没有直接拒绝我这个想法。事实上，他只是说："好吧，过几个月到了我们搬家的时候，我们可以考虑为你准备一套公寓，这样你就能在这里上完初中和高中了。"当搬家时间临近时，我却主动改变主意，对他说："你还是跟我说说哥伦布市的情况吧！"

作为一位优秀的领导者，我的父亲在这场家庭分歧中"赢得了胜利"，我已经同意了搬家的决定。他甚至已经帮我在瓦尔多斯塔市租下了一套公寓，其实他不必这样做。但他希望以开明的态度告诉我，我的需求很重要，他会给予我决策的自由，让我自己看清这是不是一个更好的选择。我很感恩，当我的父亲向更高的层次迈进时，当他下定决心去哥伦布市任职时，他依然非常关心和在意我的想法。

在哥伦布银行与信托公司任职的那段时期，我的父亲把关爱他人和自我追求结合在一起。他把公司的服务文化传递给哥伦布银行与信托公司的客户，并且将这一文化升华到更高的层面——他将服务文化输入到更多的社区，包括商会、美国联合之路、美国陆军协会以及其他组织机构。公司员工掌握了建立新型银行—客户关系的方法，整个社区也逐渐成为公司客户大家庭的一部分。

哥伦布市的人开始喜欢上哥伦布银行与信托公司及其做生意的方式。我的父亲成功地用他的方式巩固了这一服务文化，成功地开拓了新的各种客户关系。后来，父亲在他辉煌的职业生涯中走到了生命的尽头。他于 1969 年 1 月因肺癌去世。

当哥伦布银行与信托公司的股东表示希望我出任新总裁的时候，我离开了律师事务所，继承了父亲的职位。到任后，我继承了父亲所推崇的服务文化，这一企业文化从银行创立之初就一直存在了。20 世纪 70 年代，我和同事一起将这一文化发扬光大，强调服务传统及社区参与的重要性，并使银行得到了实质性的发展，后来公司改名为 Synovus。

我们关注经营业绩与全心全意为他人和社区服务的精神一直齐头并进。这推动了公司的发展，让 Synovus 成为一个鼓舞人心的工作场所。随着我们收购了更多的银行，我意识到，将一种文化传播到一个新的地方并让这种文化代替另一种文化是非常困难的。但这又是我们必须做的一件事情。我希望这种文化融入我们所有的银行中。这就要求我们将企业文化的系统化建设作为公司战略，我们做这件事的意愿非常强烈，并将其视为业务发展的主要优势。

这一战略促进了公司的发展。20 世纪 80 年代初的某一天，银行的创始人比尔・特纳（Bill Turner）带着一本书来到我的办公室。那是罗伯特・格林利夫写的关于服务型领导力的书。特纳把书扔到我桌上说："布兰佳，这正是我们一直在做的事情，只是我们以前不知道该怎么称呼它！"

引进外援，专注内部战略

我们想成为世界上最好的金融机构，关键是要制定聚焦这一目标的战略。我们的企业文化很好，但是我们需要学习更多。大概就是在那个时候，我遇到了肯・布兰佳。他帮助我们了解什么是服务型领导力。他告诉我们，领导者必须把金字塔等级结构颠倒过来，把自己放在底部。在颠倒过来的金字塔底部，领导者运用权力、影响力和其他所能运用的一切资源为整个组织服务。他和其他领导力方面的专家，帮助我们了解服务型领导力的观念，以及如何让这一观念与成功的企业相适应。

有些人对此持批评态度，认为领导者的这种做法太过软弱和纵容。我们必须证明情况恰恰相反，那些被爱护的人、被尊重的人会表现得更好。结果，服务型领导力果然带来了更好的业绩，我们爱护自己的员工并期待他们有更优秀的表现，这其中并没有纵容。我相信，如果你真心关爱他人，你不仅会付出爱心，而且会期待他们成为最好的自己，会让他们一直保持最好的状态。

毫无疑问，到目前为止，服务型领导力是检验商业成果的最佳方式。但是，我们并不是为了让员工追求更好的业绩或者更高的利润，我们也没有引入这样的文化，这一点很重要。我们之所以这样做，是因为这是正确的选择，这是值得追求的目标。简而言之，我们应该用这样的方式来对待员工。

我们在公司里设置了一个新的职位，由高级营销官南希・邦廷（Nancy

Buntin）兼任。邦廷对企业文化有着一颗真诚的心，对团队成员有着无限的关爱。她工作的一部分就是定期来我的办公室提醒我，要把关爱员工放在首位，因为这是我们的企业文化。你看，首席执行官总是会陷入追求财务业绩、满足股东需求的焦虑中，对重要事项的关注度会分散，有时会忘记最重要、最有意义的那部分工作。邦廷确保我永远不会偏离主题，公司关爱并欣赏员工，员工也尽心竭力为公司奉献。

邦廷在我们不断进步的过程中发挥着重要作用。这些年来，李·李·詹姆斯（Lee Lee James）、罗布·沃德（Rob Ward）、艾莉森·道（Alison Dowe）、马蒂·斯蒂芬斯（Marty Stephens）、莉萨·怀特（Lisa White）、斯蒂芬妮·奥尔福德（Stephanie Alford）、苏珊·查伦（Susan Charron）等，当然还有许多其他人，包括那些从未动摇过的高管，都在我们的旅程中扮演着重要角色。

1996 年，我们出台了一系列的"人才发展指数"（People Development Exponent，PDE），旨在促进个人提升与发展。我们自上而下采用不同标准推广实施。这不仅是一个新的项目，也是一种生活方式。PDE 要求团队成员做出重大改变，他们的忠诚和热情是我们的终极秘诀。我们培训了所有新员工，让他们了解这些概念，并让他们知道只有符合标准，他们才能成为 Synovus 企业文化的一分子。

作为 PDE 的一部分，我们确定了人才绩效最佳实践，并在领导力培训和发展上投入了大量时间。我们知道，我们必须投入大量精力培养公司现在以及未来的领导者。我们的团队知道我们是认真的，我们不仅重视人才在业务和财务能力上的成长，而且重视企业文化和领导力的培养。事实上，我们最重要的举措是建立了领导力学院，这是一个与哈佛大学、斯坦福大学以及其他顶尖大学同等水平的高管领导力培训组织。

我们还有一项重要工作是在每周二上午举办公司全员大会，会议内容包括同步业务最新发展，战略、文化方面的最新变化等，会议由我主持。我在会上强调善待员工并建立服务型领导力文化的重要性。我相信，首席执行官不断地直接传达这些信息是重中之重。员工需要知道什么对他们的领导者最重要，当领导者用审查、培训、庆祝、晋升和奖励等行动来支持其所传递的信息时，员工就会明白领导者真正看重的是什么。

与其他业务战略一样，如果我们想让这一文化倡议取得效果，就必须量化、培训并传递它。因此，我们创建了评估体系，包括涵盖财务指标的文化评估矩阵，并包含来自员工、客户和其他利益相关者的反馈。我们把企业文化当成业务绩效来管理，公司为提升财务业绩而付出努力，同样也必须为贯彻企业文化而付出努力。

当惊喜来敲门

到了 1998 年，我们干得不错。员工们都朝气蓬勃，不断成长，个人志向得以实现。我们继续收购更多的银行和金融公司，并将它们纳入我们的文化体系之中。我们的业绩也在不断增长。我们不断创造新的行业纪录，几乎在每一个业绩指标上都处于行业领先地位。

然后，惊喜来敲门了。我们了解到公司所做的事情已经被公司外的人注意到了。当《财富》杂志评选“最适宜工作的公司”时，我们排在了第 11 名。真是令人兴奋！我们为这一排名而庆祝，对此感到喜出望外。但是最酷的是，让员工更加心满意足的不是我们获得了那样一个奖项，而是我们所拥有的企业文化。这正是我们想要的结果。有些人认为，我们在公关方面做了更多事情。但是，我们知道做正确的事本身就是一种回报，并没有试图引人瞩目并以此获得奖杯。我们这样做是因为想要完成这一事业，我们会继续将服务型的企业文化延续下去。

1999 年，也就是一年后，惊喜再次来敲门。这次我们在排行榜上名列前茅，在《财富》杂志评选出的“最适宜工作的公司”中，我们位列第一名！这样的认可简直令我们难以置信。这是对我们所有员工的认可，我们为彼此所做的每一件事都得到了认可。这让我为所有人感到骄傲，也让我因为能在Synovus工作而感到心满意足。我们再次庆祝。这次，上千人聚集在一起庆祝，我代表所有人领取了这个奖项。那天，我直接从捕猎场过去，因为我迟到了，所以只能穿着狩猎服走上了舞台！我想人们都很喜欢我这样，因为这就是我真实的样子。这是一个很有代表性的例子，我们想要成为的样子就是真实的自己。人与人之间真正地相互照顾。Synovus是世界上最好的金融机构之一。这种感觉棒极了！

虽然庆祝活动持续了一段时间，但我们并没有忘记真正重要的事，那就是为员工延续这种文化。我告诉每一个员工，我为他们感到骄傲，并希望他们知道，我愿意每天都尽我所能让Synovus变得更好。

我们继续努力保持这样一种文化，无论地位或能力如何，每个人都能在公司得到尊重。我们按照希望别人对待自己的方式对待别人。

我最喜欢的故事之一是众所周知的“臭虫的故事”。

南方的一位绅士坐火车从亚特兰大到华盛顿。当他上了火车走到卧铺位置时，发现床上满是臭虫。他旅行回来后，给铁路公司的首席执行官写了一封信，告诉首席执行官他的经历。他确信首席执行官会采取行动。果然，他收到了首席执行官的回信，首席执行官在信中向他保证问题已经得到解决，并且保证不会再发生这样的事情了。这位绅士注意到首席执行官的信附在他的投诉信上。令他惊讶的是，在投诉信的上面有人手写了这样一句话：“把这封臭虫信寄出去。”这是一个反例，说明商务化礼仪常常是冷漠、虚伪的。我们希望公司的员工能够真诚地关心他人，因此，我们经常会提到“臭虫的故事”，甚至在讨论时都开玩笑说：“我要寄给你一封臭虫信。”这已成为企业文化不可分割的一部分，时刻提醒彼此真诚的重要性。

在前进的道路上，我们围绕企业文化的每个要素都创建了工作组。团队领导者负责让团队与企业文化发展保持同步。我们的文化信任委员会每月召开一次会议，一年轮换一次领导者，以确保公司言行一致。我们的绩效评级始终处于行业的最高水平。我告诉员工，如果我们无法保持领先地位，我就会离职，他们得去习惯另一个首席执行官！我们的企业文化就是我们的起点，它是神圣的。

为组织“修剪枝杈”

如果不修剪杂草，清理枯死的树枝，花园就不会变得美丽。同样，如果企业处于不健康的状态，我们就必须进行变革。

我告诉公司每个员工，我们不会容忍任何与企业文化不符的行为。修剪工作就是这样开始的。如果经理对他们不好，他们可以跟经理进行交谈并找到解决问题的方法，如果还是不行，他们就可以来找我。我承诺会处理这种情况，并说道：“如果我不兑现这个承诺，你们就不必相信我说的其他任何话。”

我的使命是让工作场所不再有那些阻碍实现企业文化目标的人。包括我在内的高级领导层决定，我们不会留下任何不愿意为员工而工作的经理。当有人对高层很好，却不善待员工时，我们会说他是虚伪的人。

修剪工作的程序之一就是，我们总是提醒经理们改善他们的领导方式。通常情况下，当经理制造出了问题，员工会跟他们进行交谈或者来找我，问题就会得到解决。如果是经理的问题，我会对经理说：“我不在乎你多擅长你的工作，你的绩效或财务指标有多好，如果你不善待员工，你就不适合这家公司。”

在一年多的时间里，有将近 200 人离开了公司，其中大部分是管理人员。有些人是因为退休了，有些人离开是因为他们不喜欢我们的企业文化，而有些人努力改变，但依然无法适应，但也有许多人仍然是我们队伍中的重要成员。每当有人因为不善待员工而离开公司时，就像一阵清风吹过。对公司和我们的员工来说，这是一个重要的时刻。这时我们的员工经常会说："他怎么才离开呢？"

我要强调的是，不作为的好人也不利于企业文化建设。我们明确表示，每个人都必须承担起自己的责任。我们的目标是让领导者接受企业文化，并全心全意致力于实现我们共同的愿景、使命、战略，追求卓越和高效。

改变要从高层开始

大多数人都希望他们工作的地方有我所说的这种企业文化。很多人寻找有着类似的企业文化的公司，有些人找到了，但也有很多人没有找到这样的公司。为什么有些公司有这样的文化，而有些公司则不然呢？区别就在于领导者。最高层的领导者需要吸收这一领导力文化，将其视为优先级别最高的文化。一旦吸收了这种文化，组织就需要让它向下扎根，为它提供资源，推出相关培训，不断重复其内涵，设定职责标准并不断推广它，甚至要强制推行这一文化并做到奖惩有度。

最高领导层需要始终如一地推行这些措施，要像管理财务指标或绩效指标那样，制定卓有成效的文化奖励制度。领导层需要让所有员工了解企业文化的重要性，要在每一个场合都强调这一点，要让大家知道什么是被关注的，什么是可以获得奖励的。

此外，领导层必须团结一致。Synovus 成功的最重要的驱动力之一是整个高管团队都认可我们的战略和企业文化目标。当领导层就企业目标团结一致时，其他人就不可能搞分裂或破坏。

努力从未停止

当我们成为美国“最佳雇主”后，你可能会认为我们已经达到了目的，或者认为至少我们会坐享桂冠的荣耀了。《财富》杂志创建了名人堂，并把我们列入其中，这确实意义非凡，再次肯定了我们的做法。

即使赢得了奖项，我仍然认为成绩固然可喜，但我们仍须努力。有人问我，他们怎么能像我们一样冲到终点线。我认真思考后，回答道：“我们永远无法抵达终点线。”当我们谈到以你想被对待的方式去对待别人时，注意这不是一场比赛，而是一种做事方式，一种永远不会停止的方式。所以，Synovus 一直保持前进的步伐。我过去和现在都热爱旅行，即使我已经从 Synovus 退休多年，但我依旧热爱旅行。在 Synovus，那里有一群优秀的人，一起创造了奇迹，这给我留下了深刻的记忆。伟大的团队努力创造了一个黄金时代的辉煌！我在漫长的职业生涯里所取得的所有成就中，最让我满意并且自豪的就是我对于服务型领导力文化的追求。

本文出自谁手

詹姆斯·布兰佳　　James Blanchard

詹姆斯·布兰佳从 1970 年 6 月开始在 Synovus 任职，从 1971 年起担任 Synovus 首席执行官，2005 年 7 月被任命为董事会执行主席，2006 年 10 月从 Synovus 退休。2011 年，他与总部位于哥伦布市的房地产及投资公司乔丹公司（Jordan Company）合作，创建乔丹 - 布兰佳资本（Jordan-Blanchard Capital），目前担任公司的咨询委员会主席。

第38章

教会中的实践智慧：希望无处不在

迈尔斯·麦克弗森

主编寄语

我第一次见到迈尔斯·麦克弗森（Miles McPherson），是在他创建教会的初期。我钦佩他的远见和价值观，他将改变世界的精力和能量发挥到了不可思议的程度。如果我们有更多发挥服务型领导力的教会，世界将会变得更好。我爱你，麦克弗森，我为你为世人所做的事感到骄傲。

当我受邀写一篇关于如何用服务型领导力塑造教会文化的文章时，我决定问几位工作人员，看看他们是如何看待这个问题的。

- 埃弗里特（Everett）告诉我，当有人呼召牧师时，也就是在寻求牧师的帮助时，牧师会放弃手头的公务，去帮助有需要的人并与他们一起祈祷。
- 卡丽萨（Carissa）说，她的主管拒绝承认她是所谓的领导者，而是将自己定位为其团队成员的队友。主管甚至以马克·吐温长篇小说《哈克贝利费恩历险记》中哈克贝利（Huckleberry）的名字称呼自己，哈克贝利是汤姆·索亚（Tom Sawyer）的搭档，主管以此来告诉团队成员，他是来为团队“服务”的。

- 周日例行礼拜之前，保利（Pauly）牧师会带着“黎明巡逻队”（Dawn Patrol）这个由 8 人组成的工作小组，在凌晨 4 点 40 分到达我的办公大楼，并把每一个房间都准备好，以便牧师们可以使用。

我们的教会经历了很多事情。然而，在我询问工作人员这个问题之前，我并不十分了解他们。但是，一旦服务型领导力成为组织文化的基本组成部分，这一文化就会渗透到每个部门，潜入每间办公室，影响每一位领导者。这正是服务型领导力的强大之处。

1982 年，我来到圣迭戈，为美国职业橄榄球大联盟（NFL）的闪电队打球。最初那几年，我过着放荡的生活，惹上了各种各样的麻烦。那时，我遇到了很多人，他们都像我一样感到空虚、痛苦并无助，用各种恶习来减轻自己的痛苦。在那个时候，信仰拯救了我，彻底改变了我的生活方式。到了 2000 年，我创建了教会。我们把愿景明确为“希望无处不在”。这意味着生活的方方面面都有希望，街道的每个角落都充满着希望！人们可以到教会来缓解他们的痛苦，感受希望带来的力量。

我做了很多事，但与教会全体人员共同拥有的潜力相比，我带来的影响力和影响范围就微不足道了。在“希望无处不在”的愿景下，我梦想着把希望带到圣迭戈的每一个地方，我的使命是为会众服务，去激励他们，帮助他们，这样无论他们走到哪里，他们都可以把希望传播出去。当我意识到自己要这样做时，我的工作范围就扩大了。

但是，如何让这里的更多人参加教会呢？毫无疑问，伟大的服务型领导者耶稣给我们做出了完美的示范。耶稣是伟大的领导者，他为门徒洗脚。这是仁慈和关爱的表达，同时也戏剧化地表达了其对权力和权威的蔑视。如果连耶稣都选择弯下腰去服侍有罪的人，包括背叛他甚至把他带向死亡的人，那么我们有什么样的人不能去服务呢？

我意识到，如果我想让圣迭戈每个角落的受伤的人都看到希望，如果我想触动、激励并推动我们的会众做到这一点，我就必须树立服务的榜样。所以，我们提出了“有所作为的教会”模式，它包括 4 个主要步骤：统计、探访、询问和关爱。

首先，我们“统计”。我喜欢这个步骤，因为我是一个擅长数字计算的人。我们统计的是“症状中心”，也就是人们为了暂时解脱痛苦而去的地方，比如烟酒商店、戒断中心、医院等。人们在痛苦时会去的任何地方，我们都想去了解并且把这个地方统计在内。

其次，我们“探访”。我们开车穿越城镇，步行穿过街道，以各种方式出现在遭受痛苦者的身边。我们参加他们的会议，或给他们打电话，通过一种或者多种方式与他们取得联系。

再次，我们“询问”。“我们能帮到你吗？”每年我们都会去市长办公室询问我们能为这个城市做些什么，因为我们有很多的志愿服务时间。我们去消防局和警察局，发现可以为受害者提供心理咨询，或为他们的团队提供牧师服务。

最后，我们“关爱”。这是服务型领导力中最强有力的一步，是决定成果的一步。它这一步中最重要的是真正地给予他人关爱。如果你并不真正关爱他人，你就像是一个只悦耳的铜管，或铿锵的铙钹。如果你并不真正关爱他人，你就只是在炒作，那么最终你什么都得不到。

请记住我们的愿景是“希望无处不在”。通过“统计”“探访”“询问”和“关爱”这 4 个步骤，我们的愿景成为现实。我们决定让志愿者领导我们的外联神职人员。这些外联神职人员看到的是服务之心和爱在引导我们前行，所以他们都信任我们。目前，我们有 178 个由志愿者领导的外联神职团队，活动内容包括参访监狱、徒步、教授西班牙语、给无家可归的人提供餐食等。这些团队是了不起的工作团队！这些团队在前线，为那些永远都不会主动到教会来的人提供服务和关爱。

圣迭戈近 17% 的孩子生活在贫困中，对父母和孩子来说，过圣诞节都是很艰难的一件事。这是让人很痛苦的一件事。所以在 1997 年，我决定建设“快乐玩具”之地。在那里，我们把玩具、食物和希望送给那些有需要的人。2016 年，4 500 多名志愿者参加了我们的 20 周年纪念活动，而我们也在圣迭戈周边设了 4 个地点经营“快乐玩具”。我们赠送了 25 410 件玩具和 12 000 袋日用品，免费为 490 人理发。这就是“爱”。

早在 2007 年，可怕的野火在南加利福尼亚州肆虐。很多社区一夜之间被焚毁，人们失去了一切。这又是让人很痛苦的一件事。我们决定向紧急救援人员和执法人员开放我们的教会大楼，并把那里变成疏散中心，为因火灾而流离失所的人提供帮助。成千上万的人来到这里。其中，有 122 位来自“春之谷”（Spring Valley）退休社区的老年人。在我们这里，他们有饭吃，有衣服穿，有床睡觉，我们让他们最黑暗的时刻感受到一点希望。这就是“爱”。

2009 年，我们拜访了圣迭戈市市长并承诺每年贡献总计 10 万小时的社区服务时间，这么做是出于我们的信仰。在过去的 8 年里，我们为城市提供了 1 820 232 小时的社区服务时间。仅在 2015 年，我们就提供了 221 979 小时的服务时间。通过参与大型城市建设活动，我们为圣迭戈纳税人节省了大约 4 128 710 美元。这就是“爱”。

就在一年多之前，我的妻子在电视上看到圣迭戈的一些警察没有创伤平板工具包，那是用来治疗严重枪伤的必备医疗物品。这也是令人感到痛苦的一件事。那天，我给警察局长打了电话，问她我们如何能帮助他们解决这个问题。她给了我一个估计数字，我把这个数字告诉了教会和其他社区的伙伴。几周后，我们就为执法部门提供了 700 多套工具包。几个月后，一位年轻警官在执勤时颈部中弹受伤。你猜结果怎样？其中一个急救工具包救了她的性命，把她带回丈夫和孩子身边。这就是“爱”。

圣迭戈是军事重地，成千上万的家庭因为军事训练或部署而搬迁，经常面临分离和近在咫尺的威胁。这同样是令人感到痛苦的一件事。所以，我们开始为军事社区的人提供服务。2016 年，我们为军事社区的 1 887 人提供了服务，其中 25 人成了基督徒。我们还向他们赠送了 500 个装着学习用品的书包，为他们提供了 1 668 份午餐、913 项免费服务，如按摩、理发和电脑服务等。这依然是“爱”。

因为服务型领导力，我们以之前从未想象过的方式为他人服务。服务只不过是一种爱的表达，对于卓有成效的领导力和具有影响力的变革必不可少。

如果你想扩大影响力，那就施予“爱”。如果你想成为更好的领导者，那就付出“爱”。如果你想变得更重要，那就投入“爱”。

本文出自谁手

迈尔斯·麦克弗森 Miles McPherson

迈尔斯·麦克弗森于 2000 年在圣迭戈创建一家教会。今天，他的教会会员超过 15 000 人，包括那些通过网络、广播电台以及电视参加的会员。1982 年到 1985 年，麦克弗森为圣迭戈闪电队打 NFL 橄榄球。

SERVANT LEADERSHIP IN ACTION
How You Can Achieve Great Relationships and Results

第六部分

发挥服务型领导力的影响力

第 39 章

3 个要素，释放组织潜能

阿特 · 巴特

主编寄语

几年前，我到阿特 · 巴特（Art Barter）所在的教会演讲，我们就是在那个时候认识的。后来，巴特接管了达特伦世界通信公司，他决定把服务型领导力作为帮助公司扭转局面的核心战略。读完这篇文章，你会了解他是如何把服务型领导力付诸行动的。

达特伦世界通信公司（以下简称“达特伦”）一度陷入近乎山穷水尽的境地。我把管理团队召集到一起，准备制订一个重振计划。他们看着我这位新上任的领导者，渴望能够听到我提出使公司脱离困境的计划。达特伦刚刚被美国司法部拖入长达 8 个月的刑事调查，调查的重点是，依据《反海外腐败法》（FCPA），我们公司是否有人为了获得或者维持业务而贿赂外国官员。这项指控无疑给我和达特伦的所有员工造成了巨大损失。

当我看着管理团队时，我深知，在公司经历了这些事情之后，任何一位审慎的领导者的第一想法都是让每个人都全心投入，尽可能地努力工作。我们需要确保一切都正常运行。否则，我们都可能失去工作以及公司。

但是，我不想一切照旧。在美国司法部调查期间，我们一定有更好的方法来运营公司，也有更好的方式来经营生活。肯·布兰佳曾教给我一个理念，被称为“服务型领导力”。我们决定将这个理念作为推动公司前进的基石。这种革命性的方法可行吗？我的团队会接受吗？

以关爱释放组织潜能

在达特伦，一场决战已经拉开帷幕。服务型领导力意味着领导者要放弃个人目标而去帮助别人实现其更高追求，这样的精神真的能在一家制造公司行得通吗？更重要的是，这种领导方式在陷入混乱的公司中也能发挥作用吗？在这一紧要关头，这些问题似乎令人望而生畏，难以回答。

在我来达特伦就职之前，一家大型国防承包商几年前就已经收购了达特伦，成为达特伦的母公司。母公司的领导者很希望达特伦能帮助他们进入国际市场。然而，当母公司收到收购要约时，我们的关系开始破裂。买方开始对达特伦进行尽职调查。就在尽职问询完成后不久，我被告知我和几名工作人员被视为刑事调查的对象。美国司法部毫不含糊地声明，他们不知道我是无辜的还是有罪的。

我在达特伦工作了近 7 年，我知道我们没有做错任何事。这条消息和我们即将经历的事情让人难以承受。母公司连同买方开始对达特伦近 5 年来的业务进行广泛且深入的调查。

没有人做过违法的事。我们完全是合规的。然而，当被放在显微镜下时，我们的处境令人不安，我不知道是否有人提出更多的指控，被起诉的威胁依然存在。

当公司经历这种事情的时候，每位员工都很紧张。他们都想知道发生了什么事。在收到传票后，我召集了全体员工召开会议。我告诉他们，我相信真相会还我们以清白。“这很简单，”我说，“说实话就行了。”我们几个高管做得更多一些，成立了工作小组，每天早上开会并祈祷真相早日水落石出。

在调查进行了几个月之后，我们了解到买方想利用美国司法部的调查进行谈判，以压低收购母公司的价格。最后，调查结束了。司法部的调查结果证明了我们一直以来都深信不疑的事情，那就是我们没有做任何违法的事情，只是某些行政管理程序需要进一步改善。

这次调查就像噩梦一样，让我们经历了很长一段黑暗时期。但是，后来新的机会出现了。母公司的首席财务官通知我们，他们想把达特伦卖掉。我和我的妻子洛丽决定买下这家公司。这样做风险非常高，因为那时达特伦尚处于亏损状态，我们有可能会血本无归。虽然我处于管理层，但从未独立经营过一家公司。但我相信我们的业务能力和我们服务的客户。尽管我和洛丽的个人财富不足以购买这家公司，但是我们能够获得贷款，我们决定冒险试一试。

奇迹发生了，就在我们入股的第一天，公司就提前收到了一些客户的账款。那天结束时，我们在银行账户上的钱有将近 500 万美元。接下来的几个月，我和洛丽一直在讨论我们希望达特伦成为哪种类型的公司。我们会全力以赴地去经营它。我们想赋予这家公司与大多数其他机构有所不同的价值观。后来我们想到了服务型领导力，这一点我最初还是从肯·布兰佳那里学习并了解到的。服务型领导力是我们唯一的选择。这是我们所信仰的。

实践服务型领导力并不费力，也并不让人感到压抑或难以承受。它是一种让人们得以释放的心态。服务型领导力遵循一个最重要的思想，那就是关爱他人。当你以尊重的态度对待他人时，你将使他们释放巨大的潜能。我们不只对我们的员工付出关爱，也会关爱他们的家人。作为领导者，我要对这些家庭负责，因为这些家庭里的父母，每天起床后都要离开自己的孩子，花费时间在达特伦努力工作。我的责任不是一种不得不履行的义务。恰恰相反，这对我来说是一种快乐。我有幸参与他们的生活。

在开始经营公司时，我们与外部咨询公司签约，请他们帮助我们确定公司的使命和宗旨。我们提出了简单易懂的使命和宗旨，至今仍然有效，那就是“成为自我维持并有所盈利的通信公司，今天和明天都将给人们的生活带去积极的影响”。推出新的使命和宗旨后，我们将重点转移到学习并执行服务型领导力这一工作中。

过程比成果更重要

我不想公司发展的重点仅仅是追逐利润。我认为真正的重中之重应该是人。这意味着我们要做一些与众不同的事情。首先，我们要抛弃组织结构图。我认为组织结构图只会强化层级式的领导模式。服务型领导力的原则颠覆了这种模式。真正的服务型领导者会把员工放在自己之前，认为他们比自己更重要。

其次，要允许员工把家庭置于工作之前。对于大多数领导者来说，这个想法很好，然而，这会分散员工对于工作的专注力，工作效率会降低，生产力也会下降。没有什么比这个观点更离谱的了。当然，达特伦的那些被司法部调查的人，在调查期间生活被搞得一团糟，以至于不得不在那段时间把家人排在优先顺序的最后一位。实际上，这是他们为了公司的利益而做出的自我牺牲。我需要改变这一点。

你可以想象，管理团队是很难接受这一新理念的，他们清楚我们公司尚处于不稳定的状态。如果要做些什么，他们认为是要加强公司的组织架构，包括加强相应的职责界定，而不是摒弃它。我们的家庭可以暂时继续处于次要地位，这样我们就可以专注于工作。

最后，更大的挑战是改善员工的心理状况。司法部的调查给他们带来了实实在在的伤害。那些指控让一些人觉得他们好像是审讯灯下的罪犯。一些领导者变得胆小怕事，因为害怕犯错误而难以再次拍板做决定。

我和洛丽相信，服务型领导力不仅能帮助我们治愈这些创伤，还能让我们的组织茁壮成长。所以我们要勇敢地向前迈进。我们曾经犯过一些错误。那些年，我学到的最重要的经验是，当人们从传统的领导者转变为服务型领导者时，不同的人，转变的速度会有所区别。他们可能都会有踏上新征程的愿望，但是他们会以不同的速度前进，对服务型领导力到底是什么也存在不同的想法。

我发现自己就像果园的管理员一样，管理着不同种类的果树。有些果树马上就能开花结果，有些需要耐心培育并修剪枝杈。但是，最终的结果一定是，每一棵果树都会长得很茂盛，并且生机勃勃。一路上，我经历了很多。这些经历激励着我，也让我看清我们确实是走在正确的道路上。我曾经拜访过东海岸一家大型软件公司的首席执行官。当我们坐在他的会议室里时，他告诉我他的女儿马上要分娩了，他那天没有太多时间陪我。显然，他把女儿的需求放在第一位。他也把这种对家庭的关怀延伸到所有的员工身上。他说，他的主要工作是确保员工下班后还想在第二天早上回来继续工作，同时还要相信自己正在向伟大的目标靠近。

就这样，我们一步一步地在达特伦持续推行服务型领导力。我记得我向公司宣布实施服务型领导力的那天。我们播放了一段视频，其中包括对那些经过服务型领导力培训的经理和员工的采访视频。在那个采访中，人们都在谈论服务型领导力对他们的影响，他们不仅在工作中受到了影响，而且在个人生活中也受到了影响。看着这个采访，我的眼睛湿润了，我说不出话来。他们正在为别人付出，真正把别人的需要放在自己的需要之前。当他们付出时，别人也会回馈给他们。这是一个鲜活的例子，当一个团队中人们愿意花时间倾听并关心彼此时，那还有什么事情是这支团队做不到的呢？

于是，我们公司迎来了螺旋式上升与发展，善良的品质渗透到整个组织之中。员工在下班后，也不会停止善良的行为。他们开始将服务型领导力的原则运用在家里。他们说，他们在婚姻与家庭关系里遇到的困难也正在慢慢好转。猜一猜接下来发生了什么？随着我们在这一精神层面上的进化，公司的利润出现了显著的增长。我们获得了创纪录的收入、利润和现金流。2016年末，达特伦获得了创纪录的合同金额，金额达到 4.95 亿美元。

把服务型领导力带入真实的世界

当我们的公司迈向未来时，我的愿景是与世界分享服务型领导力。我想和大家分享这些原则，更重要的是向大家提供实施这些原则的战略和工具。作为一名领导者，我想帮助其他领导者和公司实施服务型领导力战略，并将其应用于现实世界里的每个挑战之中。我想向大家分享我们所面临的挑战，要避免的陷阱以及最终可能取得的成功。于是我们创建了服务型领导力学院来完成这项工作。服务型领导力学院是一个领导力发展组织，专注于实施服务型领导力。今天，我们的成员来自全球各地，他们想要发自内心地去以服务的方式领导，想要通过服务型领导力去帮助他人展开生命的画卷。

在过去 4 年里，我到处就服务型领导力这一主题发表演讲，我发现组织中各个层次的人员都希望获得一种更好的管理和领导方式。现在是我们通过服务型领导力来改变世界的时候了。我相信，很多人会享受这段旅程，接受其中的挑战，并从那些受到他们影响的人身上看到服务型领导力所带来的转变成果。我希望世界各地的组织机构都选择以服务型领导力释放组织潜能。

本文出自谁手

阿特·巴特 **Art Barter**

阿特·巴特是达特伦世界通信公司的所有者和首席执行官，以及服务型领导力学院的创始人和首席执行官。他的职业生涯始于迪士尼公司。在 1997 年加入达特伦世界通信公司之前，他已在制造业工作了 25 年。他热衷于推广服务型领导力，并遵循“取得成果的过程比成果本身更重要”这一指导原则。

第 40 章

7 条服务原则，让组织走向成功

谢丽尔·巴舍尔德

主编寄语

在达特伦世界通信公司服务型领导力学院赞助的一次会议上，我遇到了谢丽尔·巴舍尔德（Cheryl Bachelder）。我一直在寻找关于领导者实践的好案例。我希望看到高层管理者把常识付诸实践，并且该举措在工作中发挥了重大作用。巴舍尔德在担任 Popeyes 炸鸡快餐公司（以下简称 Popeyes）首席执行官期间确实做到了这一点。巴舍尔德为我们提供了一个很好的例子，说明了服务型领导力可以帮助组织机构扭转糟糕的局面。

2007 年，Popeyes 无论是公司本身还是品牌，都在苦苦地挣扎。公司的销售额和盈利能力都在下降。那些自己投资设施并雇用工作人员的特许经营商都非常不高兴。他们一家的生计都依赖于 Popeyes 的经营情况，他们想知道公司会如何改善品牌糟糕的经营状况。

2007 年 11 月，我接受了 Popeyes 首席执行官的职位，我知道公司正在经历艰难时刻。尽管如此，一位资深的特许经营商说的一句话还是让我大吃一惊："不要指望我们很快就能信任你。我们就像是被虐待过的孩子，需要很长时间才能忘记过去。”简而言之，特许经营商们过去没有得到很好的服务，这种情况必须有所改变。

我从 1995 年开始从事特许经营工作，一直在观察特许经营商和特许经营授权商之间的关系变化情况。在这种商业模式下，两者之间是一种共生的伙伴关系。特许经营授权商提供品牌、菜单、营销方案和操作系统，很多情况下还提供食品和包装用品。特许经营商建造餐厅，雇用、培训员工，并根据政策指南经营餐厅。双方都必须做好各自的工作，否则结果将不尽如人意。

考虑到此类业务的特性，我总是对特许经营授权商与特许经营商之间存在敌对的关系，甚至双方之间有着一触即发的火药味的情况感到惊讶。但正如我的一位领导者所说：“从来没有一个品牌是通过与特许经销商开战而获得销售额及利润增长的。”

公司的领导团队正是要解决这种困境，并决定将其作为提升经营业绩的切入点。简单地说，我们决定为特许经营商提供良好的服务。我们开始称他们为我们的第一大客户。更重要的是，我们开始以服务型领导者的方式对待他们。

道理很简单。如果我们服务好特许经营商，那么随着销售额和利润的增长，他们就会对未来感到兴奋，就会建造更多的连锁餐厅。当他们建造更多的餐厅时，我们的股东和其他利益相关者也将得到很好的收益。把特许经营商们服务好，其他人就能从中受益。那么，我们从哪里开始扭转局面，又有什么能够推动公司业绩增长呢？

我们的第一个决定是，投入大量时间与特许经营商并肩作战，帮他们照看生意并与他们一起工作，从而让他们获得更好的业绩。我们的目标是成为一家成功的连锁餐厅，因此我们选择聚焦于核心战略，即打造一个具有特色的品牌，经营好餐厅，让特许经营商们赚到钱。这些战略对于扭转局面来说非常重要。但是，我要告诉你的是，我们与特许经营商做生意的原则才是更重要的。我们采用了 7 条服务原则，并利用这些原则来指导我们之间的合作。

服务于他人的 7 条原则

原则 1，尊重特许经营商的热情

很多像 Popeyes 特许经营商这样的小企业主对实现好的品牌理念都充满激情。他们甘冒风险，把大笔资金投入打造品牌理念上，然后用无尽的热情来正确实践一品牌理念。在 Popeyes，对于上乘食物的追求永无止境。Popeyes 的人只想打造最佳品质的餐厅。

我们的第一个原则就是尊重特许经营商的热情，他们把资金和时间都投入 Popeyes，我们就应该以最信任的态度来对待他们。我们应该尊重和敬佩他们做生意的热情。热情是点燃商业计划之火的燃料。

原则 2，认真倾听特许经营商的意见并学习

如果你曾经和你所关心的人发生过争执，你就会体会到当你不听别人讲话时会发生什么。你会错过他们说的观点，忽略他们真正关心的问题。那样，你就会缺失重要信息，然后导致争论升级。特许经营业也是如此。

2007 年秋天，我们的第一次公务旅行被称为“倾听之旅”。我们去了 7 个城市，仔细聆听了特许经营商、餐厅经理以及 Popeyes 顾客的心声，听他们诉说他们眼中的问题以及他们心中的解决方案。我们请他们反馈问题，而不是试图向他们兜售产品。通过认真倾听，我们了解到亟待解决的所有问

题。我们表现出对合作方的尊重。等这场公务旅行结束，我们就开始执行行动计划。

认真听取特许经营商的意见，并向他们学习，这是我们第二个基本原则。

原则 3，在变化中不断学习

食品零售业是一个动态的、快节奏的行业，有许多竞争对手在争夺市场份额。你的企业可能今天表现优异，但是一天之后，强势的竞争对手推出了一个创新菜单、一种新型服务方式或一个新的价值理念，潮流就可能因此而发生改变。

2008 年秋天，我们准备推出大型营销计划，从而提升 Popeyes 的销售额。我们与特许经营商结成联盟，为广告宣传留出大量预算，我们计划以风暴般的速度占领市场。但是那时，我们并不知道美国的银行业正处于崩溃的边缘，经济开始进入衰退期，有可能是我们一生中面临的最严重的经济环境衰退。我们还需要吸取更多的经验和教训。

几个月下来，公司的销售情况并没有好转，但是我们在不断地学习。我们与特许经营商的负责人保持密切的对话，并快速分析问题的原因及结果。我们审时度势，快速调整营销计划，从而使其在新形势下发挥效用。我们保持学习的意愿，并在不断学习的基础上采取行动。所以，就在不平凡的 2009 年初，我们迎来了转机。这是我们极其重视并将延续下去的第三个原则，即在变化中不断学习。

原则 4，实事求是并做好业务规划

截至 2007 年，Popeyes 已拥有 35 年历史。你可能认为，我们早就建立了完善的计划流程和绩效评估体系，并以此来管理公司及推动业务发展。但我们没有。我们每季度只制定未来 90 天的商业规划。我们有一个数据集，就是特许经营商汇给我们的手续费和特许权使用费。我们没有详细的年度计划或 5 年战略规划，也没有新产品、促销活动及餐厅选址等相关渠道。我们更没有收集重要的信息和数据，如客户满意度、服务速度或餐厅经营利润等。

还记得我们的第一个原则吗？尊重特许经营商的热情！不受任何事实和计划控制的热情只是一种原始的、肆无忌惮的情感。这是我们与特许经营商开展对话的状态。在我们获得信息并做出计划前，我们只能任由喊声最大的那个人摆布。

我们的一个特许经营商曾说："标准在哪儿，方向就在哪儿。"接下来，我们开始给每项工作都制定标准和方向。首先是客户交易量、客户满意度、服务速度和餐厅经营利润，其次是特许经营商投资新餐厅的回报率。

接下来发生了两件事情。我们的特许经营商开始改善关键的业务指标。当我们开会规划未来时，我们用事实指导决策。我们可以激烈地争论，但是情绪受到真实信息的约束。我们的第四个原则——实事求是并做好业务规划让我们获得了可持续的成功。

原则 5，积极指导和培养人才

有时候，你能做的最重要的决定就是承认自己的弱点。Popeyes 几乎没有人才培养能力，指导并培养人才原本不是企业文化的一部分。我们向自己、向团队以及特许经营商们公开表明了这一弱点。然后，我们开始了新旅程，使指导和培养人才在企业文化中变得重要起来。

我们明确了成功所需的业务能力并制定行动原则，然后专注于指导和培养员工获得这些能力。尽管我们不是最好的教练，但是员工从我们的努力中看到我们对他们的重视，逐渐发展和成长起来。这是我们的第五个原则——积极指导和培养人才。

这能给特许经营商带来什么好处呢？现在，公司领导者正在投入时间和精力指导并培训员工为他们提供服务的人的能力在不断加强，甚至可以说得到了突飞猛进的提升，特许经营商们也发现了这一变化。

原则 6，各司其责

合作双方之中有任意一方不够尽职尽责，都会使其关系受人诟病或者功能失调。正如我之前提到的，在我们的商业模式中，每个人都有自己的角色和责任，我们必须为企业繁荣而共同努力。特许经营授权商必须提供令人信服的品牌理念和高效运作的运营体系。特许经营商则必须提供优秀的工作人员、优质的食物和高品质的客户体验。当各负其责后，我们就可以期待积极的成效了。如果有一个人掉队，他就必须承担个人责任，并迅速纠正行为。这是我们的第六个原则——各司其责。

我们的企业文化变成了“不找借口，不去责备”。我们接受自己的角色和责任，正确地做事情，努力避免给他人造成损失。当组织的责任感很强时，生产力就会飙升。

原则 7，保持谦逊的心态

我们制定的最后一个原则，可能也是为 Popeyes 带来转机的最重要的一个原则。这一原则强调了 Popeyes 的宗旨，即保持谦逊的心态，尽力服务特许经营商，使其创造优异的业绩。这是我们的信念，源于我们的工作经验。当我们服务好特许经营商时，业务就会蓬勃发展。随着时间的推移，我们自己的职业目标会实现，需求也会得到满足。

在日常生活中一直保持谦逊的心态并不容易，把谦逊的心态传授给领导层更是难上加难，因为这是他们领导能力中的弱项。但是，为了更好地服务于特许经营商，学会谦逊是至关重要的。我们对谦逊的定义来自华理克（Rick Warren）、肯·布兰佳等，即“谦逊不是小看自己，而是少想自己”。

在 Popeyes，我们都是普通人，在日常生活中要努力做到不以自我为中心。因为我们曾经经历过，所以相信，在以自身利益为出发点行事时，我们与特许经营商的关系就会受到损害，业绩就会下滑。相反，当我们将他人利益置于自身利益之上时，双方关系以及公司业绩就会蒸蒸日上。

成果

2007 年至 2016 年，Popeyes 成长为一家成功的企业，餐厅销售额、利润增长率都令竞争对手羡慕不已。特许经营商得到了很好的服务，95% 的特许经营商对 Popeyes 系统的满意度评价为“好”或“非常好”；90% 的特许经营商表示会把 Popeyes 推荐给其他加盟商。为特许经营商尽力提供服务的决定也让股东和其他利益相关者受益。Popeyes 的股票价格从 2007 年的每股 11 美元上涨到 2016 年底的每股 64 美元。我认为，这能直接反映出我们采用服务型领导力方式的成果。2017 年 3 月，当公司被董事会出售时，买方每股支付了 15 美元的溢价，公司最终以每股 79 美元的价格出售。当这个故事刚刚开始的时候，我们并不知道服务型领导力会带领我们走向成功。我们没有在办公室里摆放写着宗旨和原则的牌匾，我们所拥有的就只有一个领导团队。这些人把他们的热情和雄心聚焦于企业的成功，而不是自己的利益。吉姆·柯林斯在《从优秀到卓越》[1] 一书中写到，优秀的领导者“是个人谦逊品质和职业化的坚定意志相结合的矛盾产物。他们当然是雄心勃勃的，但首先是为了公司雄心勃勃，而不是为了他们自己”。

本文出自谁手

谢丽尔·巴舍尔德　Cheryl Bachelder

谢丽尔·巴舍尔德自 2007 年至 2017 年在 Popeyes 炸鸡快餐公司担任首席执行官。她曾在百胜餐饮集团、达美乐比萨、美国雷诺兹－纳贝斯克、吉列以及宝洁等多家公司领导岗位任职，拥有超过 35 年的领导经验。2012 年，她被女性餐饮服务论坛（Women's Foodservice Forum）评为"年度领导者人物"，还获得过国际食品制造商协会（International Food Manufacturer's Association）颁发的银牌。她是畅销书《服务型管理：成就高业绩团队》（*Dare to Serve: How to Drive Superior Results by Serving Others*）的作者。

第41章

8项举措，留住优秀的人才

里科·马兰托

主编寄语

罗恩·米特尔施泰特（Ron Mittelstaedt）是废品联合公司（Waste Connections，WCN）的创始人兼首席执行官。几年前，我在他举办的首席执行官圆桌会议上发言，那时认识了他。我发现我们在领导力哲学上志同道合。因此，我与米特尔施泰特及他的核心管理层一起做过一些服务型领导力相关的工作。这篇文章是由里科·马兰托（Rico Maranto）写的，他是废品联合公司企业文化的守护者和服务型领导力的传道士。这篇文章讲述了高层管理者如何发挥影响力，使服务型领导力在公司变得活跃起来，并创造出优异的业绩。

废品联合公司（WCN）成立于1997年，创始人兼首席执行官米特尔施泰特收购了西北部的几家固体废品处理公司，几年内，WCN就成为美国第四大固体废品处理公司，成为该行业令人敬畏的参与者。此外，WCN在股票市场上的表现也明显优于竞争对手。

问题浮现

表面上来看，尽管 WCN 获得了成功，但是它正在流失优秀的员工。在 3 000 名员工中，每年有 1 200 至 1 400 名员工离职，离职率超过 40%。而且，80% 的离职员工是主动离职的。人们正在“选择”离开公司。

米特尔施泰特知道，如果公司每年都要更换和培训 40% 的员工，那么公司是不会继续保持成功的。他特别关注员工离职人数，并知道亟须找到留住员工的方法。

为了帮助管理层了解离职率高的原因，我们请在两年内离开公司的每个员工填写了离职调查表。超过 2 000 名调查者指出了问题：他们对自己的领导者感到失望。45% 的受访者说他们不能与管理者进行坦诚的交谈。同等数量的人还说，他们所从事的工作不是招聘时公司要求他们做的工作。

WCN 的领导者需要认真审视一下自己，需要认识到他们是员工无法与之交谈的对象。他们雇用了员工之后给了员工错误的期待。如果他们想提升员工留存率，就必须进行自我改进。

回首过去，米特尔施泰特曾经说：“我们发现，员工对于雇员与雇主之间的关系期望更高，远远高于对日常工作的简单管理。员工需要感受到包容、家庭氛围、关怀、信任，需要拥有自主权。他们想知道自己的声音是否重要，他们不只是一个工具而已。我们必须进行大规模的改革。这是一个关乎公司生存的问题。我们现在前进的方向是不可持续的。”

解决方案

就在米特尔施泰特寻找解决此次人才流失危机的方法时，他听到了服务型领导力的概念。他了解到这种领导力方式主张颠覆传统的金字塔组织架构，把领导者放在最底层，以便他们能够服务位于上层的员工。他还了解到，这需要谦逊而不是自我的心态。服务型领导者的职责是帮助他人获得成功，是为员工服务，而不是被员工服务。服务型领导者要努力了解每一位员工对成功的定义，并努力帮助每个员工获得成功。

米特尔施泰特考虑了员工离职的原因，那就是他们希望离开自己的领导者。他意识到服务型领导力能够塑造更好的领导者，创造更好的工作场所，并提升员工留存率。但是，这种管理方式似乎是一种软领导，与传统的命令和控制式领导方式截然不同，而独裁作风又盛行于废品处理行业。员工会利用服务型领导者的无私而谋取私利吗？如果公司的领导者只关心员工，真的能取得优异的成绩吗？服务型领导力会起作用吗？

最终，米特尔施泰特相信服务型领导力会起作用。他向 WCN 高层领导者介绍了这一理念，他说："我们的组织架构是典型的自上而下的金字塔式组织架构。起初这种组织架构可能对我们有用，但现在不行了。时代改变了，人们也改变了。因此，我们也必须改变。我们应该颠覆自己的思维方式！"

WCN 首席财务官沃辛·杰克曼（Worthing Jackman）支持这项提议，他当时就表示："如果服务型领导力能够融入我们的文化，我相信我们将会更有能力实现财务目标。到时候，我们会是在经营业务，而不是被业务追着跑。"

执行与实施

米特尔施泰特在 2005 年度的公司管理层会议上介绍了服务型领导力，探讨了员工离职问题，解释了高离职率对组织的长期影响，分享了员工离职调查结果，并提出了改革预期。然后，他对服务型领导力进行了定义，并希望所有管理者成为服务型领导者。

肯·布兰佳是那次会议的主要发言人，他解释了服务型领导力并不是软领导，它关乎上下级关系，也关乎业务成果，既与成果有关，也与等级关系相连。

WCN 是一个分散经营管理的组织。现场管理者们被视为独立的企业家，有权像废品处理公司的拥有者一样去管理它。他们对结果负责，包括安全性、营业额和财务健康等问题，但是不对管理方法负责。由于 WCN 实施分散的经营结构，公司领导层很少告诉现场管理者们该做什么或如何做。

本着权力下放的精神，米特尔施泰特对现场管理者说："我们希望你能成为服务型领导者。我们不会强迫你必须这样做，但我们相信，如果你这样做了，会获得更好的业绩。而你的工作评判标准就是你的业绩表现。"

落实服务型领导力的 8 项举措

米特尔施泰特知道服务型领导力将成为企业文化中的重大变革。"这两年里我们就像推着雪球上山，"他说，"有很多人反对这样做，因为这个理念是外来的。他们认为这行不通，想按照过去一贯的做事方式做事。"

公司总裁史蒂夫·鲍克（Steve Bouck）说："管理者们对此持怀疑态度。他们会说，'我们运营着很多工作单元。当我告诉员工该做什么时，我希望他们立刻去执行'。帮助管理者们接受服务型领导力方式，需要坚持不懈地与他们沟通以及实施前后一致的激励措施。"

首席运营官达雷尔·钱布利斯（Darrell Chambliss）补充道："推行服务型领导力是很难的，我们需要不断在公司强化这一思维。我们仍然在不断地谈论这一理念并投入相应的资源。除非组织全身心投入其中，否则服务型领导力就会变成摆在书架上布满灰尘的一本书。”WCN 做了很多事情以促进企业文化的变革，并且帮助管理者接受服务型领导力，关键的举措如下。

举措 1，推介愿景和价值观

鲍克说：“愿景和价值观应以自我赋能和充分授权为中心，推介这一愿景和价值观是塑造企业文化和领导力风格框架的关键因素。”

举措 2，开展服务型领导力培训

最初，米特尔施泰特和高层管理者通过封闭式服务型领导力研讨会对所有管理者进行培训，对地区管理者的培训从学习如何管理废品处理公司发展到学习如何做一名服务型领导者，从技术能力课程发展到软能力课程。

一段时间后，米特尔施泰特聘请了一位领导力培训主管，负责开发并教授一系列的服务型领导力课程，总共包括 7 门课程。这位新主管参加所有可能参加的会议，并在会上讨论服务型领导力的相关问题，每周向所有管理者发送一封关于服务型领导力的电子邮件，不放过任何机会和场合与人讨论服务型领导力的话题。米特尔施泰特说：“这将服务型领导力提升到了一个全新的水平，赋予服务型领导力在公司中应有的身份和地位。”

举措 3，分享服务型领导力的成功故事

采用服务型领导力进行管理的管理者开始获得成功。为了激励他人，我们编辑资料分发给大家，分享成功的故事。

举措 4，发放服务型领导力调查问卷

2007 年，所有员工都收到了一份调查问卷，要求他们给上司的各项领

导力特点打分。第二年，每位管理者的奖金中都有一定比例是由调查结果决定的，这一比例最高达到 25%。

举措 5，编写《服务型领导力行动手册》

米特尔施泰特在 2007 年度管理层会议上做了重要讲话，他说服务型领导力是一种生活方式，不是一个计划。为了说明这一点，他用节食减肥的例子进行了类比。他说："我们知道有成千上万种节食减肥方法。如果你选择一种健康的生活方式并坚持下去，你就能瘦下来。很多人节食减肥后体重又反弹了，他们会说，'我曾经节食过，但现在已经不再节食了'。但如果减肥的人从健康饮食开始，健康就变成了一种生活方式。健康的生活成为他们 DNA 的一部分，或者说他们生命中的一部分。我们会告诉你服务型领导力的健康饮食方法，你来决定这是否会成为你的生活方式。"

米特尔施泰特建议的"健康饮食方法"演化为大家所知道的《服务型领导力行动手册》。这本手册将服务型领导力的理念转化为行动指南，任何管理者都可以参照它并成为更好的服务型领导者。这让服务型领导力在执行上对管理者们有了更大的吸引力。手册中的部分具体内容如下：

- 在部门传达公司的愿景和价值观；
- 与团队开会讨论愿景和价值观；
- 强化价值观并且言行一致；
- 四处走动，观察他人的需要；
- 帮助员工正确地做事；
- 在每次会议上留出时间，员工可以给管理者一份待办事项清单，请管理者协助办理；
- 每天都要对员工进行必要的指导。

举措 6，开设服务型领导力奖项

WCN 每年都会为优秀管理者颁发奖项，如“年度最佳管理者”或者“最佳 EBITDA[①] 进步奖”等。那么，现在公司不仅要知道“年度最佳管理者”做了什么，还要了解他们是如何做的。于是，“年度最佳服务型领导者”奖项就产生了，以表彰那些最能体现服务型领导力的管理者。这是公司最重要的奖项，相当于“奥斯卡最佳影片奖”。

举措 7，让自私自利的领导者离开

到 2008 年，服务型领导力在公司的势头已经不可阻挡。大约 90% 的管理者采用了服务型领导力，并取得了显著的成效。在 2008 年的年度管理层大会上，米特尔施泰特做了声明：服务型领导力不再是可选方案，而是公司期待所有管理者采用的领导力方式。

公司的一位部门副总裁在年度管理层大会上连续两年获得认可，似乎与员工建立了良好的关系。他取得了令人印象深刻的成绩，在与高层领导者交谈时，谈吐之间就像一位服务型领导者。每个人都认为他是一位好的服务型领导者，除了他的下属。在关于他的服务型领导力调查中，他的下属描述了一个不一样的部门副总裁，一个自私、自利又虚伪的部门副总裁。

当这位部门副总裁的品格曝光后，米特尔施泰特和其他高管不得不做出至关重要的决定：“是否要留住业绩优异但不具备服务型领导力的管理者？”

米特尔施泰特发现高层管理者对这位部门副总裁的看法非常好。“但是，”他说，“服务型领导者不是要服务上级，而是要服务下级。重要的不是你的老板怎么看你，而是你的下属如何看他们的老板。”然后，他直截了当地说：“如果我们的企业文化中有了‘癌细胞’，我们得把它清除。”

---

① 意为税息折旧及摊销前利润。——编者注

最终，公司解雇了这位部门副总裁。不久之后，其他 15 至 20 名管理者要么进入“淘汰池”之中，要么被降职到经办岗位。这向每个人传递了一则明确的信息，即服务型领导力不是一道选择题。人员培训及发展部门的负责人之一休·内瑟顿（Sue Netherton）解释说：“我们必须痛下决心让那些非服务型领导者离开公司，即便他们能够创造良好的业绩。但留住他们就会对组织管理产生影响，会损害我们的服务型领导力文化。”

举措 8，雇人先看人品

WCN 需要扩大员工候选人才库，并且改变了招聘要求。过去，他们雇用应聘者主要考虑应聘者的工作能力和经验。现在，他们会降低对应聘者工作能力的要求，而是更多地考虑应聘者的人品。正如米特尔施泰特所说，“你不能培训人品”。在考虑应聘者的工作能力和经验前，负责招聘的人会问一些问题，从而了解应聘者的个人价值观是否与公司价值观一致。

改革开花结果

到了 2010 年底，整体员工离职率从 40% 下降到 17%。其中，员工主动离职率从 80% 下降到 56%。WCN 的股票表现超过所有竞争对手，并优于标准普尔指数，安全事故率下降了 40%。内瑟顿把 WCN 采用服务型领导力的决定描述为“推动公司走向成功的最终决定”。“服务型领导力让 WCN 成为员工想去工作的地方，而不是他们不得不去工作的地方。”鲍克说，“在这个艰难的行业里，WCN 对行业内的人来说是个相当不错的工作场所。”

米特尔施泰特说：“人们听说我们是一家很好的公司，并且拥有良好的企业文化，这就吸引了更好的员工。现在，我们找到并且留住了我们想要的人才。”

“服务型领导力定义了我们对管理者的期望，定义了我们期望管理者以什么样的方式运营公司，”钱布利斯说，“同时，它告诉管理者，与员工建立友好的关系是可行的。这一方式教会我们从服务者的角度进行沟通，而不仅是从老板的角度出发，它还让我们在自己的家庭及社区中表现得更好，成为更好的一员。”

米特尔施泰特对服务型领导力的影响力进行了总结：“服务型领导力的整个理念具有积极的连锁效应，我们的管理者对待员工的方式符合员工对领导力的愿景。然后，这些员工在公司以外的地方也会留下不可磨灭的服务型领导力的印记，例如，他们会在外面指导联盟球队，为教会或社区提供服务等。这样的影响力会改善他们的家庭和社区生活，也会蔓延到其他人那里，影响更多的人，让影响力不断向外扩散。”

2016 年，WCN 的股票表现继续优于竞争对手及标准普尔指数，安全事故率为行业最低。整体员工离职率继续保持低位，员工主动离职率低于以往任何时候。2016 年夏天，WCN 与一家规模相当但是员工数量稍多的公司合并。两家公司在同一行业，使用相似的设备，有着相似的安全标准，但是业绩表现截然不同。那家公司的员工主动离职率达 80%，远远高于 WCN，安全事故率是 WCN 的 4 倍。在过去 4 年中，有 31 名员工或第三方人员死亡，而 WCN 没有一个人死亡。那家公司基本上处于 WCN 10 年前的状况。

既然两家公司如此相似，为什么会有如此不同的结果呢？答案是服务型领导力文化。两家公司并购后，对方公司的地区副总裁助理迪安·迪瓦莱里奥（Dean DiValerio）加入 WCN。他说：“回顾我就职过的各家废品处理公司，我们都使用相同的卡车，员工也都来自同一个人才库。WCN 如此成功，就在于其采用了服务型领导力，这种企业文化让 WCN 与众不用，从行业内脱颖而出。”公司并购后，WCN 立即为即将到来的管理者组织培训，让他们了解服务型领导力，总计为 1 000 多名管理者举办了 40 多个培训班。他们对服务型领导力的兴奋之情溢于言表。仅在 9 个月内，员工离职率就下降了

14 个百分点，安全事故率就下降了 66% 以上。WCN 的股票价格从每股 66 美元上涨到了每股 86 美元。服务型领导力成绩斐然！

米特尔施泰特说："服务型领导力已经成为公司的 DNA，也就是公司的核心，这是我们做事的方式。"WCN 正走向未来，他们将继续承载服务型领导力的工作方式，营造良好的关系氛围，再创佳绩。

本文出自谁手

里科・马兰托　Rico Maranto

里科・马兰托是学习与发展领域的一位专业人士，在这一领域拥有 25 年多的经验。他热衷于帮助他人接受服务型领导力理念，从而使他们在家庭、社区和工作场所成为更好的服务型领导者。他曾在瑞吉斯大学攻读组织领导力和人力资源管理专业并获得硕士学位。

第42章

4个步骤，改善绩效管理体系

加里·里奇

主编寄语

我认识加里·里奇（Garry Ridge）是在他成为 WD-40 公司总裁后不久，那时他是高级管理人员 MBA 项目的学生，这个项目正好是我和我的妻子玛吉在圣迭戈大学创办的。他是行动上的巨人，每次高效学习后，他就会在第二天实践学习到的内容。在他的带领下，WD-40 公司成长为一家优秀的服务型领导力公司。公司成长的过程激发他和我一起写了一本书，即《帮助人们在工作中取胜》(*Helping People Win at Work*)。毕竟，服务型领导力中关键的一面是帮助他人取胜，也就是帮助他人实现自己的目标。里奇的做法绝对值得在你们的公司里复制。

我在 40 岁的时候决定去学习深造，开阔眼界。虽然我早就在悉尼科技大学获得了文凭，并担任 WD-40 公司的首席执行官，但是我想求证我所知道的，并学习我所不知道的。因此，我在圣迭戈大学注册了高级管理人员 MBA 项目，这是圣迭戈大学与肯·布兰佳公司的一个合作项目。在那里我遇见了肯·布兰佳，听到了这位大学教授谈论他的教学哲学：在学期开始就让学生进行期末考试，然后在整个学期课程中教授他们知识，当学生参加最后的期末考试时，他们每个人都得到了 A。

布兰佳认为，生活就是帮助所有人得 A，不必强迫他们适应正态分布曲线评价体系。然而，在大多数组织里，管理者一般都会把考核定为优、中、差三档，一小部分人在优档，一小部分人在差档，剩下的则是平均水平的员工。即使公司不采用正态分布曲线评价体系，管理者也害怕将所有人都评为优，因为这样做的话，管理者自身的评级反而会偏低。他们会被认为是性格太好，或者是软弱的管理者。因此，正态分布曲线评价体系在全世界通用。而我个人的价值观与布兰佳的哲学产生了共鸣，我将他的期末考试哲学应用到 WD-40 公司的绩效考核体系之中，这让我感到非常兴奋。

改变企业文化

为了对像组织绩效考核体系这么重要的事项进行变革，我们必须先关注企业文化变革。文化是指公司里的员工、主管和领导者的信念、信仰、价值观以及习惯与行为等。根据埃德加·沙因（Edgar Schein）[①] 和其他人对文化的理解，文化就是“我们在公司做事的方式”。影响 WD-40 公司的文化并不是一蹴而就养成的。我需要完成几步企业文化改革工作才能进一步改进绩效考核体系。

首先，我需要创造学习环境。什么因素导致组织中的人不想学习？他们把犯错误看作对职业生涯有害的事情，而不是将其视为学习的机会。因此，他们会掩盖错误，希望没有人发现。我需要做的是帮助人们认识到犯错误是不可避免的，它不是致命伤。为了做到这一点，我重新定义了犯错误的概

① 埃德加·沙因是美国麻省理工学院斯隆商学院终身荣誉教授，被誉为“企业文化理论之父”，他的企业文化著作《沙因文化变革领导力》已由湛庐引进，由天津科学技术出版社于 2021 年 5 月出版。——编者注

念。我需要让人们不害怕失败。因此，我决定，在WD-40公司，当人们犯错误时，我们不称其为“犯错误”，而是称之为“学习时刻”。

其次，我要明确公司的愿景和价值观。愿景和价值观就是指南针，能指明方向，让人们朝着正确的方向继续前进。拥有清晰的公司愿景和价值观与建设学习型文化一样重要。WD-40公司的愿景非常清晰，我们的产品帮助176个国家的人解决问题。本质上，我们所从事的是提高生活质量的业务。我们用一种近乎神奇的方式解决人们的日常问题，使人们的生活变得更美好，在此过程中，为他们创造永久而美好的回忆。

最后，一旦设定了愿景，价值观就是用来指导行为的原则，就像攀登高山所用的登山杖一样。价值观要简单而有力。作为唯一达成共识的行为准则，价值观要能够清晰地传达给所有员工，并指导员工在WD-40公司的行为秩序，价值观具体如下：

1. 做正确的事；
2. 在人们心中创造永久而美好的回忆；
3. 保持进步；
4. 致力于使团队和个人都获得成功；
5. 以主人翁精神付诸行动；
6. 保持WD-40公司的可持续增长。

价值观中的最后一条是“保持WD-40公司的可持续增长”，这很有意思。我见过很多公司从未把保持财务状况良好作为价值观之一。但是，如果不这么设定，每个人都会认为价值观就是个笑话。为什么呢？因为当财务状况不好的时候，公司就没有精力去做文化建设了。

我们把财务价值放在价值观列表的最后一个，就是要告诉大家财务状况也是很重要的，并且是核心价值观之一，但是我们不会做任何损害其他价值观的事情来赚钱。"保持 WD-40 公司的可持续增长"作为价值观，比强调利润的内涵更为广泛。如果人们看到的是"利润"，他们会认为我们关心的只是赚钱。当我们谈到"可持续增长"时，这涉及所有员工的福利，而不仅仅是涉及高层管理人员的福利。

我要进行的最后一项文化变革是建立"与其挑剔员工，不如帮他得 A"的绩效管理体系，让员工不要把我们看成"团队"，而是把我们看成"部落"。如果用"部落"来形容，我就有机会探讨更宽泛的并且对于 WD-40 公司很重要的各种组织属性。而如果我用"团队"这个词，就会受到局限。团队是以积极的方式完成各项任务并取得胜利的组织单位。虽然这很重要，但是部落有着更为丰富的概念内涵。部落意味着你属于这里，而团队意味着偶然的相遇。部落的概念为公司需要的开放式沟通定下了基调，也有助于同事之间建立伙伴关系，这对于实施"与其挑剔员工，不如帮他得 A"的绩效管理体系至关重要。

新的绩效管理体系

"与其挑剔员工，不如帮他得 A"的绩效考核体系包括 3 个方面：确定计划、有效执行、回顾与学习。

确定计划

说到确定计划，每一位部落首领每年都会与其直接下属进行一次谈话，确定部落成员的"期末考试"内容，该"考试"由 3 到 5 个短期 SMART 目标组成。SMART 是一个广泛使用的缩写词，每个字母的具体含义如下：

- S 代表具体（specific）目标，该目标看得见，可测定；
- M 代表激励（motivational）目标，部落成员会对此感到兴奋并愿意追求它；

- A 代表可实现的（attainable）目标，对于个人而言，该目标属于中等难度，可以实现；
- R 代表相关的（relevant）目标，要么直接对公司利润做出贡献，要么支持那些做贡献的人或事；
- T 代表可追踪的（trackable）目标，目标可以时时被追踪，从而个人可以及时得到表扬或者重新调整工作方式，这取决于个人完成目标的进展情况。

多年来，我领会到这样一个事实，即所有优秀的业绩都是从清晰的目标开始的，而这些目标又确立了服务型领导力之中领导力方面的内容。当领导者给某个人设定"期末考试"内容时，要确保这个人清楚每一项考试内容都是至关重要的。这就是设立 SMART 目标的意义。这样可以确保绩效评估体系是建立在看得见、可测定的目标之上的，而不是模糊的主观期望。

WD-40 公司的规则很简单：在财政年度结束时，如果人们完成了具体目标，他们就会获得 A，当然前提条件是他们的价值观要与公司的价值观保持一致。这意味着如果一个人的价值观持续地与公司价值观相违背，那么，即便是高绩效员工，也可能会面临职业危机。

有效执行

一旦员工对"期末考试"和具体目标有了清晰的认识，我们就开始着手推进服务型领导力的服务方面。在这个阶段，员工必须开始执行既定的目标任务。那么，日常的指导工作就需要发挥作用了。这是"与其挑剔员工，不如帮他得 A"绩效管理体系的重中之重。也就是说，部落首领需要在日常工作中与部落成员保持伙伴关系，帮助并指导部落成员在他们的每个目标上都获得 A。为了使这一过程顺利进行，WD-40 公司引进了肯・布兰佳的情境领导力Ⅱ模型，帮助部落首领们确定在每个目标上给予部落成员多少指导和支持。在我们的案例中，服务型领导力的领导力方面就是确立清晰的目标，这为事情顺利向前推进奠定了基础。同时，服务型领导力的服务方面是真实的行动，也就是帮助人们实现目标。此外，我们还需要推出绩效考核体系的第三个方面：回顾与学习。

回顾与学习

如果确定了计划并有效执行它，但不回顾与学习，那么组织有可能会遭受意外的打击。当某个人犯错误时，他可能会给组织造成损失，并毁坏个人的声誉，这时破坏性的事件会造成意外损失。因为我们不希望这样的事情发生，所以我们需要时常暂停进程，回顾并寻找可能造成错误的盲点并加以学习和改进，这一点尤为重要。

WD-40 公司回顾与学习的过程是持续对话的过程，贯穿全年的工作始终。为什么说回顾与学习是一个持续的过程呢？因为我们不想等有人失败了才开始回顾和反馈。领导者要定期给员工提供正面的或者负面的反馈，以便他们及时调整工作方向和力度。

每年所有部落首领都会与部落成员进行 4 次谈话，我们称之为“非正式会谈”，这也是回顾与学习过程中的一个环节。第一项工作是回顾既定的“期末考试”内容。这重要吗？重要。我们认为，WD-40 公司的目标设定是一个持续的过程，而不是在年初制定目标，然后到年底用目标来进行年度绩效评估。事实上，如果环境发生变化，部落成员甚至可以在第四季度初重新协商任务目标。

每个季度在回顾“期末考试”内容后，部落开始评估部落成员的绩效。在大多数组织中，每位管理者都必须在年底完成对每个直接下属的评估。而我们的做法有所不同。我们会在每个季度的会议上进行绩效评估，不是由部落首领来进行最初的评估，而是由部落成员来进行评估。每位部落成员在自己商定的每个目标上分别给出 A、B、C 或 L 的评价。L 表示部落成员在该目标上处于学习状态，还没准备好。部落首领的工作是同意或不同意部落成员做出的评估，并提供必要的帮助，协助下属在每个目标上朝 A 推进。

这一评估过程在每季度末和年度末的评估中都会重复进行。我要强调的是，部落首领只填写自己的绩效评估表，不填写直接下属的绩效评估表。

每个人都能得 A 吗？不一定。有时人们所从事的工作并不适合他。如果这个人是价值观驱动型的部落成员，我们就会在 WD-40 公司为他寻找其他合适的职位。如果这个人不是价值观驱动型的人，我们会认为有必要终止合约，我们会善意地对他说："也许其他公司更需要你。"WD-40 公司并不适合所有人。

服务型领导力的优势

为了让 WD-40 公司的每个人都能领会"与其挑剔员工，不如帮他得 A"的绩效管理体系，并将其融入我们创造的新型文化中，我发起了新的服务型领导力模式。我们将此模式描述为一个循环的、连续的过程，从确立公司愿景和价值观开始，然后是确定计划并有效执行它，接着是回顾与学习，最后再回归愿景。

整个过程是领导者赋能的过程，我们希望他们能够与下属成为同伴，并一起取得成功。我们先向部落成员解释 A 的具体表现。然后，我们创建一种文化，让人们能够获得 A。

这是有用的。2010 年到 2012 年是经济困难时期，我们却取得了公司历史上最好的财务业绩。在 2016 年度员工意见调查中，以下 5 个问题是人们赞成比例最高的：

1. 我觉得我的观点和价值观很适合 WD-40 公司的企业文化（99.1%）；
2. 我清楚 WD-40 公司的目标（98.4%）；
3. 我喜欢告诉别人我在 WD-40 公司工作（98.4%）；
4. 我知道 WD-40 公司对我的期望是什么（97.9%）；
5. 我了解我的工作如何有助于 WD-40 公司实现其目标（97.9%）。

对我来说，帮助人们获得 A 是服务型领导力的实践成果，也是获得满足感的唯一途径。

本文出自谁手

加里·里奇　　Garry Ridge

加里·里奇是澳大利亚人，自 1987 年起在 WD-40 公司工作，现任公司的总裁兼首席执行官。他于 2001 年获得圣迭戈大学高级管理人员领导力专业硕士学位，现任此专业的兼职教授。2009 年，他和肯·布兰佳合著了《帮助人们在工作中取胜》。他是一位很受欢迎的演讲者，擅长人性化绩效考核过程的主题演讲。

服务型领导力是行动中的爱

布兰佳在这本书的第 1 章提到，当他和公司的一些领导者谈论服务型领导力时，这些领导者经常认为服务型领导力意味着领导者要试图取悦他人。他们需要一段时间才能意识到，服务型领导力是领导者获得良好关系同时取得卓越成果的唯一途径。

读完这本书，我们希望你能理解这一事实。如果你能理解，我们希望你不仅在你耕耘的地方运用它，而且愿意把服务型领导力传播给每一位愿意倾听的人。布兰佳工作过或观察过的所有强大的公司都意识到，是因为它们为员工创造了积极进取的环境，因为它们愿意善待客户，所以它们才能获得很多利润。

几年前，布兰佳收到了一封来自新西兰的信，信中总结了这一理念。信中说："布兰佳，你所从事的事业是教人们懂得热爱他人，而不是热爱权力。"

正如布兰佳早些时候所说的，世界迫切需要不同的领导力模式。我们已经看到了很多自私自利的领导者所带来的负面影响，他们遍布世界各地，存在于社会各个领域之中。我们需要服务型领导力的门徒，我们需要你的加入，请走出去，去传播服务型领导力的真正内涵。也请记住：你的任务是给予人们爱的力量，而不是追逐权力。毕竟，服务型领导力是行动中的爱。[①]

① 若想与作者进一步沟通，可发送邮件至邮箱 info@blanchardchina.com。——编者注

参考文献

引言　开启服务型领导力的智慧探索之旅

1. Robert K. Greenleaf, "The Servant as Leader" (Atlanta: The Greenleaf Center for Servant Leadership, 1970).

2. A collection of Greenleaf 's most mature writings on the subject can be found in *The Power of Servant Leadership* (San Francisco: Berrett-Koehler, 1998). The Greenleaf Center for Servant Leadership is a resource for all of Greenleaf 's work.

第 1 章　始于愿景，终于执行

1. Ken Blanchard et al., *Leading at a Higher Level* (Upper

Saddle River, NJ: FT Press, 2006, 2010). See chapter 14 for a more extensive discussion of what servant leadership is all about.

2. Ken Blanchard and Jesse Stoner, *Full Steam Ahead: Unleash the Power of Vision in Your Company and Your Life* (San Francisco: Berrett-Koehler, 2003, 2011) for more about the visionary role of leadership.

3. Ken Blanchard, John Carlos, and Alan Randolph, *Empowerment Takes More Than a Minute* (San Francisco: Berrett-Koehler, 1996).

4. Ken Blanchard and Spencer Johnson, *The One Minute Manager* (New York: William Morrow, 1982, 2003). See also their *The New One Minute Manager* (New York: William Morrow, 2015).

5. Ken Blanchard, Patricia Zigarmi, and Drea Zigarmi, *Leadership and the One Minute Manager* (New York: William Morrow, 1985, 2013).

第 2 章 强调开放与说服，而非压力与控制

1. Robert K. Greenleaf, *Servant Leadership: A Journey into the Nature of Legitimate Power and Greatness* (Mahwah, NJ: Paulist Press, 1977).

2. Robert K. Greenleaf, "The Servant as Leader" (Atlanta: The Greenleaf Center for Servant Leadership, 1970).

3. Ibid.

4. Peter Block, *The Empowered Manager: Positive Political Skills at Work* (San Francisco: Jossey-Bass, 1987), and *Stewardship: Choosing Service over Self*

Interest (San Francisco: Jossey-Bass, 1993).

5. Greenleaf, "The Servant as Leader".

第 3 章 为每一个利益相关者创造价值

1. Jim Collins, *Good to Great: Why Some Companies Make the Leap and Others Don't* (New York: HarperBusiness, 2001).

2. Simon Sinek, *Start with Why: How Great Leaders Inspire Everyone to Take Action* (New York: Penguin, 2009). See also his *Leaders Eat Last: Why Some Teams Pull Together and Others Don't* (New York: Penguin, 2014).

3. Jim Collins and Jerry I. Porras, *Built to Last: Successful Habits of Visionary Companies* (New York: HarperBusiness, 1994).

4. Travis Bradberry and Jeanne Greaves, "Heartless Bosses?," *Harvard Business Review* (December 2005).

5. Danah Zohar and Ian Marshall, *Spiritual Capital: Wealth We Can Live By* (San Francisco: Berrett-Koehler, 2004).

第 4 章 信任是一切的起点

1. Stephen M. R. Covey, *The Speed of Trust: The One Thing That Changes Everything* (New York: Free Press, 2006).

2. Stephen M. R. Covey and Greg Link, *Smart Trust: Creating Prosperity, Energy, and Joy in a Low-Trust World* (New York: Simon and Schuster, 2011).

第 5 章 为组织创造生命力、能量和动力

1. Ken Blanchard and Mark Miller, *The Secret: What Great Leaders Know and Do* (San Francisco: Berrett-Koehler, 2009, 2014).

第 7 章 为员工创造最佳职场

1. Robert K. Greenleaf, "The Institution as Servant" (Westfield, IN: The Greenleaf Center for Servant Leadership, 1972).

第 8 章 支持、保护和关怀，成为组织的牧羊人

1. Dr. Owen Phelps, *The Catholic Vision for Leading like Jesus* (Huntington, IN: Our Sunday Visitor Publishing, 2009).

第 10 章 将做出积极的改变视为使命

1. Marshall Goldsmith and Mark Reiter, *Triggers: Becoming the Person You Want to Be* (New York: Crown, 2015).

第 11 章 消除组织的"创造力伤痕"

1. Ken Robinson, *Out of Our Minds: Learning to Be Creative* (London: John Wiley and Sons, 2001).

2. Brené Brown, *I Thought It Was Just Me (but It Isn't)* (New York: Gotham, 2007).

3. June Price Tangney and Ronda L. Dearing, *Shame and Guilt* (New York: Guildford, 2002).

第 12 章　为他人创造胜利的机会，并积极地为他人庆祝

1. Tom Mullins, *The Leadership Game* (Nashville: Thomas Nelson, 2005).

第 16 章　谦卑、进取和明达，成就理想的团队成员

1. Patrick Lencioni, *The Five Dysfunctions of a Team: A Leadership Fable* (New York: John Wiley and Sons, 2002).

第 19 章　要领导他人，必须先找到自己的声音

1. James M. Kouzes and Barry Z. Posner, *The Leadership Challenge: How to Make Extraordinary Things Happen in Organizations* (San Francisco: Wiley, 2012, 2017). See also their *Learning Leadership: The Five Fundamentals of Becoming an Exemplary Leader* (San Francisco: Wiley, 2016).

2. Richard Farson, *Management of the Absurd: Paradoxes of Leadership* (New York: Simon and Schuster, 1996).

3. Max De Pree, *Leadership Jazz* (New York: Currency Doubleday, 1992).

4. Anita Roddick, *Body and Soul: Profits with Principles—The Amazing Story of Anita Roddick and The Body Shop* (New York: Crown, 1991).

5. Anne Lamott, *Bird by Bird: Some Instructions on Writing and Life* (New York: Pantheon, 1994).

第 21 章　“打开橱柜”，直面现象背后的深层问题

1. Ronald A. Heifetz and Marty Linsky, *Leadership on the Line: Staying Alive*

through the Dangers of Leading (Boston: Harvard Business School Press, 2002).

第 25 章 与卓有成效的追随者并肩前行

1. Larry C. Spears, *Insights on Leadership: Service, Stewardship, Spirit, and Servant-Leadership* (New York: John Wiley and Sons, 1997).

2. Robert E. Kelley, "In Praise of Followers," *Harvard Business Review* (November 1988).

3. Scott Blanchard, Drea Zigarmi, and Vicky Essary, "The Leadership-Profit Chain," *Perspectives* (Escondido, CA: The Ken Blanchard Companies, 2006).

第 26 章 耶稣，伟大的"一分钟经理人"

1. Ken Blanchard and Spencer Johnson, *The One Minute Manager* (New York: William Morrow, 1982, 2003). See also their *The New One Minute Manager* (New York: William Morrow, 2015).

2. Ken Blanchard and Phil Hodges, *Lead Like Jesus: Lessons from the Greatest Leadership Role Model of All Time* (Nashville: Thomas Nelson, 2005) and their *Lead Like Jesus Revisited* (Nashville: W Publishing, 2016).

3. Ken Blanchard and Jesse Stoner, *Full Steam Ahead: Unleash the Power of Vision in Your Company and Your Life* (San Francisco: Berrett-Koehler, 2003, 2011).

4. Ken Blanchard, Patricia Zigarmi, and Drea Zigarmi, *Leadership and the One*

Minute Manager (New York: William Morrow, 1985, 2013).

第 27 章　安德鲁·杨，马丁·路德·金的隐秘搭档

1. Andrew Young, *An Easy Burden: The Civil Rights Movement and the Transformation of America* (New York: HarperCollins, 1996).

第 28 章　帕特·萨米特，12 项准则，让球员成为更好的自己

1. Pat Summitt, Sally Jenkins, *Sum It Up: A Thousand and Ninety-Eight Victories, a Couple of Irrelevant Losses, and a Life in Perspective* (New York: Crown Archetype, 2013).

第 29 章　达拉斯·魏乐德，以言行诠释领导力的内涵

1. Robert K. Greenleaf, "The Servant as Leader" (Atlanta: The Greenleaf Center for Servant Leadership, 1970).

第 30 章　亨利·布莱卡比，将服务型领导作为一生的使命

1. James MacGregor Burns, *Leadership* (New York: Harper and Row, 1978).

2. Robert K. Greenleaf, *Servant leadership: A Journey into the Nature of Legitimate Power and Greatness* (Mahwah, NJ: Paulist Press, 1977).

3. Max De Pree, *Leadership Jazz* (New York: Currency Doubleday, 1992).

第 31 章　弗朗西斯·赫塞尔本，将服务与包容融入生活

1. Frances Hesselbein, *My Life in Leadership: The Journey and Lessons Learned*

along the Way (San rancisco: Jossey-Bass, 2011).

第 32 章 查理·琼斯，用生命践行使命

1. Charlie "Tremendous" Jones, *Life Is Tremendous* (Wheaton, IL: Living Books, 1968).

2. Mark Sanborn, *The Encore Effect: How to Achieve Remarkable Performance in Anything You Do* (New York: Crown Business, 2008).

第 33 章 航空公司中的实践智慧：勇士精神、服务之心与乐在其中

1. Don M. Frick, *Robert K. Greenleaf: A Life of Servant Leadership* (San Francisco: Berrett-Koehler, 2004).

2. Ken Blanchard and Colleen Barrett, *Lead with LUV: A Different Way to Create Real Success* (Upper Saddle River, NJ: FT Press, 2011).

3. Jim Collins, *Good to Great: Why Some Companies Make the Leap and Others Don't* (New York: HarperBusiness, 2001).

第 35 章 财经主播的实践智慧：做团队中的战士

1. Dave Ramsey, *EntreLeadership: 20 Years of Practical Business Wisdom from the Trenches* (New York: Howard Books, 2011).

第 40 章 7 条服务原则，让组织走向成功

1. Jim Collins, *Good to Great: Why Some Companies Make the Leap and Others Don't* (New York: HarperBusiness, 2001).

未来，属于终身学习者

我这辈子遇到的聪明人（来自各行各业的聪明人）没有不每天阅读的——没有，一个都没有。巴菲特读书之多，我读书之多，可能会让你感到吃惊。孩子们都笑话我。他们觉得我是一本长了两条腿的书。

——查理·芒格

互联网改变了信息连接的方式；指数型技术在迅速颠覆着现有的商业世界；人工智能已经开始抢占人类的工作岗位……

未来，到底需要什么样的人才？

改变命运唯一的策略是你要变成终身学习者。未来世界将不再需要单一的技能型人才，而是需要具备完善的知识结构、极强逻辑思考力和高感知力的复合型人才。优秀的人往往通过阅读建立足够强大的抽象思维能力，获得异于众人的思考和整合能力。未来，将属于终身学习者！而阅读必定和终身学习形影不离。

很多人读书，追求的是干货，寻求的是立刻行之有效的解决方案。其实这是一种留在舒适区的阅读方法。在这个充满不确定性的年代，答案不会简单地出现在书里，因为生活根本就没有标准确切的答案，你也不能期望过去的经验能解决未来的问题。

而真正的阅读，应该在书中与智者同行思考，借他们的视角看到世界的多元性，提出比答案更重要的好问题，在不确定的时代中领先起跑。

湛庐阅读 App：与最聪明的人共同进化

有人常常把成本支出的焦点放在书价上，把读完一本书当作阅读的终结。其实不然。

时间是读者付出的最大阅读成本

怎么读是读者面临的最大阅读障碍

“读书破万卷”不仅仅在“万”，更重要的是在“破”！

现在，我们构建了全新的“湛庐阅读”App。它将成为你“破万卷”的新居所。在这里：

- 不用考虑读什么，你可以便捷找到纸书、电子书、有声书和各种声音产品；
- 你可以学会怎么读，你将发现集泛读、通读、精读于一体的阅读解决方案；
- 你会与作者、译者、专家、推荐人和阅读教练相遇，他们是优质思想的发源地；
- 你会与优秀的读者和终身学习者为伍，他们对阅读和学习有着持久的热情和源源不绝的内驱力。

下载湛庐阅读 App，
坚持亲自阅读，
有声书、电子书、阅读服务，
一站获得。

CHEERS

本书阅读资料包

给你便捷、高效、全面的阅读体验

本书参考资料

湛庐独家策划

- 参考文献
  为了环保、节约纸张，部分图书的参考文献以电子版方式提供
- 主题书单
  编辑精心推荐的延伸阅读书单，助你开启主题式阅读
- 图片资料
  提供部分图片的高清彩色原版大图，方便保存和分享

相关阅读服务

终身学习者必备

- 电子书
  便捷、高效，方便检索，易于携带，随时更新
- 有声书
  保护视力，随时随地，有温度、有情感地听本书
- 精读班
  2~4周，最懂这本书的人带你读完、读懂、读透这本好书
- 课　程
  课程权威专家给你开书单，带你快速浏览一个领域的知识概貌
- 讲　书
  30分钟，大咖给你讲本书，让你挑书不费劲

湛庐编辑为你独家呈现
助你更好获得书里和书外的思想和智慧，请扫码查收！

（阅读资料包的内容因书而异，最终以湛庐阅读App页面为准）

Copyright © 2018 by Ken Blanchard and Renee Broadwell.
Copyright licensed by Berrett-Koehler Publishers.
Arranged with Andrew Nurnberg Associates International Limited.
All rights reserved.
本书中文简体字版由 Berrett-Koehler Publishers 授权在中华人民共和国境内独家出版发行。未经出版者书面许可，不得以任何方式抄袭、复制或节录本书中的任何部分。

北京市版权局著作权合同登记号　图字：01-2022-2021

版权所有，侵权必究
本书法律顾问　北京市盈科律师事务所　崔爽律师

图书在版编目（CIP）数据

服务型领导力的实践智慧 /（美）肯・布兰佳，（美）雷妮・布罗德韦尔主编；徐中，朱彩虹译. -- 北京：中国财政经济出版社，2022.5
书名原文：Servant Leadership in Action
ISBN 978-7-5223-1343-6

Ⅰ. ①服…　Ⅱ. ①肯…　②雷…　③徐…　④朱…　Ⅲ. ①领导学一通俗读物　Ⅳ. ① C933-49

中国版本图书馆 CIP 数据核字（2022）第 074794 号

责任编辑：罗亚洪　　责任校对：胡永立
封面设计：ablackcover.com　　责任印制：张　健

服务型领导力的实践智慧
FUWUXING LINGDAOLI DE SHIJIAN ZHIHUI

中国财政经济出版社 出版
URL：http://www.cfeph.cn
E-mail:cfeph@cfemg.cn
（版权所有 翻印必究）
社址：北京市海淀区阜成路甲 28 号　邮政编码：100142
营销中心电话：010-88191522
天猫网店：中国财政经济出版社旗舰店
网址：https：//zgczjjcbs.tmall.com
石家庄继文印刷有限公司印装　各地新华书店经销
成品尺寸：170mm×230mm　16 开　20 印张　299 000 字
2022 年 5 月第 1 版　2022 年 5 月河北第 1 次印刷
定价：99.90 元
ISBN 978-7-5223-1343-6
（图书出现印装问题，本社负责调换，电话：010-88190548）
本社图书质量投诉电话：010-88190744
打击盗版举报热线：010-88191661　QQ：2242791300